中等职业教育智能财会融合教材出版工程

总主编：徐 俊

企业会计实务

QIYE KUAIJI SHIWU

周会林◎主编　　葛炳伟◎副主编

立信会计出版社
LIXIN ACCOUNTING PUBLISHING HOUSE

图书在版编目(CIP)数据

企业会计实务 / 周会林主编. -- 上海：立信会计出版社，2024.8. -- ISBN 978-7-5429-7641-3

Ⅰ.F275.2

中国国家版本馆 CIP 数据核字第 2024HF8457 号

策划编辑　　华春荣
责任编辑　　王秀宇
美术编辑　　北京任燕飞工作室

企业会计实务
QIYE KUAIJI SHIWU

出版发行	立信会计出版社		
地　　址	上海市中山西路 2230 号	邮政编码	200235
电　　话	(021)64411389	传　　真	(021)64411325
网　　址	www.lixinph.com	电子邮箱	lixinaph2019@126.com
网上书店	http://lixin.jd.com		http://lxkjcbs.tmall.com
经　　销	各地新华书店		
印　　刷	上海华业装潢印刷有限公司		
开　　本	787 毫米×1092 毫米　　1/16		
印　　张	16.25		
字　　数	346 千字		
版　　次	2024 年 8 月第 1 版		
印　　次	2024 年 8 月第 1 次		
书　　号	ISBN 978-7-5429-7641-3/F		
定　　价	48.00 元		

如有印订差错,请与本社联系调换

序 言
PREFACE

随着数字经济的飞速发展，新技术层出不穷，新业态日新月异，新岗位和新规程不断涌现，为会计职业教育带来了前所未有的挑战与机遇。人工智能、大数据、云计算等新技术的广泛应用，不仅改变了企业的商业运行模式，也重塑了传统会计工作的组织和流程，逐步形成了基于数据趋动的财务全流程自动化和智能化管理服务模式。数字赋能，极大改善了会计信息质量，提高了会计工作效率，降低了会计管理成本。在这一时代背景下，中职会计事务专业也面临着转型升级的新要求。

为适应新时代中职会计人才培养的新变化，2021年，教育部发布了中等职业学校会计事务专业简介，提出了新的专业课程体系。但一直以来，相关专业教材的建设相对滞后。为此，我们组织了一批中职学校专业教师和企业会计实务专家，编写了这套中等职业教育会计事务专业系列教材，以满足学校全面推进专业转型和教学改革需要。本套教材力求体现以下特点：

一、系统规划统筹安排。本套教材依据新的中职会计事务专业简介和相关专业课程体系，基于新的课程标准，注意界定不同专业课程之间的内容边界，避免大量重复交叉。同时，总体采用项目化教材建设理念，创新人才培养模式和教学方法。

二、对接新岗位和新业态。本套教材从职业能力出发，适应公司独立财务核算、财务共享和财税代理服务不同管理服务模式要求，主动融入新技术、新方法、新规程，服务新型会计职业人才的培养。

三、体现业财融合和管理转型。本套教材将信息化工作环境下的业务处理流程融入会计核算过程，适应会计职能拓展要求，切实改变传统中职会计专业教材重核算、轻监督的问题倾向，将会计审核业务化、实操化。

四、建设立体化教材资源。本套教材基于教育信息化改革，同步推进教材在线服务平台、数字教学资源、标准化题库和数字仿真实训等资源的建设。

五、探索会计理论方法创新。本套教材从会计信息化管理手段出发，针对传统教材中基于手工操作的某些基本理论和基本方法，积极探索，试图在若干会计基础理论与方法有所创新。

六、共建双师型教材编写团队。本套教材参编人员包括企业会计实务专家和中职学校专业教师，双师型教师占比超过80%。主编老师大多具有中职学校正高级讲师职称，并全程参与国家新一轮中职会计事务专业教学标准和专业简介课题研制,熟悉会计改革方向和学校人才培养要求。

实事求是地说,开创一种新型中职会计事务专业教材体系是一项艰巨而复杂的工程,缺乏可资借鉴的现成模式和经验成果。这套教材不可避免地会存在这样或那样的问题和不足。但时代的进步、社会的发展和企业对新型人才培养的需求,促使我们无法回避作为职业教育工作者的责任和使命。我们希望通过这套教材的推出,能够为中职会计事务专业的数字化转型升级探索一条可能路径,贡献我们的一份力量,为新型教材的建设打下一定基础。

徐 俊

前 言
FOREWORD

《中共中央关于制定国民经济和社会发展第十四个五年规划和2035年远景目标的建议》(以下简称《建议》)指出要增强职业技术教育适应性,深入推进改革创新,优化结构与布局,大力培养技术技能人才。"企业会计实务"是新目录、新专标下中职会计事务专业的一门专业核心课程,本书以《建议》和《企业会计准则》为指导进行编写,体现业财融合、理实一体的理念。

党的二十大报告将教育、科技、人才放在战略任务中进行统筹部署,提出教育要服务于创新型国家建设。本书的编写融合了党的二十大精神,秉持产教融合、协同创新的理念。本书分为八个项目,分别是核算资金筹集业务、核算采购与应付业务、核算销售与应收业务、核算固定资产和无形资产业务、核算工资薪金业务、核算与控制成本和费用业务、核算财务成果、编制财务报表。各项目都设置了项目简介、项目导航、案例导入、学习目标、任务描述、知识准备、任务实施、课堂练习、项目小结、项目测试等,按照业务流程,展示了核算资金筹集、采购、生产、销售、费用、财务成果等资金运动过程。

本书主要有以下特点:

思政引领,为国育人。每个项目开始,通过案例导入,将思政内容与专业知识相结合。案例导入,在启发学生对专业知识思考的同时,引导学生对我国社会主义道路自信、理论自信、制度自信、文化自信,帮助学生树立和培养良好会计职业道德观念和职业道德素养。

业务流程清晰,服务会计岗位。本书依据岗位所需业务流程,在每个任务之初,增加相应的流程图。通过清晰的流程图,帮助学生准确掌握实际岗位中处理不同业务时的具体流程步骤,贴近工作实际,理实一体,使学生对会计岗位工作的不同业务内容形成更具象化的理解,进一步提升中职学生会计技术技能水平。

与时俱进,深入浅出。本书以现行企业会计准则为指导,结合中职学生学习特点,将新技术、新工艺、新规范引入教材,教学内容既与时俱进,又结合学生特点,深入浅出,便于学生理解和运用。

配套资源丰富,实用性强。本书每个任务均配有对应PPT资源,便于教师课堂教学使用。各项目配有针对性测试题,可用于检验学生对项目内容掌握的程度,实用性强。

本书由南京财经高等职业技术学校周会林教授担任主编,并负责拟定大纲、统稿;由葛炳伟担任副主编,并负责全书的校稿工作。参编者还有南京财经高等职业技术学校史有萍、张思亚,江苏省吴江中等专业学校刘琴,苏州市太湖旅游中等专业学校戴军桃,新疆维吾尔自治区伊犁哈萨克自治州财贸学校申凤玉、余会勇。

本书主要适用于中职财经商贸类专业学生教学,也可作为企业管理人员的自学用书。

限于编者的水平,本书可能存在疏漏和不足之处,望广大同仁批评指正,在此深表谢意。

编者

2024 年 7 月

目 录 CONTENTS

项目一　核算资金筹集业务　001

任务一　核算短期借款业务 ·················· 002
任务二　核算长期借款业务 ·················· 017
任务三　核算实收资本（或股本）业务 ·················· 020
任务四　核算资本公积业务 ·················· 027

项目二　核算采购与应付业务　036

任务一　核算材料采购业务 ·················· 037
任务二　核算应付及预付业务 ·················· 050
任务三　核算委托加工物资业务 ·················· 061

项目三　核算销售与应收业务　071

任务一　核算销售业务 ·················· 072
任务二　核算应收及预收业务 ·················· 088

项目四　核算固定资产和无形资产业务　111

任务一　核算固定资产业务 ·················· 112
任务二　核算无形资产业务 ·················· 130

项目五　核算工资薪金业务　　143

任务一　核算职工工资、福利费业务 …………………………………… 144
任务二　核算职工"四险一金"业务 …………………………………… 153
任务三　核算非货币性职工薪酬业务 …………………………………… 159

项目六　核算与控制成本和费用业务　　171

任务一　核算与控制营业成本、税金及附加业务 ……………………… 172
任务二　核算与控制期间费用业务 ……………………………………… 178

项目七　核算财务成果　　189

任务一　核算营业外收入、营业外支出业务 …………………………… 190
任务二　核算所得税费用业务 …………………………………………… 195
任务三　核算利润形成及分配业务 ……………………………………… 198

项目八　编制财务报表　　211

任务一　编制资产负债表 ………………………………………………… 212
任务二　编制利润表 ……………………………………………………… 234

项目一 核算资金筹集业务

项目简介

资金筹集业务主要是指企业为融资目的而进行的各种借款、发行证券、出售资产或股权等活动。本项目主要是在理解企业筹集资金业务流程的基础上掌握筹资业务的账务处理。

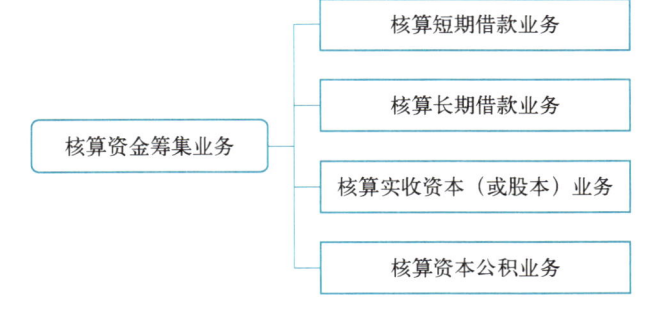

项目导航

```
                        ┌── 核算短期借款业务
                        │
                        ├── 核算长期借款业务
核算资金筹集业务 ───────┤
                        ├── 核算实收资本（或股本）业务
                        │
                        └── 核算资本公积业务
```

案例导入

一文钱难倒英雄汉

盛暑某日，赵匡胤独自走在路上，正饥渴难耐时看见了一片西瓜地。看瓜的人是个老翁，老翁说他的瓜一文钱一个，不甜不要钱，可赵匡胤身无分文。这时，他想出了个办法。他打开一个瓜吃一口就说不甜，再打开一个吃一口又说不甜，一直到吃饱都说不甜。老翁看出了他的意图便对他说："看你相貌堂堂，怎么做这种下三烂的事呢？没钱就没钱，直接跟我说就是了，何必用这种损招呢。"赵匡胤非常惭愧，承诺今后一定好好报答老翁。后来赵匡胤得了天下，送给了这位老翁万亩良田作为回报。

【想一想】如果一个企业在生产经营过程中，缺少资金该如何解决？

任务一　核算短期借款业务

学习目标

1. 了解企业申请银行贷款的业务。
2. 了解企业短期借款的核算内容。
3. 理解核算短期借款相关账户内容。
4. 能计算短期借款发生的利息。
5. 能运用企业会计准则，对企业取得短期借款、发生短期借款利息、归还短期借款进行账务处理。

任务描述

上海智信微电子制造有限公司（以下简称上海智信公司）经营集成电路芯片及有关电子产品的研发、加工、生产和销售业务，在购进生产用原材料时，需要向银行借入短期借款。那么该企业取得银行借款后，根据原始凭证应进行怎样的账务处理呢？应怎样核算利息呢？此任务将带你解决这些问题。

知识准备

一、公司简介

（一）公司基本情况

上海智信公司成立于 2016 年 4 月 18 日，公司地址位于上海，是一家经过认证的高新技术公司，专注于集成电路芯片及有关电子产品的研发、加工、生产、销售业务，主要产品是高精度智能显示器；同时公司还提供有关主要产品的设计技术服务。上海智信公司的主要股东是智信集团股份有限公司（股权占比 80%）和上海易电子公司（股权占比 20%），主要的供应商、客户遍及北京、重庆、湖南、山东等地。上海智信公司共有员工 56 人，设立的主要业务部门包括财务部、行政人事部、生产部、仓储部、研发部、销售部、采购部，具备完善的财务核算与监督资质。

(二) 公司信息

1. 基本信息

公司名称：上海智信微电子制造有限公司

统一社会信用代码：913101167989785688

开户行：中国农业银行上海田林支行

银行账号：03386900801005503

经营地址：上海市徐汇区文定路99号

电话：021-54076999

法定代表人/负责人姓名：李信

注册资本：1 500万元人民币

经营范围：集成电路芯片和电子产品研发、加工、生产及销售；自营和代理商品及技术进出口业务等。

2. 企业会计制度

上海智信公司的会计核算采用企业会计准则，有关企业会计制度等详见本任务的"（五）企业会计政策与核算规则"。

(三) 公司职能部门

1. 公司架构

上海智信公司基本公司架构如图1-1所示。

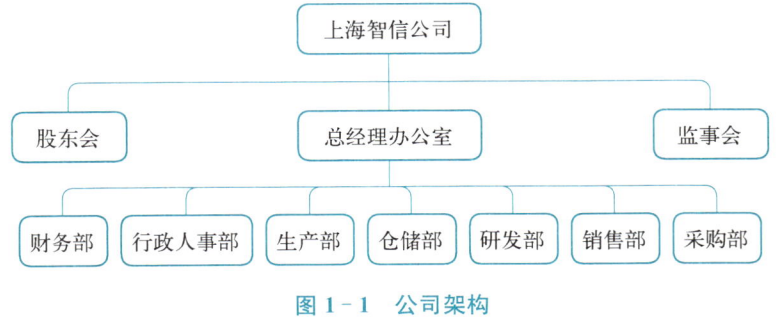

图1-1 公司架构

2. 各部门主要人员

上海智信公司各部门主要人员如表1-1所示。

表1-1 各部门主要人员

部　门	职　务	姓　名	备　注
总经理办公室	总经理	李　信	
	总经理助理	高竹丽	
监事会	监事	涂　相	产品经理兼任

续　表

部　门	职　务	姓　名	备　注
财务部	财务经理	锦　里	
	出纳	储　娜	
	成本会计	程　本	
	往来会计	汪　莱	
	总账会计	宗　章	
行政人事部	部门主任	邢　正	
	人事经理	任　史	
	职员1	顾　瑶	
	职员2	林　致	
生产部	部门主任	盛　婵	
	产品经理1	涂　相	负责图像芯片
	产品经理2	甘　琪	负责传感器芯片
	职员1	夏　雨	
	职员2	邱　天	
	职员3	沈　兵	
	职员4	谷江山	
	职员5	张福正	
	职员6	马正阳	
	职员7	吴　韬	
	……	……	
	职员30	凌　里	
仓储部	部门主任	苍　初	
	职员1	夏凭天	
	职员2	夏小重	
研发部	部门主任	颜　强	
	研发员1	赵　信	
	研发员2	盖　伦	
	研发员3	金　晶	

续　表

部　门	职　务	姓　名	备　注
销售部（专设）	部门主任	萧景琰	
	业务员1	于　娟	
	业务员2	李子园	
	业务员3	方　蕾	
采购部	部门主任	蔡　明	
	业务员1	张　涛	
	业务员2	许　心	
	业务员3	刘　滔	

（四）生产流程及存货

1. 生产流程

上海智信公司生产芯片所需原材料及主要流程如图1-2所示。

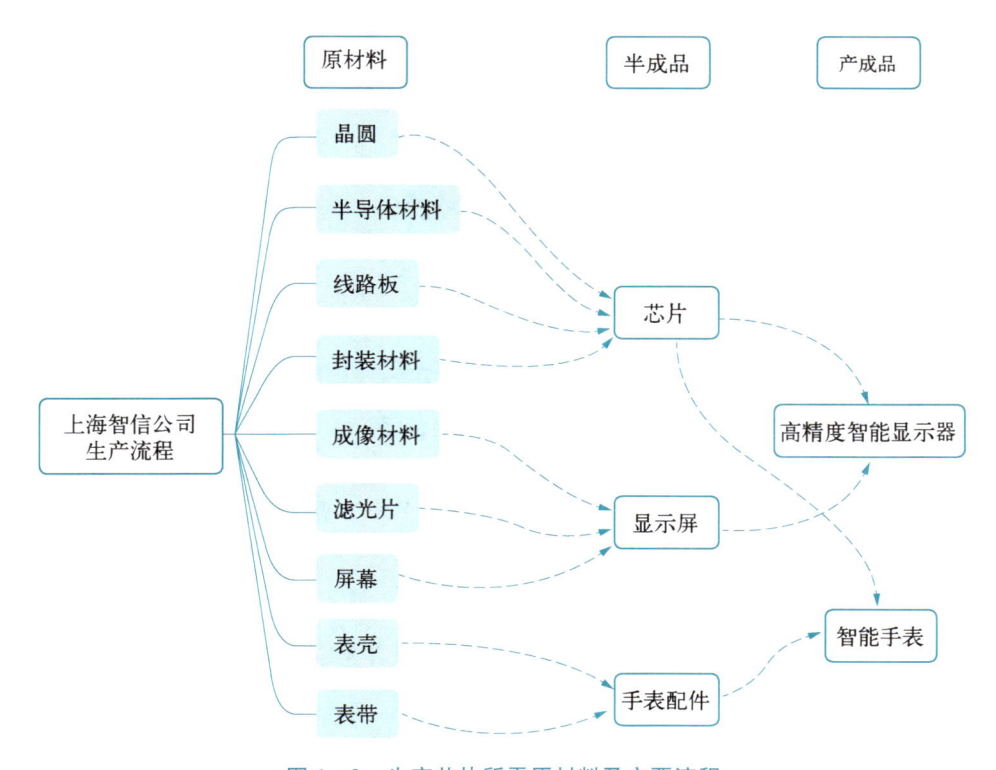

图1-2　生产芯片所需原材料及主要流程

2. 存货列表

上海智信公司的主要存货信息如表1-2所示。

表1-2　主要存货信息表　　　　　　　　　　　　　　　　　金额单位：元

存货名称	类别	规格	计量单位	数量	计划单位成本
xsq 晶圆	原材料	Xsqjy	片	400	5 000
zn 晶圆	原材料	Znsbjy	片	500	500
xsq 半导体材料	原材料	Xsqbdtcl	套	400	200
zn 半导体材料	原材料	Znsbbdtcl	套	500	100
xsq 线路板	原材料	Xsqxlb	个	400	100
zn 线路板	原材料	Znsbxlb	个	500	80
xsq 封装材料	原材料	Xsqfzcl	套	400	100
zn 封装材料	原材料	Znsbfzcl	套	500	50
成像材料	原材料	Xsqcxcl	套	400	500
滤光片	原材料	Xsqlgp	个	400	500
屏幕	原材料	Xsqpm	个	400	1 000
表带	原材料	Znsbbd	个	500	50
表壳	原材料	Znsbbk	个	500	20
xsq 芯片	半成品	Xsqxp	件	400	8 000
zn 芯片	半成品	Znsbxp	件	500	1 000
显示屏	半成品	Xsqxsp	个	400	3 000
手表配件	半成品	Znsbsbpj	套	1 500	150
高精度智能显示器	产成品	Xsqccp	件	900	15 000
智能手表	产成品	Znsbccp	只	2 400	2 000

注：上述存货除半成品、产成品外，材料成本差异率均为1%的超支差异。其中高精度智能显示器的单位售价为20 000元，智能手表的单位售价为3 000元。

3. 生产流程中的定额消耗量

（1）每生产1件芯片需要定额消耗1片晶圆、1套半导体材料、1个线路板、1套封装材料。

（2）每生产1个显示屏需要定额消耗1套成像材料、1个滤光片、1个屏幕。

（3）每生产1套手表配件需要定额消耗1个表带、1个表壳。

（4）每生产1件高精度智能显示器需要定额消耗1件xsq芯片、1个显示屏。

（5）每生产1只智能手表需要定额消耗1件zn芯片、1套手表配件。

（五）企业会计政策与核算规则

1. 账务处理程序

上海智信公司采用科目汇总表账务处理程序，具体如图1-3所示。

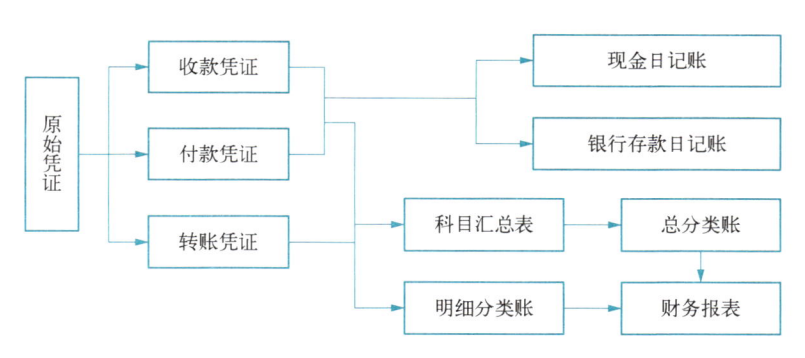

图1-3 账务处理程序

2. 材料核算

（1）原材料、周转材料按计划成本进行日常核算，计划成本表详见表1-2。"材料采购""材料成本差异"明细分类账与"原材料""周转材料"明细分类账相同，其分类项目为钢板、铝合金、低值易耗品。

（2）将钢板材料发出，委托加工单位加工成库存商品有源消音器。上海智信公司一般当月接到合同订单，当月向委托加工单位发出材料，当月加工完成。发出材料时，根据委托加工材料出库单，核算钢板材料成本差异。

（3）生产车间领用材料时不核算材料成本差异，在月末根据本月领料单，编制材料领用汇总表，按期初材料成本差异率1%，核算材料成本差异，计入各产品生产成本。

（4）每年12月对原材料、库存商品等存货以及固定资产进行盘点清查，根据盘点结果编制盘盈盘亏报告单，报相关领导审批后在年末结账前处理完毕。

3. 基于薪酬的社会保险费、住房公积金和有关经费的计提

（1）公司为员工缴纳的基本养老保险费、医疗保险费、工伤保险费、失业保险费，其计算依据是上海市企业职工社会保险2022年度月最低缴费基数6 520元，企业部分计提比例分别为20%、9%、1%、1.5%。公司每月13日收到当月的上海市社会保险基金专用票据，按实际金额核算相关社会保险费。

（2）住房公积金计提基数为当月工资总额，计提比例为10%。

（3）工会经费和职工教育经费由公司承担，计提基数为当月工资总额，计提比例分别为2%和8%。

4. 固定资产核算

（1）固定资产是指同时具有下列特征的有形资产：① 为生产商品、提供劳务、出租或经营管理而持有。② 使用寿命超过1个会计年度。

(2) 公司对固定资产采用年限平均法计提折旧。公司固定资产按研发设备及生产设备、电子设备、运输设备、办公家具及其他设备分类。各类固定资产的使用年限及净残值率如表1-3所示。

表1-3 固定资产使用年限及净残值率

固定资产种类	使用年限(年)	净残值率	年折旧率
研发设备及生产设备	3	5%	31.67%
电子设备	3	5%	31.67%
运输设备	10	5%	9.50%
办公家具及其他设备	5	5%	19.00%
生产车间房屋	40	8%	2.30%
专设销售办公楼	40	8%	2.30%
行政管理部门办公楼	40	8%	2.30%

注：公司部分设备可能采用加速折旧法计提折旧。

5. 无形资产核算

(1) 公司有专利无形资产，按照实际成本进行初始计量，采用直线法计提摊销。
(2) 各类无形资产使用寿命等有关标准如表1-4所示。

表1-4 无形资产有关标准

无形资产类别	预计使用寿命(年)	摊销方法	年摊销率
非专利技术	10	直线法	10.00%
专利权	10	直线法	10.00%
土地使用权	50	直线法	2.00%

6. 坏账准备核算

(1) 坏账准备采用备抵法核算。
(2) 公司仅对应收账款计提坏账准备，计提比例为年末余额的5%。

7. 个人所得税

个人所得税免征额为5 000元/月，上海智信公司作为高新技术企业，除了生产部门的一般员工，管理层、研发部门、行政部门等的员工工资均需代扣代缴个人所得税。

8. 企业所得税

公司适用的企业所得税税率为25%。

9. 城市维护建设税、教育费附加

公司适用的城市维护建设税税率为7%,教育费附加征收率为3%,地方教育附加征收率为2%。

公司每月月末均需编制转账凭证,将在账上结计出的各损益类科目的余额结转入"本年利润"科目。

上海智信公司2023年12月1日总账科目的期初余额如表1-5所示。

表1-5 上海智信公司2023年12月1日总账科目的期初余额表　　　　单位:元

科　　目	期初借方余额	期初贷方余额
库存现金	47 600.00	
银行存款	15 825 809.00	
应收票据	1 200 000.00	
应收账款	1 200 000.00	
生产成本	5 125 000.00	
预付账款	2 100.00	
其他应收款	12 000.00	
坏账准备		60 000.00
材料采购	50 000.00	
原材料	3 360 000.00	
材料成本差异	33 600.00	
库存商品	18 300 000.00	
固定资产	58 348 914.00	
累计折旧		13 010 475.18
在建工程	2 000 000.00	
固定资产清理	47 250.00	
无形资产	500 000.00	
累计摊销		180 000.00
合同资产	93 750.00	
短期借款		500 000.00
应付票据		354 000.00

续 表

科　　目	期初借方余额	期初贷方余额
应付账款		902 300.00
应付职工薪酬		1 314 427.50
应交税费		27 112.50
应付利息		6 000.00
其他应付款		211 130.00
实收资本		50 000 000.00
盈余公积		8 307 540.00
本年利润		9 854 200.00
利润分配		21 418 837.82
合　　计	106 146 023.00	106 146 023.00

公司 2023 年 12 月 1 日有关明细科目的期初余额如表 1-6 所示。

表 1-6　上海智信公司 2023 年 12 月 1 日有关明细科目的期初余额表　金额单位：元

总账科目	明细科目	数量	单位成本	期初借方余额	期初贷方余额
应收账款	上海中芯科技有限公司			226 000.00	
	昆山合生光学电子有限公司			565 000.00	
	北京电子制品开发有限公司			339 000.00	
	东华有限责任公司			70 000.00	
生产成本	半成品（xsq 芯片）	400 件	8 000	3 200 000.00	
	半成品（zn 芯片）	500 件	1 000	500 000.00	
	半成品（显示屏）	400 件	3 000	1 200 000.00	
	半成品（手表配件）	1 500 套	150	225 000.00	
预付账款	安格斯（上海）设备工程有限公司			2 100.00	
其他应收款	张涛（预借差旅费）			10 000.00	
	代垫医药费			2 000.00	

续 表

总账科目	明细科目	数量	单位成本	期初借方余额	期初贷方余额
坏账准备	应收账款				60 000.00
材料采购	原材料 zn 晶圆	100 片	500	50 000.00	
原材料	xsq 晶圆	400 片	5 000	2 000 000.00	
	zn 晶圆	500 片	500	250 000.00	
	xsq 半导体材料	400 套	200	80 000.00	
	zn 半导体材料	500 套	100	50 000.00	
	xsq 线路板	400 个	100	40 000.00	
	zn 线路板	500 个	80	40 000.00	
	xsq 封装材料	400 套	100	40 000.00	
	zn 封装材料	500 套	50	25 000.00	
	成像材料	400 套	500	200 000.00	
	滤光片	400 个	500	200 000.00	
	屏幕	400 个	1 000	400 000.00	
	表带	500 个	50	25 000.00	
	表壳	500 个	20	10 000.00	
材料成本差异	原材料			33 600.00	
库存商品	高精度智能显示器	900 件	15 000	13 500 000.00	
	智能手表	2 400 只	2 000	4 800 000.00	
固定资产	研发设备及生产设备			5 473 914.00	
	电子设备			500 000.00	
	运输设备			900 000.00	
	办公家具及其他设备			1 475 000.00	
	生产车间房屋			31 304 349.00	
	专设销售办公楼			10 369 565.00	
	行政管理部门办公楼			8 326 086.00	

续　表

总账科目	明　细　科　目	数量	单位成本	期初借方余额	期初贷方余额
在建工程	厂房建造工程			2 000 000.00	
固定资产清理	报废设备1			50 000.00	
	报废设备2				2 750.00
无形资产	专利权			500 000.00	
累计摊销	专利权				180 000.00
短期借款	合同号230910				500 000.00
应付票据	江苏亮彩电器有限公司				354 000.00
应付账款	上海新视界数字科技有限公司				100 000.00
	重庆微光电子元件销售有限公司				800 000.00
	上海南顶办公用品有限公司				2 300.00
应付职工薪酬	工资				858 757.50
	社会保险费（医疗保险）				98 820.00
	社会保险费（工伤保险）				10 980.00
	设定提存计划（养老保险）				219 600.00
	设定提存计划（失业保险）				16 470.00
	住房公积金				109 800.00
其他应付款	上海新视界数字科技有限公司				8 000.00
	社会保险费（医疗保险）				21 960.00
	设定提存计划（养老保险）				87 840.00
	设定提存计划（失业保险）				5 490.00
	住房公积金				87 840.00
应交税费	个人所得税				27 112.50
应付利息	预提短期借款利息费用（合同号230910）				6 000.00

续　表

总账科目	明细科目	数量	单位成本	期初借方余额	期初贷方余额
实收资本	智信集团股份有限公司				40 000 000.00
	上海易电子公司				10 000 000.00
盈余公积	法定盈余公积				5 842 140.00
	任意盈余公积				2 921 070.00
利润分配	未分配利润				21 418 837.82

二、企业申请银行贷款业务

(一) 企业申请贷款

企业需要填写《贷款申请书》向相关银行提出贷款书面申请。《贷款申请书》的内容包括贷款金额、贷款用途、偿还能力和还款方式，同时还需要提供以下材料。

1. 基本资料

企业法人营业执照(已年检)、企业法人资格认定书、基本户开户行的开户许可证、法定代表人身份证(以上均为正本复印件)、法定代表人简历；企业连续3年的财务审计报告，最近一期财务报表(均需加盖财务印鉴)；企业贷款卡(复印件)；企业在各商业银行的业务合作及企业内部融资状况；公司章程、企业董事会人员名单；企业章程、法定代表人和被授权人签字及授权书；企业概况、有关背景资料等基础信息资料。

2. 辅助资料

企业自身经营规模、财务状况分析及趋势预测；产品情况、市场情况、企业发展规模情况、同行业所处水平；合作需求、计划及建议。

3. 业务办理所需资料

授信申请、企业董事会决议；企业具体贷款用途及资金使用方向(如用款计划和用款总额度)；还款来源分析(如计划和措施)，并且就还款的资金安排作出每月的现金流量分析；抵押情况、其他相关法律性文件、函电等。

此外，如需担保，则担保公司也需要提供上述材料。

(二) 企业贷款审批

(1) 贷款立项：调查人员确认审查目的，选定主要考察事项，制订并开始实施审查计划。

(2) 信用评估：调查人员根据贷款人的领导人素质、经济实力、资金结构、履约情况、经营效益和企业发展前景等因素确定贷款人的信用等级。评估一般由银行信贷具体负责人或者有关部门批准的评估机构进行。

(3) 可行性分析：调查人员对发现的问题探究原因，确定问题性质及可能影响的程度。其中，对企业的财务状况的分析最为重要。

(4) 综合判断：审查人员对调查人员提供的材料进行核实，判断企业目前状况以及中长期的发展、盈亏状况，重新估计贷款的风险度，提出意见，按照规定权限审批。

(5) 贷前审查：银行调查人员通过直接调查、侧面调查等方式进行最后的贷前审查。审查结束后由银行经办人员写出贷款审查报告并明确注明能否给予贷款并提交上级领导审批。

（三）签署贷款合同

如果银行对贷款申请审查后，认为其全部符合规定，并同意放贷，则应该与贷款人签署借贷合同。

（四）发放贷款

借贷合同签署后，双方按照合同规定核实贷款。企业即可根据合同办理提款手续，提款时由企业填写银行统一制定的提款凭证，然后到银行办理提款手续。

企业申请银行贷款的业务流程如图1-4所示。

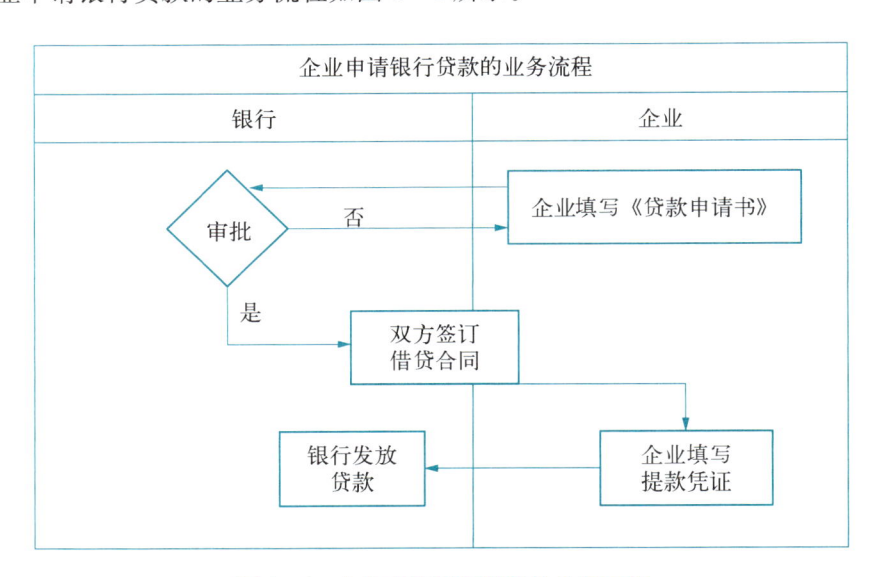

图1-4 企业申请银行贷款的业务流程

三、短期借款的核算内容

企业借款是指企业根据其生产经营等活动对借入资金的需要，通过筹资渠道和资本市场，并运用合理的筹资方式，经济地、有效地筹集企业所需资金的财务活动。资金是企业生存和发展的必要条件。筹集资金既是保证企业正常生产经营的前提，又是谋求企业发展的基础。企业对借入的短期借款，应核算的内容包括取得短期借款、短期借款利息、归还短期借款。

四、短期借款的账户设置

短期借款的账户设置如表 1-7 所示。

表 1-7 短期借款的账户设置

账户名称	账户性质	账户用途	账户结构	明细核算
短期借款	负债类	核算企业向银行或其他金融机构等借入的期限在 1 年以下（含 1 年）的各种款项	贷方登记取得短期借款的本金金额；借方登记偿还短期借款的本金金额。期末余额在贷方，反映企业尚未偿还的短期借款	按照借款种类、贷款人和币种进行明细核算
应付利息	负债类	核算企业应付利息的发生、支付情况	贷方登记企业按照合同约定计算的应付利息；借方登记企业实际支付的利息。期末贷方余额，反映企业应付未付的利息	按照债权人进行明细核算
财务费用	损益类	核算财务费用发生和结转情况	借方登记企业发生的各项财务费用；贷方登记期末转入"本年利润"账户的财务费用。结转后本账户应无余额	按财务费用项目进行明细核算

任务实施

一、核算取得短期借款

企业取得短期借款时，应借记"银行存款"科目，贷记"短期借款"科目。

【例 1-1】2023 年 12 月 1 日，上海智信公司取得期限为 6 个月、年利率为 5.4% 的银行借款 600 000 元，该借款按季度支付利息。上海智信公司开户行：中国农业银行上海田林支行；银行账号：03386900801005503。借款合同号：231202。上海智信公司核算结果：

借：银行存款——中国农业银行上海田林支行（005503） 600 000
  贷：短期借款 600 000

二、核算短期借款利息

根据《中国人民银行关于人民币存贷款计结息问题的通知》的规定，企业的短期借款一般是根据与银行签订的合同规定按月计提，按季支付。

1. 短期借款利息的计算公式

短期借款利息＝借款本金×借款期限×借款利率

短期借款月利息＝短期借款本金×年利率÷12

短期借款日利息＝短期借款本金×年利率÷360

2. 计提短期借款利息

计提短期借款利息时，借记"财务费用"科目，贷记"应付利息"科目。

3. 支付利息

支付利息时，借记"应付利息"科目，贷记"银行存款"科目。

【例1-2】2023年12月31日，上海智信公司计提本月短期借款利息费用。

（1）计算本月短期借款利息费用＝600 000×5.4％÷12＝2 700（元）

（2）核算结果：

借：财务费用——利息支出　　　　　　　　　　　　　　　　2 700
　　贷：应付利息　　　　　　　　　　　　　　　　　　　　2 700

三、核算归还短期借款

企业归还短期借款时，应借记"短期借款"科目，贷记"银行存款"科目。

【例1-3】2023年12月10日，上海智信公司归还当年9月10日借入的短期借款本金500 000元（合同号230910）、利息6 750元（其中：已提利息费用6 000元）。上海智信公司核算结果：

借：短期借款　　　　　　　　　　　　　　　　　　　　　500 000
　　应付利息　　　　　　　　　　　　　　　　　　　　　　6 000
　　财务费用　　　　　　　　　　　　　　　　　　　　　　　750
　　贷：银行存款——中国农业银行上海田林支行（005503）　506 750

温馨提示

如果企业的短期借款利息按月支付，或者在借款到期时连同本金一起归还，数额不大的可以不采用预提的方法，而在实际支付或收到银行的计息通知时，直接计入当期损益，借记"财务费用"科目，贷记"银行存款"科目。

业财融合与审核

企业发生的短期借款业务，通过财务核算与审核，达到业务与财务融合的目的。其具体内容如表1-8所示。

表 1-8　短期借款业务的业财融合与审核

业　务	财　务	审　核
部门负责人根据实际情况提出短期借款申请,并明确借款金额、用途、期限等相关信息	借款后将借款金额转入申请人指定账户并进行账务处理	检查短期借款的用途和金额是否合理,并审核借款申请材料的真实性、合法性

【课堂练习 1-1】

2023 年 9 月 1 日,某企业向银行借入 250 000 元,期限为 3 个月,年利率为 3.6%。

要求:核算该企业 2023 年 9 月 1 日借入借款、9 月 30 日计提利息和 12 月 1 日到期还本付息的经济业务。

任务二　核算长期借款业务

学习目标

1. 了解企业长期借款的核算内容。
2. 理解核算长期借款相关账户内容。
3. 能计算长期借款发生的利息。
4. 能运用企业会计准则,对企业取得长期借款、发生长期借款利息、归还长期借款进行账务处理。

任务描述

上海智信公司在电子产品的生产和销售时,为了扩大公司的生产业务,需要增添一台生产设备,因购置金额巨大,公司可动用的资金不够,决定向银行借入期限为 3 年的借款 200 万元。银行在审核了上海智信公司的相关文件后,同意发放贷款。公司与银行签订了借款合同,合同约定借款利息按年支付。3 年期的长期借款与一年以内的短期借款除了借款期限不同,在账务处理上有什么不同呢?此任务将带你解决这些问题。

知识准备

一、长期借款的核算内容

企业对借入的长期借款,应核算的内容包括取得长期借款、发生长期借款利息、归还长期借款。

二、长期借款的账户设置

长期借款的账户设置如表 1-9 所示。

表 1-9 长期借款的账户设置

账户名称	账户性质	账户用途	账户结构	明细核算
长期借款	负债类	核算企业向银行或其他金融机构等借入的期限在 1 年以上(不含 1 年)的各种款项	贷方登记取得长期借款的本金金额;借方登记偿还长期借款的本金金额。期末余额在贷方,反映企业尚未偿还的长期借款	按照贷款单位和贷款种类设置明细账,按"本金""利息调整"等进行明细核算

任务实施

一、核算取得长期借款

企业借入长期借款,应按实际收到的金额,借记"银行存款"科目,贷记"长期借款——本金"科目;如存在差额,还应借记"长期借款——利息调整"科目。

【例 1-4】2023 年 12 月 1 日,上海智信公司实际取得期限为 3 年、年利率为 7.2% 的银行借款 2 000 000 元,该借款按月计提利息,按年支付利息。借款合同号:231201。上海智信公司核算结果:

借:银行存款——中国农业银行上海田林支行(005503)　　　2 000 000
　　贷:长期借款——本金　　　　　　　　　　　　　　　　　2 000 000

【例 1-5】承[例 1-4],2023 年 12 月 2 日,上海智信公司用该借款购买不需要安装的生产设备一台,价款为 1 500 000 元,增值税税额为 195 000 元,另支付保险等费用 100 000 元,设备于当日投入使用。上海智信公司核算结果:

借:固定资产——生产设备　　　　　　　　　　　　　　　　1 600 000
　　应交税费——应交增值税(进项税额)　　　　　　　　　　 195 000
　　贷:银行存款——中国农业银行上海田林支行(005503)　　1 795 000

二、核算长期借款利息

长期借款利息费用应当在资产负债表日按照实际利率法计算确定,实际利率与合同利率差异较小的,也可以采用合同利率计算确定利息费用。长期借款计算确定的利息费用,应当按以下原则计入有关成本、费用:属于筹建期间的,计入管理费用;属于生产经营期间的,计入财务费用。如果长期借款用于购建固定资产等符合资本化条件的,在资产尚未达到预定可使用状态前,所发生的利息支出应当资本化,计入在建工程等相关资产成本;资产达到预定可使用状态后发生的利息支出,以及按规定不予资本化的利息支出,计入财务费用。长期借款按合同利率计算确定的应付未付利息,如果属于分期付息的,记入"应付利息"科目,如果属于到期一次还本付息的,记入"长期借款——应计利息"科目。核算长期借款利息时,借记"在建工程""制造费用""财务费用""研发支出"等科目,贷记"应付利息"或"长期借款——应计利息"科目。

【例1-6】2023年12月31日,上海智信公司对借款合同号为231201的借款计提利息。

(1)计算本月长期借款利息费用＝2 000 000×7.2%÷12＝12 000(元)

(2)核算结果:

借:财务费用——利息支出　　　　　　　　　　　　　　　　　　　　12 000
　　贷:应付利息　　　　　　　　　　　　　　　　　　　　　　　　　12 000

【例1-7】2024年12月1日,上海智信公司支付借款合同号为231201的借款利息。

(1)计算长期借款1年的利息费用＝2 000 000×7.2%＝144 000(元)

(2)核算结果:

借:财务费用——利息支出　　　　　　　　　　　　　　　　　　　　12 000
　　应付利息　　　　　　　　　　　　　　　　　　　　　　　　　　132 000
　　贷:银行存款——中国农业银行上海田林支行(005503)　　　　　144 000

三、核算归还长期借款

企业归还长期借款本金时,应借记"长期借款"科目,贷记"银行存款"科目。

【例1-8】2026年12月1日,上海智信公司归还合同号为231201的借款2 000 000元。上海智信公司核算结果:

借:长期借款——本金　　　　　　　　　　　　　　　　　　　　　2 000 000
　　贷:银行存款——中国农业银行上海田林支行(005503)　　　　2 000 000

业财融合与审核

企业发生的长期借款业务,通过财务核算与审核,达到业务与财务融合的目的。其具体内容如表1-10所示。

表1-10 长期借款的业财融合与审核

业 务	财 务	审 核
部门负责人根据实际情况提出长期借款申请,并明确借款金额、用途、期限等相关信息	借款后将借款金额转入申请人指定账户并进行账务处理	检查长期借款的用途和金额是否合理,并审核借款申请材料的真实性、合法性

【课堂练习1-2】

2023年9月1日,某企业向银行借款3 000 000元,期限为3年,年利率为7.2%,该借款按年计提利息,到期一次还本付息。当日借款全部用于厂房建造,厂房于2023年12月31日建造完毕交付使用。

要求：核算该企业取得借款、计提利息和到期还本付息的经济业务。

任务三 核算实收资本(或股本)业务

学习目标

1. 了解实收资本(或股本)的核算内容。
2. 理解核算实收资本(或股本)的相关账户内容。
3. 能运用企业会计准则,对企业接受投资进行账务处理。

任务描述

上海智信公司全体股东召开会议,一致同意增资1 000 000元,其中接受智信集团股份有限公司投入货币资金450 280元、投入生产设备200 000元、投入原材料49 720元、投入专利100 000元,接受上海易电子公司投入土地使用权200 000元。股东投入资本后,原股权结构保持不变。上海智信公司为了扩大生产规模,增资扩股,在账务处理上如何处理? 此任务将带你解决这些问题。

知识准备

一、企业接受投资的业务

企业在生产经营过程中,会发生接受投资业务。企业接受投资的业务流程如图1-5所示。

企业接受投资的业务流程	
投资方	企业

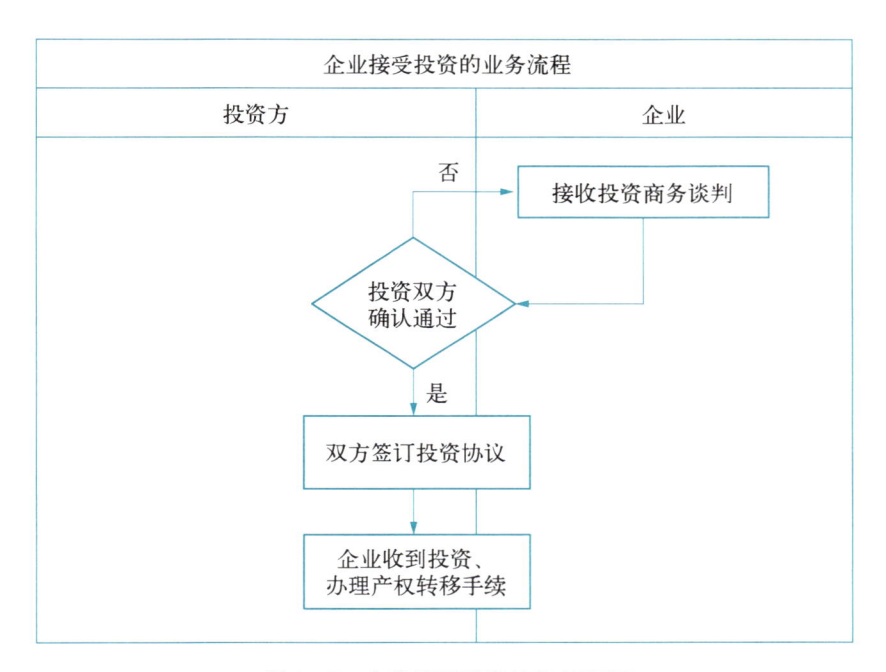

```
         否
         ┌──→ 接收投资商务谈判
         │         │
    投资双方 ←─────┘
    确认通过
         │ 是
         ↓
    双方签订投资协议
         │
         ↓
    企业收到投资、
    办理产权转移手续
```

图 1-5 企业接受投资的业务流程

二、认知实收资本(或股本)

(一) 实收资本(或股本)的管理

1. 实收资本(或股本)的概念

实收资本是指企业按照章程规定或合同、协议约定,接受投资者投入企业的资本。

对股份有限公司而言,实收资本又称股本,即发起人按照合同或协议约定投入的资本和社会公众在公司发行股票时认购股票缴入的资本,其在金额上等于股份面值和股份总额的乘积。

实收资本的构成比例或股东的股份比例,是确定所有者在企业所有者权益中所占份额的基础,也是企业进行利润或股利分配的主要依据。

2. 股东出资形式

我国《公司法》规定,股东可以用货币出资,也可以用实物、知识产权、土地使用权、股权、债权等可以用货币估价并可以依法转让的非货币财产作价出资;但是,法律、法规规定不得作为出资的财产除外。企业应当对作为出资的非货币财产评估作价,核实财产,不得高估或者低估作价。法律、法规对评估作价有规定的,从其规定。

股东应当按期足额缴纳公司章程中规定的各自所认缴的出资额。股东以货币出资的,应当将货币出资足额存入公司在银行开设的账户;以非货币财产出资的,应当依法办理其财产权的转移手续。

企业收到所有者投入企业的资本后,应根据有关原始凭证(如投资清单、银行通知单等),分别不同的出资方式进行账务处理。

3. 实收资本(或股本)的增减变动

一般情况下,企业的实收资本应相对固定不变,但在某些特定情况下,实收资本也可能发生增减变化。我国《企业法人登记管理条例施行细则》规定,除了国家另有规定,企业的注册资金应当与实收资本相一致,当实收资本比原注册资金增加或减少超过20%时,应持资金使用证明或者验资证明,向原登记主管机关申请变更登记。如擅自改变注册资本或抽逃资金,要受到工商行政管理部门的处罚。

(二)实收资本(或股本)的确认与计量

股份有限公司应设置"股本"科目,其他各类企业应设置"实收资本"科目,反映和监督企业实际收到的投资者投入资本的情况。

三、实收资本(或股本)的账户设置

实收资本(或股本)的账户设置如表1-11所示。

表1-11　实收资本(或股本)的账户设置

账户名称	账户性质	账户用途	账户结构	明细核算
实收资本	所有者权益类	核算企业实际收到的投资者投入资本的情况	贷方登记企业收到投资者符合注册资本的出资额;借方登记企业按照法定程序报经批准减少的注册资本额。期末余额在贷方,反映企业实有的资本额	按照投资者进行明细核算
股本	所有者权益类	核算股份有限公司股本情况	贷方登记已发行的股票面值;借方登记经批准核销的股票面值;期末贷方余额反映发行在外的股票面值	按照股票的类别设置明细账进行明细核算

任务实施

一、核算实收资本(或股本)的增加

(一) 接受现金资产投资

1. 股份有限公司以外的企业接受现金资产投资

企业接受现金资产投资时,应以实际收到的金额或存入企业开户银行的金额,借记"银行存款"科目,按投资合同或协议约定的投资者在企业注册资本中所占份额的部分,贷记"实收资本"科目。

【例1-9】2023年12月1日,上海智信公司接受股东智信集团股份有限公司投入现金450 280元,与投资合同或协议约定的投资者在企业注册资本中所占的份额一致。上海智信公司核算结果:

借:银行存款——中国农业银行上海田林支行(005503)　　450 280
　　贷:实收资本——智信集团股份有限公司　　　　　　　　　450 280

2. 股份有限公司接受现金资产投资

股份有限公司发行股票时,既可以按面值发行股票,也可以溢价发行(我国目前不允许折价发行)。股份有限公司在核定的股本总额及核定的股份总额的范围内发行股票时,应在实际收到现金资产时进行账务处理。股份有限公司发行股票收到现金资产时,借记"银行存款"科目,按每股股票面值和发行股份总数的乘积计算的金额,贷记"股本"科目。

【例1-10】2023年3月10日,良友集团股份有限公司发行普通股1 000万股,每股面值为1元,每股发行价也是1元,假定股票发行成功且无手续费。该股份有限公司核算结果:

借:银行存款　　　　　　　　　　　　　　　　　　　　　10 000 000
　　贷:股本　　　　　　　　　　　　　　　　　　　　　　　10 000 000

(二) 接受非现金资产投资

1. 接受投入固定资产

【例1-11】2023年12月1日,上海智信公司接受股东智信集团股份有限公司投入一台不需要安装的生产设备,合同约定该设备的价值为176 991.15元,增值税进项税额为23 008.85元(由投资方支付税款,并提供或开具增值税专用发票)。经约定接受的投入资本为200 000元,全部作为实收资本。合同约定的固定资产价值与公允价值相符。上海智信公司核算结果:

借:固定资产　　　　　　　　　　　　　　　　　　　　　176 991.15
　　应交税费——应交增值税(进项税额)　　　　　　　　　　23 008.85
　　贷:实收资本——智信集团股份有限公司　　　　　　　　200 000.00

2. 接受投入材料物资

【例1-12】2023年12月5日,上海智信公司接受股东智信集团股份有限公司投入原

材料一批,评估作价 49 720 元(含增值税 5 720 元)。其具体明细如表 1-12 所示。

表 1-12　股东投入原材料明细表　　　　　　　　金额单位:元

货　号	原　材　料	数　量	单　价	合　计
Ycl0005	成像材料	20 套	500	10 000
Ycl0006	滤光片	20 个	500	10 000
Ycl0007	屏幕	20 个	1 000	20 000
Ycl0021	xsq 半导体材料	20 套	200	4 000
合　　计				44 000

上海智信公司核算结果:

借:原材料——成像材料　　　　　　　　　　　　　　　　　10 000
　　　　　——滤光片　　　　　　　　　　　　　　　　　　10 000
　　　　　——屏幕　　　　　　　　　　　　　　　　　　　20 000
　　　　　——xsq 半导体材料　　　　　　　　　　　　　　 4 000
　　应交税费——应交增值税(进项税额)　　　　　　　　　　 5 720
　　贷:实收资本——智信集团股份有限公司　　　　　　　　 49 720

3. 接受投入无形资产

【例 1-13】2023 年 12 月 6 日,上海智信公司接受股东智信集团股份有限公司投入非专利技术一项,该非专利技术投资合同约定价值为 94 339.62 元,增值税进项税额为 5 660.38 元,该增值税由投资方支付税款,并提供或开具增值税专用发票。同时收到股东上海易电子公司作为资本投入的土地使用权一项,投资合同约定价值为 183 486.24 元,增值税进项税额为 16 513.76 元,该增值税由投资方支付税款,并提供或开具增值税专用发票。均已办妥财产权转移手续。上海智信公司核算结果:

借:无形资产——非专利技术　　　　　　　　　　　　　94 339.62
　　　　　　——土地使用权　　　　　　　　　　　　　183 486.24
　　应交税费——应交增值税(进项税额)　　　　　　　　 22 174.14
　　贷:实收资本——智信集团股份有限公司　　　　　　100 000.00
　　　　　　　——上海易电子公司　　　　　　　　　 200 000.00

温馨提示

企业除了接受投资者追加投资,还存在资本公积和盈余公积转增资本情况,其中资本公积转增资本将在任务四完成。

【课堂练习 1-3】

2023年11月1日,某企业接受股东投入一台不需要安装的生产设备,合同约定该设备的价值为 300 000 元,增值税进项税额为 39 000 元(由投资方支付税款,并提供或开具增值税专用发票)。经约定接受的投入资本为 339 000 元,全部作为实收资本。合同约定的固定资产价值与公允价值相符。

【要求】核算该企业接受投资业务。

二、核算实收资本或股本的减少

企业实收资本减少的原因一般包括以下几种:一是资本过剩,二是企业发生重大亏损而减少实收资本,三是因企业发展需要而调节资本结构。

股份有限公司发还投资时,采用收购本公司股票方式减资的,应通过"库存股"科目核算回购股份的金额。回购本公司股份时,按实际支付的价款,借记"库存股"科目,贷记"银行存款"科目;减资时(注销股份时),按股票面值和注销股数计算的股票面值总额,借记"股本"科目,按注销库存股的账面余额,贷记"库存股"科目。如果回购股票支付的价款高于股票面值总额(溢价回购),按其差额,借记"资本公积——股本溢价"科目,股本溢价不足冲减的,应借记"盈余公积""利润分配——未分配利润"科目;如果回购股票支付的价款低于股票面值总额(折价回购),应按股票面值总额,借记"股本"科目,按所注销的库存股账面余额,贷记"库存股"科目,按其差额,贷记"资本公积——股本溢价"科目。

【例 1-14】嘉化能源股份有限公司(以下简称嘉化公司)是一家上市公司,其 2023 年 12 月 31 日的股本为 150 000 000 元(每股面值为 1 元),资本公积(股本溢价)为 45 000 000 元,盈余公积为 60 000 000 元。经股东大会批准,嘉化公司以现金回购方式回购本公司股票 30 000 000 股并注销。假定嘉化公司按每股 2 元回购股票,不考虑其他因素。嘉化公司核算结果:

(1)回购本公司股份时:

库存股成本=30 000 000×2=60 000 000(元)

借:库存股　　　　　　　　　　　　　　　　　　　　　　60 000 000
　　贷:银行存款　　　　　　　　　　　　　　　　　　　　60 000 000

(2)注销本公司股份时:

借:股本　　　　　　　　　　　　　　　　　　　　　　　30 000 000
　　资本公积——股本溢价　　　　　　　　　　　　　　　30 000 000
　　贷:库存股　　　　　　　　　　　　　　　　　　　　60 000 000

【例 1-15】承[例 1-14],假定嘉化公司按每股 3 元回购股票,其他条件不变。嘉化公司核算结果：

(1) 回购本公司股份时：

库存股成本＝30 000 000×3＝90 000 000(元)

借：库存股	90 000 000
贷：银行存款	90 000 000

(2) 注销本公司股份时：

首先应冲减股本 30 000 000 元，然后冲减股本溢价 45 000 000 元，最后冲减盈余公积 15 000 000 元。

借：股本	30 000 000
资本公积——股本溢价	45 000 000
盈余公积	15 000 000
贷：库存股	90 000 000

【例 1-16】 承[例 1-14]，假定嘉化公司按每股 0.9 元回购股票，其他条件不变。嘉化公司核算结果：

(1) 回购本公司股份时：

库存股成本＝30 000 000×0.9＝27 000 000(元)

借：库存股	27 000 000
贷：银行存款	27 000 000

(2) 注销本公司股份时：

应增加的资本公积＝30 000 000×1－30 000 000×0.9＝3 000 000(元)

借：股本	30 000 000
贷：库存股	27 000 000
资本公积——股本溢价	3 000 000

本例中，由于折价回购，股本与库存股成本的差额 3 000 000 元应作增加资本公积处理。

有限责任公司发还投资的账务处理比较简单，按法定程序报经批准减少注册资本的，按减少的注册资本金额减少实收资本，借记"实收资本""资本公积"等科目，贷记"银行存款"等科目。

业财融合与审核

企业接受投资者投入资金业务，通过财务核算与审核，达到业务与财务融合的目的。其具体内容如表 1-13 所示。

项目一 核算资金筹集业务

表1-13 接受投资者投入资金业务的业财融合与审核

业　务	财　务	审　核
投资者投入资金	根据投资者实际支付的凭证进行账务处理	验证资金来源与真实性：对于现金投入，核查银行流水、转账凭证等，确保资金来自投资者本人或合法渠道，并核对金额是否与合同约定一致

【课堂练习1-4】

某上市公司2023年7月31日的股本为80 000 000元（每股面值为1元），资本公积（股本溢价）为8 000 000元，盈余公积为5 000 000元。经股东大会批准，A上市公司以现金回购方式回购本公司股票20 000 000股并注销。假定A上市公司按每股1.5元回购股票，不考虑其他因素。

要求：核算该公司减资业务。

任务四　核算资本公积业务

学习目标

1. 了解资本公积的核算内容。
2. 理解资本公积账户的设置。
3. 能运用企业会计准则，对企业资本公积进行账务处理。

任务描述

上海智信公司全体股东再次召开会议，同意接受新股东聚泰公司投入货币资金600 000元，确认资本份额为515 152元。上海智信公司如何进行账务处理？此任务将带你解决这些问题。

知识准备

一、认知资本公积

（一）资本公积的概念

资本公积是企业收到投资者出资额超出其在注册资本（或股本）中所占份额的部分，以及其他资本公积等。资本公积包括资本溢价（或股本溢价）和其他资本公积。

资本溢价（或股本溢价）是企业收到投资者的超出其在企业注册资本（或股本）中所占份额的投资。其他资本公积是指资本溢价（或股本溢价）以外所形成的资本公积。

与实收资本（或股本）不同，资本公积不直接反映企业所有者在企业的基本产权关系，不作为企业持续经营期间进行利润或股利分配的依据。

（二）资本公积的确认与计量

1. 资本溢价（或股本溢价）的确认与计量

资本溢价按投资者超额缴入资本的数额，即投资者实际缴入的款额超过其在企业注册资本中所占份额的数额确认与计量。股本溢价按溢价发行股票的溢价扣除发行费用后的数额，即股份有限公司发行股票实际收到的款额超过其股票面值总额的部分确认与计量。

2. 其他资本公积的确认与计量

其他资本公积包括以下三种情况。

（1）企业的长期股权投资采用权益法核算时，因被投资单位净损益、其他综合收益以及利润分配以外的所有者权益的其他变动（主要包括被投资单位接受其他股东的资本性投入、被投资单位发行可分离交易的可转债中包含的权益成分，以权益结算的股份支付，其他股东对被投资单位增资导致投资方持股比例变动等），投资企业按应享有份额而增加或减少的资本公积，直接计入投资方所有者权益（资本公积——其他资本公积）。

（2）以权益结算的股份支付换取职工或其他方提供服务的，应按照确定的金额，将当期取得的服务计入相关资产成本或当期费用，同时增加资本公积（其他资本公积）。根据国家有关规定企业实行股权激励的，如果在等待期内取消了授予的权益工具，企业应在进行权益工具加速行权处理时，将剩余等待期内应确认的金额计入当期损益，并同时确认资本公积（其他资本公积）。

（3）企业集团（由母公司和其全部子公司构成）内发生的股份支付交易，如结算企业为接受服务企业的投资者，应当按照授予日权益工具的公允价值或应承担负债的公允价值确认为对接受服务企业的长期股权投资，同时确认资本公积（其他资本公积）或负债。

二、资本公积的账户设置

资本公积的账户设置如表1-14所示。

表 1-14 资本公积的账户设置

账户名称	账户性质	账户用途	账户结构	明细核算
资本公积	所有者权益类	核算企业资本公积的增减变动情况	贷方登记资本公积的增加额；借方登记资本公积的减少额。期末余额在贷方，反映企业资本公积结存额	按照类别进行明细核算

任务实施

一、核算资本溢价或股本溢价

1. 核算资本溢价

除了股份有限公司的其他类型的企业，在企业创立时，投资者认缴的出资额与注册资本一致，一般不会产生资本溢价。但在企业重组或有新的投资者加入时，常常会出现资本溢价。因为在企业进行正常生产经营后，其资本利润率通常要高于企业初创阶段，另外，企业有内部积累，新投资者加入企业后，对这些积累将来也要分享，所以新加入的投资者往往要付出大于原投资者的出资额，才能取得与原投资者相同的出资比例。投资者多缴的部分计入资本溢价。

【例 1-17】大华有限责任公司由两位投资者甲、乙共投资 400 000 元设立，每人各出资 200 000 元。一年后，为扩大经营规模，经批准公司注册资本增加到 600 000 元，并引入第 3 位投资者丙加入。按照投资协议，新投资者需缴入现金 250 000 元，同时享有该公司 1/3 的股份。大华有限责任公司已收到该现金投资。假定不考虑其他因素。大华有限责任公司核算结果：

借：银行存款　　　　　　　　　　　　　　　　　　　250 000
　　贷：实收资本——丙　　　　　　　　　　　　　　200 000
　　　　资本公积——资本溢价　　　　　　　　　　　 50 000

2. 核算股本溢价

在按面值发行股票的情况下，企业发行股票取得的收入，应全部作为股本处理；在溢价发行股票的情况下，企业发行股票取得的收入，等于股票面值部分计入股本，超出股票面值的溢价收入计入股本溢价。

发行股票相关的手续费、佣金等交易费用，如果是溢价发行股票的，应从溢价中抵扣，冲减资本公积（股本溢价）；无溢价发行股票或溢价金额不足以抵扣的，应将不足抵扣的部分冲减盈余公积，盈余公积不足抵扣的，冲减未分配利润。

【例1-18】 2023年10月20日,凌华制业股份有限公司首次公开发行普通股60 000 000股,每股面值为1元,每股发行价格为1.50元。该股份有限公司与证券公司约定,按发行收入的2%收取佣金,从发行收入中扣除。假定收到的股款已存入银行。该股份有限公司核算结果:

(1) 公司收到证券公司转来的发行收入=60 000 000×1.5×(1-2%)=88 200 000(元)

(2) 应记入"资本公积"的金额=溢价收入-发行佣金=60 000 000×(1.50-1)-60 000 000×1.5×2%=28 200 000(元)

借:银行存款　　　　　　　　　　　　　　　　　　　　88 200 000
　　贷:股本　　　　　　　　　　　　　　　　　　　　　60 000 000
　　　　资本公积——股本溢价　　　　　　　　　　　　　28 200 000

二、核算资本公积转增资本

经股东大会或类似机构决议,用资本公积转增资本时,应冲减资本公积,同时按照转增资本前的实收资本(或股本)的结构或比例,将转增的金额记入"实收资本"(或"股本")科目下各所有者权益的明细分类科目。

【例1-19】 承[例1-17],大华有限责任公司因扩大经营规模需要,经批准公司按原出资比例将资本公积30 000元转增资本。大华有限责任公司核算结果:

借:资本公积——资本溢价　　　　　　　　　　　　　　30 000
　　贷:实收资本——甲　　　　　　　　　　　　　　　　10 000
　　　　　　　　——乙　　　　　　　　　　　　　　　　10 000
　　　　　　　　——丙　　　　　　　　　　　　　　　　10 000

业财融合与审核

资本公积转增资本业务,通过财务核算与审核,达到业务与财务融合的目的。其具体内容如表1-15所示。

表1-15　资本公积转增资本业务的业财融合与审核

业　务	财　务	审　核
召开股东会,就资本公积转增资本的决议进行表决。资本公积转增资本完成后,公司办理注册登记变更手续	根据股东会决议进行账务处理	审核公司是否已将股本结构进行调整,在工商登记机关完成变更登记手续,并获取了相关的变更证明文件

【课堂练习1-5】

某股份有限公司首次公开发行普通股1 000 000股,每股面值为1元,每股发行价格为3.50元。该股份有限公司与证券公司约定,按发行收入的2%收取佣金,从发行收入中扣除。假定收到的股款已存入银行。

要求:核算该公司发行股票业务。

项目小结

本项目主要完成的任务是企业筹资业务的会计核算,在了解筹资业务流程的基础上,一方面需要理解相关账户的设置,另一方面需要掌握筹资业务的相关金额的计算和会计核算。

项目测试

一、单选题

1. "短期借款"属于( )。
   A. 资产类科目　　B. 负债类科目　　C. 成本类科目　　D. 损益类科目
2. "实收资本"属于( )。
   A. 资产类科目　　B. 负债类科目　　C. 损益类科目　　D. 所有者权益类科目
3. 企业接受投资,应贷记的科目是( )。
   A. "实收资本"　　B. "短期借款"　　C. "盈余公积"　　D. "投资收益"
4. 企业取得6个月期限的流动资金借款,应贷记的科目是( )。
   A. "短期借款"　　B. "长期借款"　　C. "实收资本"　　D. "资本公积"
5. 某企业月末计提短期借款利息,应贷记的科目是( )。
   A. "财务费用"　　B. "销售费用"　　C. "应付利息"　　D. "应付股利"
6. 企业支付已经预提的短期借款利息,应借记的科目是( )。
   A. "短期借款"　　B. "应付股利"　　C. "财务费用"　　D. "应付利息"
7. 甲、乙公司均为增值税一般纳税人,适用的增值税税率为13%。甲公司接受乙公司投资转入的原材料一批,账面价值为170 000元,投资协议约定的价值为200 000元,假定投资协议约定的价值与公允价值相符,该项投资没有产生资本溢价。甲公司实收资本应增加( )元。
   A. 170 000　　B. 192 100　　C. 200 000　　D. 226 000
8. 股份有限公司采用收购本公司股票方式减资的,按注销股票的面值总额减少股本,购回股票支付的价款超过面值的部分,应依次冲减的会计科目是(　　)。

A. "盈余公积""资本公积""利润分配——未分配利润"

B. "利润分配——未分配利润""资本公积""盈余公积"

C. "利润分配——未分配利润""盈余公积""资本公积"

D. "资本公积""盈余公积""利润分配——未分配利润"

9. 丙上市公司2023年12月31日的股本为1 000万股,每股面值为1元,资本公积(股本溢价)500万元,盈余公积300万元,假定丙上市公司回购股票200万股,回购价格为每股2元,则注销库存股时冲减资本公积(　　)万元。

A. 200　　　　B. 300　　　　C. 400　　　　D. 500

10. 丁股份有限公司委托证券公司代理发行普通股1 000万股,每股股价为1元,发行价格为每股4元。证券公司按发行收入的2%收取手续费,该公司这项业务应计入资本公积的金额为(　　)万元。

A. 2 920　　　　B. 2 940　　　　C. 2 980　　　　D. 3 000

二、多选题

1. 企业的资金筹集业务按其资金来源通常分为(　　)。

A. 负债筹资　　B. 对外捐赠　　C. 接受捐赠　　D. 权益筹资

2. 短期借款利息采用月末预提方式核算,下列预提短期借款利息的账务处理中,正确的有(　　)。

A. 借记"管理费用"科目　　　　B. 借记"财务费用"科目

C. 贷记"短期借款"科目　　　　D. 贷记"应付利息"科目

3. 关于"实收资本"账户的描述,正确的有(　　)。

A. 期末余额一般在贷方　　　　B. 期末余额一般在借方

C. 贷方登记企业资本增加额　　D. 借方登记企业资本减少额

4. 关于"短期借款"账户的描述,正确的有(　　)。

A. 期末余额一般在贷方　　　　B. 期末余额一般在借方

C. 借方登记短期借款减少额　　D. 贷方登记短期借款增加额

5. 企业筹集资金,可能使用的账户有(　　)。

A. "实收资本"　　B. "应收账款"　　C. "短期借款"　　D. "预付账款"

6. 下列关于实收资本的说法中,正确的有(　　)。

A. 实收资本可以转增资本公积

B. 企业进行利润分配和股利分配的依据

C. 是企业清算时确定所有者对净资产的要求权的依据

D. 确定所有者在企业所有者权益中所占的份额和参与企业生产经营决策的基础

7. A股份有限公司按法定程序报经批准后采用收购本公司股票方式减资,购回股票支付价款高于股票面值总额,所注销库存股账面余额与冲减股本的差额可能涉及的会计科目有（　　）。

A．"盈余公积" B．"资本公积"

C．"营业外收入" D．"利润分配——未分配利润"

8. 戊公司 2023 年 12 月 31 日的股本是 1 000 万股,每股面值为 1 元,资本公积(股本溢价)300 万元,盈余公积 100 万元,未分配利润是 300 万元,假定甲公司回购本公司股票 300 万股,以每股 3 元的价格收回,假定不考虑其他条件,下列说法中正确的有（　　）。

A．冲减的股本是 300 万元 B．冲减的资本公积是 300 万元

C．冲减的盈余公积是 100 万元 D．冲减的未分配利润是 200 万元

9. 下列交易或事项中,影响企业资本公积变动的有（　　）。

A．企业支付股票发行费

B．固定资产盘盈的部分

C．企业股票发行价超过面值的部分

D．投资者实际出资额超过应出资额的部分

10. 下列各项中,可能会导致企业实收资本增加的有（　　）。

A．资本公积转增资本 B．接受投资者追加投资

C．盈余公积转增资本 D．接受非流动资产捐赠

三、判断题

1. 资金筹集业务是指企业筹集生产经营活动所需的资金,相关经济活动是企业整个资金运动的起点。（　　）
2. 企业向银行或其他金融机构借入的各种款项所发生的利息均应计入财务费用。（　　）
3. 核算企业向银行或其他金融机构等借入的期限在 1 年以上(含 1 年)的各种款项,所使用的账户是"短期借款"科目。（　　）
4. "实收资本"科目借方登记企业按照法定程序报经批准减少的注册资本额。（　　）
5. "应付利息"科目应按照债务人进行明细核算。（　　）
6. 资本公积是企业从历年实现的利润中提取或形成的留存于企业的、来源于企业生产经营活动实现的利润。（　　）
7. 股份有限公司发行股票发生的手续费和佣金等费用,先从发行股票的溢价收入中冲减,发行股票的溢价不足冲减或无溢价的,计入财务费用。（　　）
8. 企业需要偿还所有者权益和负债。（　　）
9. 企业回购本公司股票会导致所有者权益增加。（　　）
10. 股份有限公司溢价发行股票时,按股票面值计入股本,溢价收入扣除发行手续费、佣金等发行费用后的金额计入资本公积。（　　）

四、业务题

1. 2024 年 3 月,大华有限责任公司发生下列经济业务。

(1) 1日，取得期限为6个月、年利率为5.4%的银行借款500 000元，该借款于每月21日支付利息。

(2) 21日，支付银行借款1~20日的利息费用1 500元。

(3) 31日，计提银行借款的本月21~31日的利息费用825元。

【要求】根据上述资料，编制会计分录。

2. 甲、乙、丙共同投资设立A有限责任公司，注册资本为4 000 000元，甲、乙、丙持股比例分别为60%、25%和15%。按照章程规定，甲、乙、丙投入资本分别为2 400 000元、1 000 000元和600 000元。A有限责任公司已如期收到各投资者一次缴足的款项。

【要求】编制A有限责任公司收到投资的会计分录。

3. B股份有限公司发行普通股5 000 000股，每股面值为1元，每股发行价格为5元。假定股票发行成功，股款25 000 000元已全部收到，不考虑发行过程中的税费等因素。

【要求】根据上述资料，编制B股份有限公司的会计分录。

4. 甲有限责任公司于设立时收到乙公司作为资本投入的不需要安装的机器设备一台，合同约定该机器设备的价值为1 000 000元，增值税进项税额为130 000元（由投资方支付税款，并提供或开具增值税专用发票）。经约定，甲有限责任公司接受乙公司的投入资本为1 130 000元，全部作为实收资本。合同约定的固定资产价值与公允价值相符，不考虑其他因素。

【要求】编制甲有限责任公司的会计分录。

5. 乙有限责任公司于设立时收到B公司作为资本投入的原材料一批，该批原材料投资合同或协议约定价值（不含可抵扣的增值税进项税额部分）为200 000元，增值税进项税额为26 000元（由投资方支付税款，并提供或开具增值税专用发票）。合同约定的价值与公允价值相符，不考虑其他因素。乙有限责任公司对原材料按实际成本进行日常核算。

【要求】编制乙有限责任公司的会计分录。

6. 丙有限责任公司于设立时收到A公司作为资本投入的非专利技术一项，该非专利技术投资合同约定价值为120 000元，增值税进项税额为7 200元（由投资方支付税款，并提供或开具增值税专用发票）；同时收到B公司作为资本投入的土地使用权一项，投资合同约定价值为90 000元，增值税进项税额为8 100元（由投资方支付税款，并提供或开具增值税专用发票）。合同约定的资产价值与公允价值相符，不考虑其他因素。

【要求】编制丙有限责任公司的会计分录。

7. (1) 张某、李某、王某三人共同投资设立了A有限责任公司，原注册资本为4 000 000元，张某、李某、王某分别出资500 000元、2 000 000元和1 500 000元。为扩大经营规模，经批准，A有限责任公司注册资本扩大为5 000 000元，张某、李某、王某按照原出资比例分别追加投资125 000元、500 000元和375 000元。A有限责任公司如期收到张某、李某、王某追加的现金投资。

(2) 因扩大经营规模需要，经批准，A 有限责任公司按原出资比例将资本公积 500 000 元转增资本。

(3) 因扩大经营规模需要，经批准，A 有限责任公司按原出资比例将盈余公积 400 000 元转增资本。

【要求】根据上述资料，编制 A 有限责任公司的会计分录。

8. B 上市公司 2023 年 12 月 31 日的股本为 10 000 000 元（每股面值为 1 元），资本公积（股本溢价）为 3 000 000 元，盈余公积为 4 000 000 元。经股东大会批准，B 上市公司以现金回购方式回购本公司股票 2 000 000 股并注销。假定 B 上市公司按每股 2 元回购股票，不考虑其他因素。

【要求】编制 B 上市公司的会计分录。

9. C 有限责任公司由两位投资者投资 200 000 元设立，每人各出资 100 000 元。1 年后，为扩大经营规模，经批准，C 有限责任公司注册资本增加到 300 000 元，并引入第三位投资者加入。按照投资协议，新投资者需缴入现金 110 000 元，同时享有该公司 1/3 的股份。C 有限责任公司已收到该现金投资。假定不考虑其他因素。

【要求】编制 C 有限责任公司的会计分录。

10. D 股份有限公司首次公开发行普通股 5 000 000 股，每股面值为 1 元，每股发行价格为 4 元。D 股份有限公司与证券公司约定，按发行收入的 3% 收取佣金，从发行收入中扣除。假定收到的股款已存入银行。

【要求】编制 D 股份有限公司的会计分录。

项目二 核算采购与应付业务

项目简介

本项目主要完成企业在采购物资过程中所涉及的经济业务及其账务处理。

项目导航

核算采购与应付业务
- 核算材料采购业务
- 核算应付及预付业务
- 核算委托加工物资业务

案例导入

政府采购　多方共赢

"政府购买服务"是近年来政府服务提供方式的重大创新——从政府履职所需服务逐步向公共服务扩展,从最初的环卫清扫服务向公共法律服务、公共文化服务、公共体育服务、医疗卫生服务、教育服务、助残服务、养老服务、青少年服务等领域延伸。

2019年全国政府采购的"账单"上,全国强制和优先采购节能、节水产品的金额为633.7亿元,占同类产品采购规模的90%,全国优先采购环保产品的金额为718.7亿元,占同类产品采购规模的88%。

2019年,全国政府采购授予中小微企业合同金额为24 519.1亿元,占全国政府采购规模的74.1%。2020年年末的新政策,进一步扩大了面向中小企业的政府采购份额,将更有力地支持该类企业的发展。

目前,来自全国22个省份、832个贫困县的"扶贫商品",正在财政部和全国供销总社打造的"脱贫地区农副产品网络销售平台"(832平台)上被各预算采购单位批量选购。截至 2020 年 12 月 27 日,832 平台累计上架商品 9 万多款,累计成交总额破 80 亿元。2020 年 12 月 18 日,财政部、工业和信息化部联合发布《政府采购促进中小企业发展管理办法》,在政府采购领域进一步支持中小企业发展。政府采购扶"小"助"微",举措实在。

【想一想】政府采购相关举措产生了怎样的正面效益?

任务一　核算材料采购业务

学习目标

1. 了解企业材料采购业务。
2. 理解核算材料采购、原材料、周转材料、材料成本差异、其他货币资金等相关账户内容。
3. 会计算材料采购成本、计划成本、材料成本差异。
4. 能运用企业会计准则,对企业取得的采购发票、入库单等进行账务处理。

任务描述

上海智信公司获得生产经营所需的资金后,开始着手材料采购。2023 年 12 月,企业计划生产 800 只智能手表和 600 个高精度智能显示器,因此需要采购晶圆、半导体材料、线路板、封装材料、表带、成像材料、滤光片以及屏幕等原材料。为保证生产经营活动的正常进行,该企业还需采购工作服、硅胶手套等低值易耗品,包装盒、纸箱等包装物。原材料、周转材料按计划成本进行日常核算。那么该企业采购材料需要经过怎样的业务流程呢?会计人员根据原始凭证应进行怎样的账务处理呢?此任务将带你解决这些问题。

知识准备

一、认识材料采购业务

材料采购业务主要包括原材料采购、周转材料采购,在资金活动上主要体现为货币资金转为储备资金。

(一) 认知原材料

原材料是指企业在生产经营过程中经过加工改变其形态或性质并构成产品主要实体的各种原料、主要材料、辅助材料、外购半成品(外购件)、修理用备件(备品备件)、包装材料、燃料等。

(二) 认知周转材料

周转材料是指企业能够多次使用,不符合固定资产定义,逐渐转移其价值但仍保持原有形态的材料物品。企业的周转材料主要包括包装物和低值易耗品。

(1) 包装物:是指为了包装商品而储备的各种包装容器,如桶、箱、瓶、袋等。包装物具体包括:① 生产过程中用于包装产品作为产品组成部分的包装物。② 随同商品出售而不单独计价的包装物。③ 随同商品出售单独计价的包装物。④ 出租或出借给购买单位使用的包装物。

(2) 低值易耗品:是指不能作为固定资产核算的各种用具物品,如各种工具、管理用具、劳动保护用品以及在经营过程中周转使用的容器等。其特点是单位价值较低,或使用期限相对于固定资产较短,在使用过程中保持其原有实物形态基本不变。

(三) 材料采购业务

1. 申报采购计划

一般由需求方即生产部根据生产计划,提出材料采购申请(包括材料名称、规格、数量、资金预算等内容),经企业领导批准后,交采购部组织材料采购。

财务部门应根据企业生产和采购计划,结合相关物料采购历史成本,重点审核采购预算制定的合理性,评估当期采购支付的资金保证能力。

2. 确定采购方式,寻找并匹配供应商,签订合同并下达采购订单

(1) 确定采购方式。采购部依据审批后的请购单,根据企业规章制度和采购内容确定合适的采购方式。

> **知 识 拓 展**
>
> 企业材料采购有集中采购、分散采购、直接采购、间接采购、招标采购、网上采购等方式。
>
> 集中采购:是指由企业采购部门进行的统一采购。它通常适用于大宗或批量物品,关键零部件、原料或其他战略资源,保密程度较高,需要定期采购的物品。
>
> 分散采购:是指由企业下属各单位,如各部门、分公司或子公司实施的满足自身生产所需而进行的采购。它适用于小批量、总支出费用较少、下属各单位具有相应采购和检验能力的物品。
>
> 直接采购:是指采购方直接向物料源头的生产厂家进行采购的方式。它适用于采购量足够大、希望从供方获得更为低廉采购价格,且具有采购渠道、储运等条件的物品。

间接采购：是指通过中间商进行采购的方式，主要委托流通型企业进行。间接采购可以有效利用中间商的渠道、储运等优势，在一定程度上减少采购费用、时间以及物料的非正常损失等。

招标采购：是指采购方作为招标方，事先提出采购的条件和要求，邀请众多企业参加投标，然后由采购方按照规定的程序和标准一次性地从中择优选择交易对象，并与中标的投标方签订协议的过程。

网上采购：是指以网络技术为基础，通过电子商务平台进行的采购。网上采购方便、及时，信息量丰富，能在一定程度上降低采购成本。

（2）寻找并匹配供应商。采购员通过搜索互联网、订阅专业杂志、询问熟悉的供应商、招标和询价等寻找供应商，并对其进行严格的筛选评估。对于供应商的评价主要包括：企业规模和实力、生产能力和质量保证、服务水平和流程以及价格匹配等。供应商的信息需要清晰、真实、明示和透明。采购员需要参考企业规章制度、政策法规以及国家标准，结合采购需求，确保采购的产品与服务符合企业的质量标准；通过评估新供应商的价格、质量、交货期等因素，匹配供应商。

（3）签订合同并下达采购订单。采购部与供应商商洽关于售价、付款条款、交期以及质量保证等条款，待谈妥后使用制式购销合同填写甲方、乙方、材料名称、规格、单价、交货方式及期限、付款方式及期限等重要信息，经双方确认无误后，进入审批签字盖章环节。

合同签订后，采购部制订采购订单，经审核通过后，正式向供应商下达采购订单。采购订单应包括供应商名称、地址、产品描述、数量、价格、交付期限和付款条款等信息。采购订单应明确和充分，以便供应商可以完全理解采购需求。

3. 采购员检验材料质量，仓管员办理入库

供应商遵照合同和订单约定，在规定的时间交货。采购人员根据企业的质量标准对采购品进行验收。验收应包括外观、数量、包装、质量、性能、技术标准等指标。如果采购品合格，采购人员向仓库部门下达入库通知单，仓库管理员据以办理材料验收入库手续，填写入库单。否则，采购人员将会退回物品，并通知供应商重新提供符合企业标准的物品。

4. 根据发票、入库单支付款项

款项的支付依据签订的合同执行。若需预付，采购部则需根据签订的合同提交付款申请单，经审核通过后，提交财务部打款。尾款的支付一般约定在收到货物后的一段时间内，采购部则应根据入库单、采购发票等提交付款申请书，经审核通过后，提交财务部打款。财务部应按照企业付款程序和内部控制制度要求办理货款结算。常见的结算方式有：现金、汇票、本票、支票、信用卡、信用证、网银支付等。企业采购材料业务流程如图2-1所示。

（四）认知其他货币资金

其他货币资金是指企业库存现金、银行存款以外的其他各种货币资金，主要包括银行

采购与付款流程

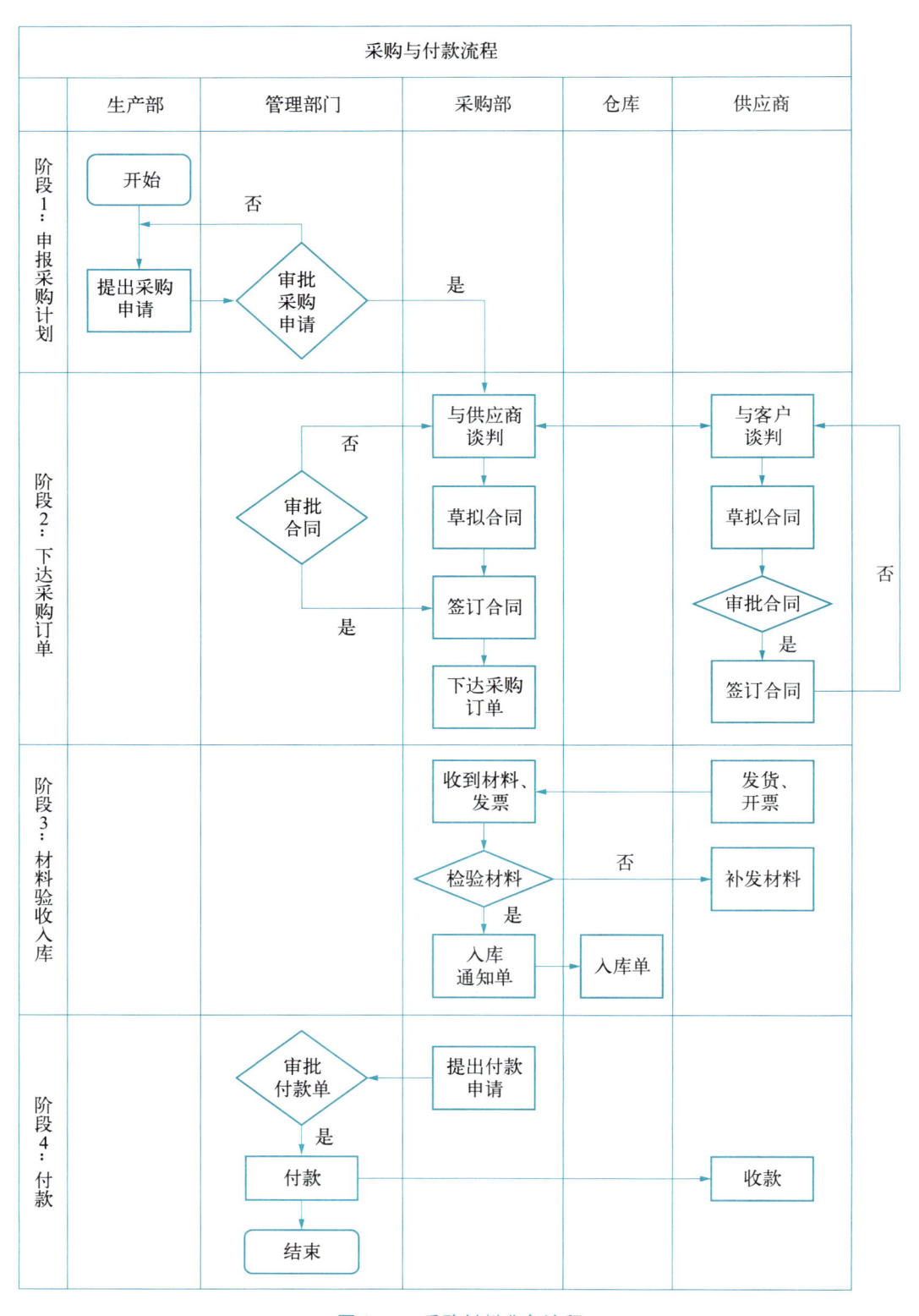

阶段	生产部	管理部门	采购部	仓库	供应商
阶段1：申报采购计划	开始 → 提出采购申请	审批采购申请（否→返回开始；是→采购部）			
阶段2：下达采购订单		审批合同（否→与供应商谈判；是→签订合同）	与供应商谈判 → 草拟合同 → 签订合同 → 下达采购订单		与客户谈判 → 草拟合同 → 审批合同（否→返回；是→签订合同）
阶段3：材料验收入库			收到材料、发票 → 检验材料（是→入库通知单；否→补发材料）	入库单	发货、开票；补发材料
阶段4：付款		审批付款单（是→付款）→ 付款 → 结束	提出付款申请		收款

图 2-1　采购材料业务流程

汇票存款、银行本票存款、信用卡存款、信用证保证金存款、外埠存款等。其他货币资金的存放地点分散、用途多样，存放、使用的手续制度要求各有不同，受经营业务活动性质影响，其安全管理难度大，要求企业会计部门和经营业务经办部门相互配合，明确经办责任，严格履行申请、审批、经办等手续制度，对于业务收支经办结束的项目应及时办理清理手续和相应的账务处理，会计部门应当加强相应的明细核算和监督管理，避免不合理延期，防止债权债务纠纷发生而给企业造成损失等不利影响。

1. 银行汇票存款

银行汇票存款是指企业为取得银行汇票按照规定存入银行的款项。银行汇票是指由出票银行签发的，由其在见票时按照实际结算金额无条件支付给收款人或者持票人的票据。银行汇票的出票银行为银行汇票的付款人。单位和个人各种款项的结算，均可使用银行汇票。银行汇票可以用于转账，注明"现金"字样的银行汇票也可以用于支取现金。银行汇票的提示付款期限为自出票日起1个月内。超过提示付款期限付款的，银行不予受理。

银行汇票存款业务流程如下：

（1）汇款单位（即申请人）应向出票银行填写《银行汇票申请书》。

（2）出票银行受理银行汇票申请书，收妥款项后签发银行汇票，随同解讫通知交给申请人。

（3）申请人将银行汇票和解讫通知交付给收款人用于货款支付等用途。

（4）收款人可在提示付款期限内到银行提示付款，办理款项入账手续（实际结算金额不得超过票面金额）。

银行汇票签发和付款业务办理流程具体如图2-2所示。

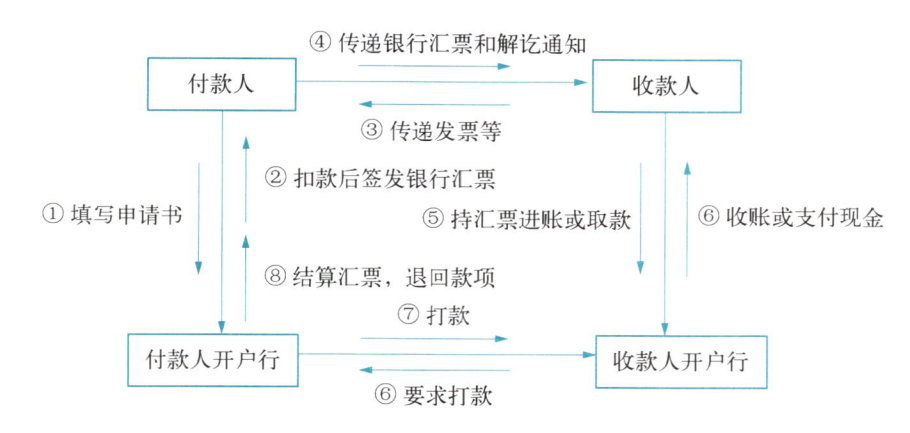

图2-2 银行汇票业务办理流程

2. 银行本票存款

银行本票存款是指企业为取得银行本票而按照规定存入银行的款项。银行本票是指由出票银行签发的，由其在见票时无条件按确定的金额支付给收款人或者持票人的票据。银行本票的出票银行为银行本票的付款人。单位和个人各种款项的结算，均可使用银行本票。银行本票可以用于转账,注明"现金"字样的银行本票也可以用于支取现金。银行本票的提示付款期限为自出票日起 2 个月内。

银行本票存款业务流程如下:

(1) 汇款单位(即申请人)应向出票银行填写《银行本票申请书》。

(2) 出票银行受理银行本票申请书,收妥款项后签发银行本票,交给申请人。

(3) 申请人将银行本票交付给收款人。

(4) 收款人在提示付款期限内到银行提示付款,办理款项入账手续。

3. 信用卡存款

信用卡存款是指企业为取得信用卡而存入银行信用卡专户的款项。凡在中国境内金融机构开立基本存款账户的单位均可申领单位信用卡,即单位卡。单位卡可申领若干张,持卡人资格由申领单位法定代表人或其委托的代理人书面指定和注销。单位卡账户的资金一律从其基本存款账户转账存入,不得交存现金,不得将销货收入的款项存入其账户。持卡人可持信用卡在特约单位购物、消费,但单位卡不得用于 10 万元以上的商品交易、劳务供应款项的结算,不得支取现金。企业的持卡人如不需要继续使用信用卡时,应持信用卡主动到发卡银行办理销户,销卡时,信用卡余额转入企业基本存款账户。

信用卡存款业务流程如下:

(1) 企业申领信用卡应填制《信用卡申请表》,连同支票和有关资料一并送存发卡银行。

(2) 银行受理申请并办理信用卡,同时根据企业申请将企业基本存款账户款项转入信用卡。

(3) 企业用信用卡购物或支付有关费用。

4. 信用证保证金存款

信用证保证金存款是指采用信用证结算方式的企业为开具信用证而存入银行信用证保证金专户的款项。信用证的开立和转让,必须基于真实的货物、服务贸易。

信用证保证金存款业务流程如下:

(1) 企业填写《信用证申请书》,连同信用证申请人承诺书和购销合同交给银行。

(2) 银行扣取信用证保证金,办理信用证。

(3) 企业使用信用证进行款项结算。

(4) 未用完的信用证保证金存款余额转回企业的银行账户。

5. 外埠存款

外埠存款是指企业为了到外地进行临时或零星采购,而汇往采购地银行开立采购专户的款项。

外埠存款业务流程如下:

(1) 汇款单位(即申请人)应向出票银行填写《汇款委托书》。

(2) 汇入地银行以汇款单位名义开立临时采购专户,并进行扣款。

（3）申请人依据发票账单等使用采购专户转账结算货款。
（4）到期后退回多余款项，企业收到银行的收账通知。

知识拓展

企业利用网银支付结算货款。

企业网上银行不仅提供查询、转账、代发代扣等基础金融服务，还支持信贷融资、票据业务、投资理财等特色服务。企业一般需要携带营业执照代码证件正（副）本和其他证件等资料，提交申请书申请开通企业网上银行业务。通过申请后，企业即可下载安装软件，财务主管登录网上银行进行初始化设置，包括但不限于新增操作员、分配查账、转账、复核等权限、设置转账流程、支付限额等。企业选择网银支付结算货款时，转账操作员登录企业网上银行，选择付款人账号，输入收款人账号、名称、开户行信息，输入结算金额、用途等，确认后提交审核。复核操作员登录网上银行进行审核，根据实际情况点击"同意"通过提交银行；或点击"否决"驳回。若结算金额超过支付限额，该笔转账结算还需经财务主管审核后才可提交至银行。

二、认知计划成本法

在实务工作中，对于材料收发业务较多、监督管理复杂且要求较高、计划成本资料较为健全、准确的企业，一般可以采用计划成本法进行材料收入、发出核算。采用计划成本法能直接反映材料成本的节约或超支情况，便于对材料监督管理，从而反映和考核材料物资采购、储存及其耗用等业务对经营成果的影响。

1. 计划成本法下材料采购的核算内容

计划成本法下材料采购的核算内容包括核算材料实际采购成本、核算入库材料计划成本、结转材料成本差异。

2. 计划成本法下材料采购业务的账户设置

计划成本法下材料采购业务的账户设置如表2-1所示。

表2-1 计划成本法下材料采购业务的账户设置

账户名称	账户性质	账户用途	账户结构	明细核算
材料采购	资产类	核算企业采用计划成本进行材料、商品等物资的日常核算下采购材料的实际成本	借方登记采购材料的实际成本以及转出的节约差异；贷方登记验收入库的材料的计划成本以及转出的超支差异；期末余额在借方，反映企业尚未验收入库材料实际成本	按照材料的类别、品种和规格等进行明细核算

续　表

账户名称	账户性质	账户用途	账户结构	明细核算
原材料	资产类	核算企业库存的各种材料,包括原料及主要材料、辅助材料、外购半成品(外购件)、修理用备件(备品备件)、包装材料、燃料等的计划成本	借方登记已验收入库的原材料计划成本;贷方登记发出原材料的计划成本;期末余额在借方,反映企业结存原材料的计划成本	按照材料的类别、品种和规格等进行明细核算
周转材料	资产类	核算企业库存的各种低值易耗品、包装物等材料的计划成本	借方登记已验收入库的周转材料计划成本;贷方登记发出周转材料的计划成本;期末余额在借方,反映企业结存周转材料的计划成本	按照材料的类别、品种和规格等进行明细核算
材料成本差异	资产类	核算企业已入库材料的实际成本与计划成本的差异	借方登记超支差异以及发出材料应负担的节约差异;贷方登记节约差异以及发出材料应负担的超支差异;期末借方余额反映企业库存材料的超支差异,期末贷方余额则反映企业库存材料的节约差异	按照材料的类别、品种和规格等进行明细核算
其他货币资金	资产类	核算企业现金和银行存款以外的其他各种货币资金,包括银行汇票存款、银行本票存款、信用卡存款、信用证保证金存款、外埠存款等	借方登记其他货币资金的增加,贷方登记其他货币资金的减少,期末余额在借方,反映企业其他货币资金的实有数	按照种类、存放地点等进行明细核算

任务实施

一、收到发票账单核算材料实际采购成本

在计划成本法下,企业采购材料物资时,应根据增值税专用发票等原始凭证核算材料实际采购成本(购买价款、相关税费、运输费、装卸费、保险费以及其他可归属于存货采购成本的费用)借记"材料采购"科目,根据增值税专用发票上可抵扣的进项税额借记"应交税费"科目,贷记"银行存款""其他货币资金""应付账款"等科目。

(一)收到发票账单立即付款

【例2-1】2023年12月3日,上海智信公司计划向上海东方晶圆制造有限公司采购xsq晶圆,随即申请银行汇票,出票金额为1 130 000元,银行扣款后,交付银行汇票及解讫

通知。上海智信公司核算结果：

  借：其他货币资金——银行汇票存款   1 130 000
    贷：银行存款——中国农业银行上海田林支行(005503)   1 130 000

【例2-2】2023年12月4日，上海智信公司向上海东方晶圆制造有限公司采购xsq晶圆200片，单价为5 000元，收到的增值税专用发票上注明价款1 000 000元、增值税130 000元；收到对方公司代垫运费增值税专用发票，注明运费1 000元、增值税90元，代垫保险费增值税专用发票，注明保险费2 000元、增值税120元。采购员交付银行汇票及解讫通知，剩余款项暂欠。上海智信公司核算结果：

  借：材料采购——xsq晶圆   1 003 000
    应交税费——应交增值税(进项税额)   130 210
    贷：其他货币资金——银行汇票存款   1 130 000
      应付账款——上海东方晶圆制造有限公司   3 210

【例2-3】2023年12月27日，上海智信公司向上海天丰包装制造有限公司采购zn包装盒1 000个，单价为80元，xsq纸箱200个，单价为50元，价税合计101 700元。合同约定分2次付款，第一次支付总货款的20%，并于收到所有货物7天内支付尾款。采购员收到对方开出的增值税专用发票(其中：zn包装盒价款16 000元，xsq纸箱价款2 000元，增值税合计2 340元)，并提出付款申请，待审批后，财务向银行递交《银行本票申请书》，出票金额为20 340元。银行扣款后，交付银行本票。随即，采购员将其转交给上海天丰包装制造有限公司。上海智信公司核算结果：

(1)根据银行扣款通知和银行本票：

  借：其他货币资金——银行本票存款   20 340
    贷：银行存款——中国农业银行上海田林支行(005503)   20 340

(2)根据发票和交付的银行本票：

  借：材料采购——zn包装盒   16 000
      ——xsq纸箱   2 000
    应交税费——应交增值税(进项税额)   2 340
    贷：其他货币资金——银行本票存款   20 340

【例2-4】2023年12月28日，上海智信公司向上海化工制品制造有限公司采购硅胶手套300双，单价为7.20元，收到增值税专用发票，价税合计2 440.80元。采购员提出付款申请，待审批后，财务通过网银转账支付。上海智信公司核算结果：

  借：材料采购——硅胶手套   2 160.00
    应交税费——应交增值税(进项税额)   280.80
    贷：银行存款——中国农业银行上海田林支行(005503)   2 440.80

(二)收到发票账单暂未付款

【例2-5】2023年12月7日，上海智信公司向上海电子半导体材料加工有限公司采购 zn 半导体材料 1 000 套、单价为 105 元,xsq 半导体材料 200 套、单价为 198 元,收到增值税专用发票上注明增值税 18 798 元,合同约定收货后 1 个月内付款,且提出按价税合计的"1/20,n/30"的现金折扣条件,财务部尚未支付该笔货款。上海智信公司核算结果:

借:材料采购——zn 半导体材料　　　　　　　　　　　　　　　105 000
　　　　　——xsq 半导体材料　　　　　　　　　　　　　　　　39 600
　　应交税费——应交增值税(进项税额)　　　　　　　　　　　　18 798
　　贷:应付账款——上海电子半导体材料加工有限公司　　　　　163 398

【例 2-6】2023 年 12 月 15 日,上海智信公司向上海鹿城国际贸易有限公司采购钢板 3 吨,单价为 3 800 元,收到增值税专用发票上注明价款 11 400 元、增值税 1 482 元,合计 12 882 元。财务部尚未支付。上海智信公司核算结果:

借:材料采购——钢板　　　　　　　　　　　　　　　　　　　11 400
　　应交税费——应交增值税(进项税额)　　　　　　　　　　　　1 482
　　贷:应付账款——上海鹿城国际贸易有限公司　　　　　　　　12 882

二、核算入库材料计划成本

在计划成本法下,材料验收入库时应按计划成本借记"原材料"科目,贷记"材料采购"科目。材料计划成本的计算公式如下:

$$该批材料的计划成本＝该批材料入库数量×材料计划成本单价$$

【例 2-7】2023 年 12 月 8 日,上海东方晶圆制造有限公司供应的 200 片 xsq 晶圆由采购员进行质量检测后,由仓管员验收入库,签发材料入库单并传递给财务部。

(1)计算该批 xsq 晶圆的计划成本＝200×5 000＝1 000 000(元)
(2)核算结果:

借:原材料——xsq 晶圆　　　　　　　　　　　　　　　　　　1 000 000
　　贷:材料采购——xsq 晶圆　　　　　　　　　　　　　　　　1 000 000

【例 2-8】2023 年 12 月 10 日,上海电子半导体材料加工有限公司供应的 1 000 套 zn 半导体材料和 200 套 xsq 半导体材料,由采购员进行质量检测后,由仓管员验收入库,签发材料入库单并传递给财务部。

(1)计算该批 zn 半导体材料的计划成本＝1 000×100＝100 000(元)
　　计算该批 xsq 半导体材料的计划成本＝200×200＝40 000(元)
(2)核算结果:

借:原材料——zn 半导体材料　　　　　　　　　　　　　　　　100 000
　　　　　——xsq 半导体材料　　　　　　　　　　　　　　　　40 000
　　贷:材料采购——zn 半导体材料　　　　　　　　　　　　　　100 000
　　　　　　　——xsq 半导体材料　　　　　　　　　　　　　　40 000

【例 2-9】2023 年 12 月 19 日，上海智信公司收到上海鹿城国际贸易有限公司发来的钢板，经检验过磅为 3.01 吨，钢板的计划单位成本为 4 200 元，签发材料入库单并传递给财务部。

(1) 计算该批钢板材料的计划成本＝3.01×4 200＝12 642(元)

(2) 核算结果：

借：原材料——钢板　　　　　　　　　　　　　　　　　　　　　　12 642

　　贷：材料采购——钢板　　　　　　　　　　　　　　　　　　　　12 642

【例 2-10】2023 年 12 月 29 日，上海智信公司收到上海化工制品制造有限公司供应的硅胶手套 300 双，硅胶手套的计划单位成本为 7 元。

(1) 计算该批硅胶手套的计划成本＝300×7＝2 100(元)

(2) 核算结果：

借：周转材料——低值易耗品(硅胶手套)　　　　　　　　　　　　　 2 100

　　贷：材料采购——硅胶手套　　　　　　　　　　　　　　　　　　 2 100

【例 2-11】2023 年 12 月 29 日，上海智信公司收到上海天丰包装制造有限公司寄来的增值税专用发票，注明 zn 包装盒价款 64 000 元、xsq 纸箱价款 8 000 元，增值税合计 9 360 元，价税款未付。另外收到对方发来的 xsq 纸箱 200 个，已验收入库，xsq 纸箱计划单位成本为 50 元。上海智信公司核算结果：

(1) 采购业务：

借：材料采购——zn 包装盒　　　　　　　　　　　　　　　　　　64 000

　　　　　　——xsq 纸箱　　　　　　　　　　　　　　　　　　　 8 000

　　应交税费——应交增值税(进项税额)　　　　　　　　　　　　　 9 360

　　贷：应付账款——上海天丰包装制造有限公司　　　　　　　　　81 360

(2) 计算该批 xsq 纸箱入库的计划成本＝200×50＝10 000(元)

(3) 入库业务：

借：周转材料——包装物(xsq 纸箱)　　　　　　　　　　　　　　 10 000

　　贷：材料采购——xsq 纸箱　　　　　　　　　　　　　　　　　 10 000

【例 2-12】2023 年 12 月 31 日，上海智信公司收到山东封装制品加工有限公司发来的 xsq 封装材料 200 套，zn 封装材料 1 000 套，已验收入库，但发票账单未到，按计划成本暂估入账。

(1) 计算该批 xsq 封装材料的计划成本＝200×100＝20 000(元)

　　计算该批 zn 封装材料的计划成本＝1 000×50＝50 000(元)

(2) 核算结果：

借：原材料——xsq 封装材料　　　　　　　　　　　　　　　　　 20 000

　　　　　　——zn 封装材料　　　　　　　　　　　　　　　　　　50 000

　　贷：应付账款——暂估应付款(山东封装制品加工有限公司)　　　 70 000

> **温馨提示**
>
> 下月月初,用红字冲销原暂估入账金额。
>
> 借:原材料——zn 封装材料　　　　　　　　　　　　　20 000
> 　　　　——xsq 封装材料　　　　　　　　　　　　　50 000
> 　　贷:应付账款——暂估应付款(山东封装制品加工有限公司)　70 000

三、结转材料成本差异

材料成本差异的计算公式如下:

$$材料成本差异＝材料的实际采购成本－材料的计划成本$$

计算结果大于 0,即为超支差异,企业发生超支差异,应借记"材料成本差异"科目,贷记"材料采购"科目;小于 0,即为节约差异,应借记"材料采购"科目,贷记"材料成本差异"科目;等于 0,则无需做账务处理。

在实务中,企业也可集中在月末一次性对本月已付款或已开出并承兑商业汇票的入库材料汇总核算,记入"原材料""周转材料"等科目,同时结转材料成本差异。

【例 2－13】2023 年 12 月 3 日,上海智信公司结转上海东方晶圆制造有限公司供应的 200 片 xsq 晶圆的材料成本差异。结转成本差异如图 2－3 所示。

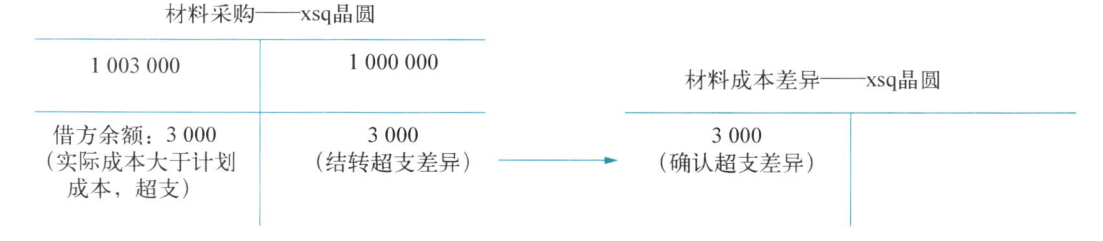

图 2－3　结转成本差异

(1) 计算该批 xsq 晶圆的材料成本差异＝1 003 000－1 000 000＝3 000(元)

(2) 核算结果:

借:材料成本差异——xsq 晶圆　　　　　　　　　　　　　3 000
　　贷:材料采购——xsq 晶圆　　　　　　　　　　　　　　　　3 000

【例 2－14】2023 年 12 月 10 日,上海智信公司结转上海电子半导体材料加工有限公司供应的 1 000 套 zn 半导体材料和 200 套 xsq 半导体材料的材料成本差异。结转成本差异如图 2－4 所示。

(1) 计算该批 zn 半导体材料的材料成本差异＝105 000－100 000＝5 000(元)

　　计算该批 xsq 半导体材料的材料成本差异＝39 600－40 000＝－400(元)

```
材料采购——zn半导体材料
105 000        | 100 000
借方余额：5 000 | 5 000
(实际成本大于计划 | (结转超支差异)
成本，超支)

材料成本差异——zn半导体材料
               | 5 000
               | (确认超支差异)

材料采购——xsq半导体材料
39 600         | 40 000
400            | 贷方余额：400
(结转节约差异)  | (实际成本小于计划
               |  成本，节约)

材料成本差异——xsq半导体材料
400            |
(确认节约差异)  |
```

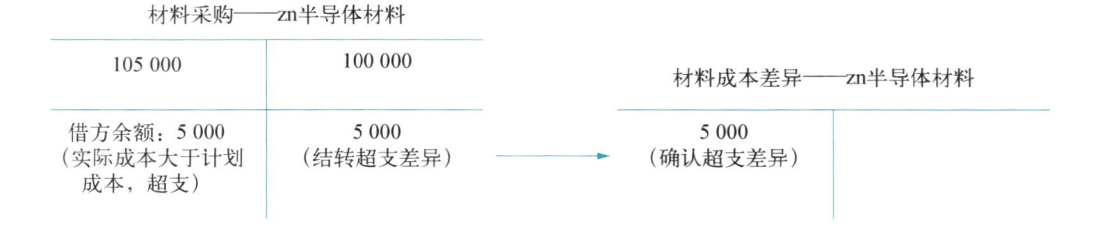

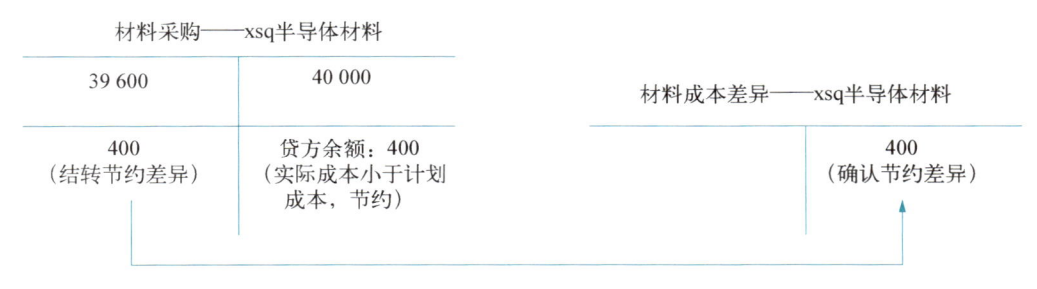

图 2-4 结转成本差异

（2）核算结果：

借：材料成本差异——zn 半导体材料　　　　　　　　　　　　　　　5 000
　　贷：材料采购——zn 半导体材料　　　　　　　　　　　　　　　　5 000
借：材料采购——xsq 半导体材料　　　　　　　　　　　　　　　　　400
　　贷：材料成本差异——xsq 半导体材料　　　　　　　　　　　　　 400

> **温馨提示**
>
> 也可将[例 2-14]中两个会计分录合并为一个会计分录。

【例 2-15】 2023 年 12 月 19 日，上海智信公司结转上海鹿城国际贸易有限公司供应的钢板的材料成本差异。

（1）计算该批钢板材料的材料成本差异＝11 400－12 642＝－1 242(元)

（2）核算结果：

借：材料采购——钢板　　　　　　　　　　　　　　　　　　　　　1 242
　　贷：材料成本差异——钢板　　　　　　　　　　　　　　　　　　1 242

【例 2-16】 2023 年 12 月 29 日，上海智信公司结转上海化工制品制造有限公司供应的硅胶手套 300 双的材料成本差异。

（1）计算该批硅胶手套的材料成本差异＝2 160－2 100＝60(元)。

（2）核算结果：

借：材料成本差异——硅胶手套　　　　　　　　　　　　　　　　　60
　　贷：材料采购——硅胶手套　　　　　　　　　　　　　　　　　　60

【例 2-17】2023 年 12 月 29 日，上海智信公司结转上海天丰包装制造有限公司供应的 xsq 纸箱的材料成本差异。

计算该批 xsq 纸箱的材料成本差异＝10 000－10 000＝0。无差异，无需账务处理。

业财融合与审核

企业发生的材料采购业务，通过财务核算与审核，达到业务与财务融合的目的。具体内容如表 2-2 所示。

表 2-2　材料采购业务的业财融合与审核

业　务	财　务	审　核
材料采购业务	准确核算采购成本，包括材料的买价、运杂费、保险费、税金等相关费用	核实采购需求的真实性，确保其符合企业的战略和业务规划。对供应商的资质、信誉、业绩和可靠性进行评估，确保其具备提供高质量产品或服务的能力

【课堂练习 2-1】

某企业原材料采用计划成本法核算。2023 年 9 月 8 日，该企业向 B 企业采购甲材料 3 000 千克，采购单价为 210 元，增值税税率为 13％，收到增值税专用发票后转账支付货款。计划单位成本为 200 元/千克。

要求：计算该企业核算材料实际成本、计划成本、材料成本差异，并进行账务处理。

任务二　核算应付及预付业务

学习目标

1. 了解企业采购付款业务。
2. 理解核算应付账款、应付票据、预付账款、其他应付款等相关账户内容。
3. 能运用企业会计准则，对企业应付账款、应付票据、预付账款、其他应付款进行账务处理。

任务描述

上海智信公司与不同的供应商签订的采购合同中的付款期限各不相同。有的约定先付款再发货,有的约定交货时付款,有的约定交货后一段时间内付款,还有的提供了现金折扣等。那财务在这些业务的账务处理上又有哪些不同呢?此任务将带你解决这些问题。

知识准备

一、应付及预付款的核算内容

应付及预付款的核算内容包括应付账款、应付票据、预付账款、其他应付款。

(一) 认知应付账款

应付账款是指企业因购买材料、商品或接受服务等经营活动而应付给供应单位的款项。实务中,企业一般在所购材料、商品验收入库后,根据发票账单登记入账,确认应付账款。

(二) 认知应付票据

应付票据是指企业购买材料、商品和接受服务等而由出票人签发的,委托付款人在见票时或者在指定日期无条件支付确定的金额给收款人或者持票人的票据,包括但不限于纸质或电子形式的银行承兑汇票、财务公司承兑汇票、商业承兑汇票等。商业汇票的付款期限应当与真实交易的履行期限相匹配,自出票日起至到期日止,最长不得超过 6 个月。

1. 银行承兑汇票

银行承兑汇票是指承兑申请人签发,委托承兑行在指定日期无条件支付确定金额给收款人或持票人的票据。银行承兑汇票承兑人应在中华人民共和国境内依法设立,具有银保监会或其派出机构颁发的金融许可证,且业务范围包含票据承兑。

(1) 申请银行承兑汇票的申请人需要具备如下条件:① 承兑申请人资信状况良好,具有支付承兑汇票金额的可靠资金来源,在承兑行开立基本存款账户或一般存款账户,并有一定的结算业务往来和真实的委托付款关系。② 承兑申请人与承兑汇票收款人之间具有真实的贸易背景,具有合法的商品交易和债权债务关系。

(2) 业务流程:① 承兑申请人提交《银行承兑汇票申请书》,向开户行申请承兑。② 承兑申请人开户行审批通过后,与承兑申请人签订承兑协议、保证金协议等,承兑申请人缴纳保证金或办理质押冻结手续,缴纳承兑手续费。按照现行规定,银行承兑手续费按银行承兑汇票的票面金额的 0.5‰ 计收,由开户银行从付款单位存款户中扣收。申请人缴纳全额保证金的,一般只需缴纳承兑手续费;若缴纳部分保证金,一般还应缴纳敞口风险管理费。③ 承兑行办理承兑手续,将银行承兑汇票第二联及一联承兑协议、客户缴款回单等交付申请人;申请人将银行承兑汇票交给债权人。④ 银行承兑汇票的出票人应于汇票到期前将票款足额交存其开户银行;若于汇票到期前未能足额交存票款,承兑银行无条件承兑付款后,对出票人尚未支付的汇票金额按一定比例计收利息。⑤ 持票人提示付款。银行承兑汇票的提示付款期限自票据到期日起最长不超过 10 日;在提示付款期内,持票人可委托开户行向承兑行发出委托收款或持银行承兑汇票直接到承兑行提示付款。⑥ 承兑行应在汇票到期日或到期日后的见票当日划付票款至持票人账户。超过提示付款期的银行承兑汇票,持票人开户银行不予受理,但在票据权利时效内(自到期日起 2 年),持票人可持有关证明文件向承兑行请求付款。

银行承兑汇票业务流程如图 2-5 所示。

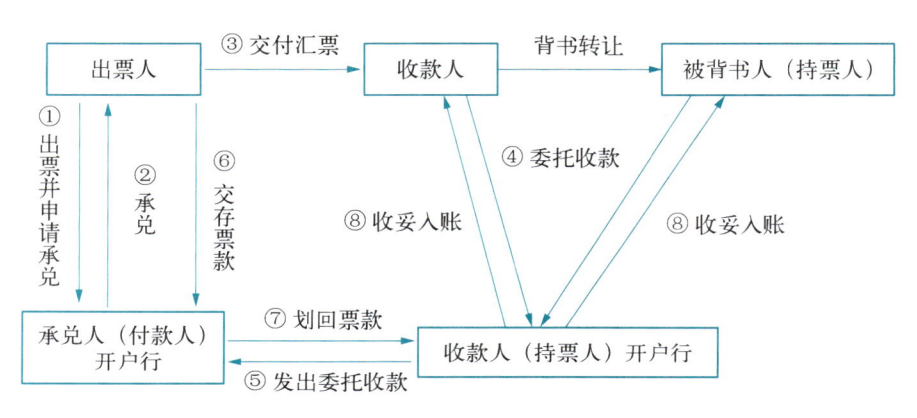

图 2-5 银行承兑汇票业务流程

2. 财务公司承兑汇票

财务公司承兑汇票是指企业集团财务公司承兑的商业汇票。财务公司承兑汇票承兑人应在中华人民共和国境内依法设立,具有国家金融监督管理总局或其派出机构颁发的金融许可证,且业务范围包含票据承兑。

3. 商业承兑汇票

商业承兑汇票是由银行、农村信用合作社、财务公司以外的法人或非法人组织承兑的商业汇票。商业承兑汇票承兑人应为在中华人民共和国境内依法设立的法人及其分支机构和非法人组织。

申请商业承兑汇票的申请人需要具备如下条件:

(1) 法人及其他组织在中国银行开立基本或一般存款账户。

(2) 承兑申请人与承兑汇票收款人之间具有真实的贸易背景,具有合法的商品交易和债权债务关系。

商业承兑汇票业务流程如下:

(1) 出票人承兑商业承兑汇票并交付给收款人(持票人)。

(2) 收款人(持票人)可将汇票背书转让给被背书人或到银行办理贴现等业务。

(3)在提示付款期内,持票人持商业承兑汇票、托收凭证委托开户行办理收款。

(4)付款人进行付款确认或拒绝。

付款人在接到通知日的次日起3日内(遇法定休假日顺延)未通知银行付款的,视同付款人承诺付款。银行将于付款人接到通知日的次日起第4日(遇法定休假日顺延),将票款划给持票人。银行在办理划款时,付款人存款账户不足支付的,银行应填制付款人未付票款通知书,连同商业承兑汇票邮寄持票人开户银行转交持票人。

(三)认知预付账款

预付账款是指企业根据合同规定预付的款项,如预付的材料、商品采购款、在建工程价款等。

(四)认知其他应付款

其他应付款是指企业在应付票据、应付账款、预收账款、应付职工薪酬、应交税费、应付利息、应付股利等经营活动以外的其他各项应付、暂收款项,如应付短期租赁固定资产租金、应付低价值资产租赁的租金、应付租入包装物租金、出租或出借包装物向客户收取的押金、存入保证金等。

二、账户设置

核算应付及预付的账户设置如表2-3所示。

表2-3 核算应付及预付的账户设置

账户名称	账户性质	账户用途	账户结构	明细核算
应付账款	负债类	核算企业因购买材料、商品或接受服务等经营活动而应付给供应单位的款项	贷方登记应付未付款项的增加;借方登记应付未付款项的减少。期末余额在贷方,反映企业尚未支付的应付账款余额	按债权人进行明细核算
应付票据	负债类	核算企业因购买材料、商品或接受服务等经营活动而开出、承兑的商业汇票,包括商业承兑汇票和银行承兑汇票等	贷方登记开出、承兑汇票的面值;借方登记支付票据的金额。期末余额在贷方,反映企业尚未到期的商业汇票的票面金额	按照票面收款人、票据种类等进行明细核算
预付账款	资产类	核算企业按照合同规定预付的款项,如预付的材料、商品采购款、在建工程价款等	借方登记预付的款项及补付的款项,贷方登记收到所购物资时根据有关发票账单记入"原材料"等科目的金额及收回多付款项的金额,期末余额如在借方,反映企业实际预付的款项;期末余额如在贷方,则反映企业应付或应补付的款项	按照供应单位等进行明细核算

续 表

账户名称	账户性质	账 户 用 途	账 户 结 构	明 细 核 算
其他应付款	负债类	核算企业应付租入包装物租金、存入保证金,应付的经营租入固定资产、无形资产租金,应付的罚款、滞纳金、违约金等	贷方登记应付而未付的各种应付暂收款项,借方登记偿还或转销的各种应付暂收款项。期末余额在贷方,表示企业应付、暂收的结存金额	按债权人等进行明细核算

任务实施

一、应付账款的偿还或转销

(一)货币资金偿还

企业使用货币资金偿还应付账款时,借记"应付账款"等科目,贷记"银行存款""其他货币资金"科目。

【例 2-18】 2023 年 12 月 2 日,上海智信公司采购员递交支付上海新视界数字科技有限公司前欠货款 100 000 元的申请,审核通过,财务部到银行申请签发银行汇票,银行扣款后交付银行汇票及解讫通知。上海智信公司核算结果:

借:其他货币资金——银行汇票存款　　　　　　　　　　　　　100 000
　　贷:银行存款——中国农业银行上海田林支行(005503)　　　　100 000

【例 2-19】 2023 年 12 月 3 日,上海智信公司采购员向上海新视界数字科技有限公司交付银行汇票及解讫通知。上海智信公司核算结果:

借:应付账款——上海新视界数字科技有限公司　　　　　　　　100 000
　　贷:其他货币资金——银行汇票存款　　　　　　　　　　　　100 000

【例 2-20】 2023 年 12 月 8 日,采购员递交支付上海东方晶圆制造有限公司货款 3 210 元的申请,经审批后,财务开出转账支票支付前欠货款。上海智信公司核算结果:

借:应付账款——上海东方晶圆制造有限公司　　　　　　　　　3 210
　　贷:银行存款——中国农业银行上海田林支行(005503)　　　　3 210

【例 2-21】 2023 年 12 月 15 日,采购员递交支付上海鹿城国际贸易有限公司货款 12 882 元的申请,经审批后,财务网银转账支付前欠货款。上海智信公司核算结果:

借:应付账款——上海鹿城国际贸易有限公司　　　　　　　　　12 882
　　贷:银行存款——中国农业银行上海田林支行(005503)　　　　12 882

(二)使用现金折扣偿还应付账款

供应商为加速资金回笼,往往会提出现金折扣条件。例如,"2/10,1/20,n/30",表明 10 天内付款给予 2% 的折扣,第 11 天至第 20 天内付款给予 1% 的折扣,第 20 天后付款就无折扣。当企业提前付款，享受折扣时，借记"应付账款"科目，以扣减享受现金折扣后的实际支付金额贷记"银行存款"科目，以享受的现金折扣，贷记"财务费用"科目。

【例2-22】2023年12月23日，上海智信公司采购员递交支付上海电子半导体材料加工有限公司前欠货款申请，审核通过，财务部转账支付。

由于是在20天内付款，企业可享受1‰收到现金折扣（假定计算现金折扣的基数包括增值税）。

(1) 计算可享受的现金折扣=163 398×0.01=1 633.98(元)

　　计算实际应支付的款项=163 398－1 633.98=161 764.02(元)

(2) 核算结果：

借：应付账款——上海电子半导体材料加工有限公司　　　　163 398.00
　　贷：银行存款——中国农业银行上海田林支行(005503)　　161 764.02
　　　　财务费用——现金折扣　　　　　　　　　　　　　　　1 633.98

(三) 开出商业汇票支付应付账款

1. 申请银行承兑，支付承兑保证金

银行承兑汇票保证金，是指企业向开户行申请办理承兑业务时，开户行（承兑行）向企业（出票人）收取的保证银行承兑汇票到期承付的资金。根据企业（出票人）信用等级和资金情况，保证金比例（保证金存款/银票票面金额）为0～100%不等。承兑行会从出票人的银行账户中扣除保证金，转入保证金账户。

【例2-23】2023年12月3日，财务部决定签发票面金额为800 000元的银行承兑汇票以此支付重庆微光电子元件销售有限公司货款，申请银行承兑，支付保证金80 000元。上海智信公司核算结果：

借：其他货币资金——承兑保证金　　　　　　　　　　　　　80 000
　　贷：银行存款——中国农业银行上海田林支行(005503)　　 80 000

2. 支付承兑手续费

企业支付承兑手续费，收到增值税专用发票时，借记"财务费用""应交税费"等科目，贷记"银行存款"科目。

【例2-24】2023年12月3日，上海智信公司委托开户银行签发票面金额为800 000元的银行承兑汇票，支付银行承兑汇票的承兑手续费400元，收到增值税专用发票，其中增值税税额为22.64元。上海智信公司核算结果：

借：财务费用——工本及手续费　　　　　　　　　　　　　　377.36
　　应交税费——应交增值税(进项税额)　　　　　　　　　　 22.64
　　贷：银行存款——中国农业银行上海田林支行(005503)　　 400.00

3. 交付商业汇票偿还前欠货款

企业用商业汇票偿还前欠货款时，借记"应付账款"科目，贷记"应付票据"科目。

【例2-25】2023年12月3日，上海智信公司将银行承兑汇票交给重庆微光电子元件

销售有限公司支付前欠货款。上海智信公司核算结果：

　　借：应付账款——重庆微光电子元件销售有限公司　　　　800 000
　　　　贷：应付票据——重庆微光电子元件销售有限公司　　　　800 000

（四）应付账款转销

若债权单位撤销或其他事项导致应付账款无法清偿时，按其账面余额计入营业外收入，借记"应付账款"科目，贷记"营业外收入"科目。

【例 2-26】 2023 年 12 月 13 日，上海智信公司确认应付上海南顶办公用品有限公司的 2 300 元为无法支付的款项，对此予以转销。上海智信公司核算结果：

　　借：应付账款——上海南顶办公用品有限公司　　　　2 300
　　　　贷：营业外收入　　　　2 300

二、应付票据的偿付或转销

（一）偿付应付票据

企业开具的商业汇票（商业承兑汇票或银行承兑汇票）到期，企业确认付款或同意付款，支付票据款时，根据开户银行的付款通知，借记"应付票据"科目，贷记"银行存款"科目。银行承兑汇票的承兑保证金退回时，借记"银行存款"科目，贷记"其他货币资金"科目。

【例 2-27】 2023 年 12 月 22 日，此前开出的 3 个月商业承兑汇票到期，上海智信公司同意承兑并收到中国农业银行上海田林支行的付款通知（收款人：江苏亮彩电器有限公司，金额：354 000 元）。上海智信公司核算结果：

　　借：应付票据——江苏亮彩电器有限公司　　　　354 000
　　　　贷：银行存款——中国农业银行上海田林支行(005503)　　　　354 000

【例 2-28】 2023 年 12 月 22 日，上海智信公司收到承兑保证金 50 000 元退回账户的通知。上海智信公司核算结果：

　　借：银行存款——中国农业银行上海田林支行(005503)　　　　50 000
　　　　贷：其他货币资金——承兑保证金　　　　50 000

（二）到期转销应付票据

应付商业承兑汇票到期，企业无力支付款项或拒绝支付，借记"应付票据"科目，贷记"应付账款"科目；应付银行承兑汇票到期，企业无力支付款项，则由承兑银行视作将款项借给企业并代为支付，借记"应付票据"科目，贷记"短期借款"科目。

【例 2-29】 2023 年 12 月 22 日，上海智信公司开出的 3 个月银行承兑汇票到期（收款人：江苏亮彩电器有限公司，金额：354 000 元），企业基本户全额扣款 312 000 元，剩余款项无力支付，由银行代为支付。上海智信公司核算结果：

　　借：应付票据——江苏亮彩电器有限公司　　　　354 000
　　　　贷：短期借款　　　　42 000
　　　　　　银行存款——中国农业银行上海田林支行(005503)　　　　312 000

三、核算预付账款

（一）预付货款

企业向供应单位预付款项时，借记"预付账款"科目，贷记"银行存款"科目。

【例 2-30】2023 年 12 月 13 日，上海智信公司向浙江金鹏电子科技集团公司采购 zn 线路板和 xsq 线路板，根据合同约定，上海智信公司需预付 80 000 元货款，待收货后 1 个月内支付尾款。公司通过网银转账支付该笔款项。上海智信公司核算结果：

借：预付账款——浙江金鹏电子科技集团公司　　　　　　　　80 000
　　贷：银行存款——中国农业银行上海田林支行(005503)　　　80 000

【例 2-31】2023 年 12 月 29 日，根据与湖南光学成像制品有限公司购销合同约定，为购买一批成像材料，上海智信公司通过汇兑方式向该公司预付 30 000 元。上海智信公司核算结果：

借：预付账款——湖南光学成像制品有限公司　　　　　　　　30 000
　　贷：银行存款——中国农业银行上海田林支行(005503)　　　30 000

【例 2-32】2023 年 12 月 10 日，公司通过网银预付国网上海市电力公司电费 180 000 元，预付上海市自来水公司水费 60 000 元。上海智信公司核算结果：

借：预付账款——国网上海市电力公司　　　　　　　　　　　180 000
　　　　　　——上海市自来水公司　　　　　　　　　　　　　60 000
　　贷：银行存款——中国农业银行上海田林支行(005503)　　　240 000

（二）收到采购发票账单

企业收到所购物资，按应计入购入物资成本的金额，借记"材料采购""原材料""库存商品"等科目；按可抵扣的增值税进项税额，借记"应交税费——应交增值税（进项税额）"等科目，贷记"预付账款"科目。

【例 2-33】2023 年 12 月 18 日，上海智信公司收到浙江金鹏电子科技集团公司供应的线路板，经检验，1 000 个 zn 线路板和 200 个 xsq 线路板验收入库。同时收到增值税专用发票，注明 zn 线路板价款 80 000 元、xsq 线路板价款 20 000 元、增值税 13 000 元。上海智信公司核算结果：

(1) 根据发票账单，核算材料实际成本：

借：材料采购——zn 线路板　　　　　　　　　　　　　　　　80 000
　　　　　　——xsq 线路板　　　　　　　　　　　　　　　　20 000
　　应交税费——应交增值税(进项税额)　　　　　　　　　　　13 000
　　贷：预付账款——浙江金鹏电子科技集团公司　　　　　　　113 000

(2) 根据入库单，核算材料计划成本：

① 计算 zn 线路板计划成本＝1 000×80＝80 000(元)
　　计算 xsq 线路板计划成本＝200×100＝20 000(元)

② 核算结果：

借：原材料——zn 线路板　　　　　　　　　　　　　　　　　80 000
　　　　　——xsq 线路板　　　　　　　　　　　　　　　　　20 000
　　贷：材料采购——zn 线路板　　　　　　　　　　　　　　80 000
　　　　　　　　——xsq 线路板　　　　　　　　　　　　　　20 000

（三）补付货款或退回多余款项

当预付价款小于采购货物所需支付的款项时，企业应将不足部分补付，应借记"预付账款"科目，贷记"银行存款"科目。当预付价款大于采购货物所需支付的款项时，多余款项退回，应借记"银行存款"科目，贷记"预付账款"科目。

【例2-34】2023年12月1日，上海智信公司收到安格斯（上海）设备工程有限公司退回的多余预付款项2 100元。上海智信公司核算结果：

借：银行存款——中国农业银行上海田林支行(005503)　　　　2 100
　　贷：预付账款——安格斯（上海）设备工程有限公司　　　　2 100

【例2-35】2024年1月13日，上海智信公司通过转账支票向浙江金鹏电子科技集团公司补付货款33 000元。上海智信公司核算结果：

借：预付账款——浙江金鹏电子科技集团公司　　　　　　　　33 000
　　贷：银行存款——中国农业银行上海田林支行(005503)　　　33 000

四、核算其他应付款

企业发生各种应付、暂收或退回有关款项时，借记"银行存款""管理费用"等科目，贷记"其他应付款"科目；支付有关款项时，借记"其他应付款"科目，贷记"银行存款"等科目。

【例2-36】2023年11月1日，上海智信公司向上海新视界数字科技有限公司经营租入一台办公设备，约定月租金8 000元，租期2个月，期满支付。2023年11月30日，计提本月应付经营固定资产租金。上海智信公司核算结果：

借：管理费用　　　　　　　　　　　　　　　　　　　　　　8 000
　　贷：其他应付款——上海新视界数字科技有限公司　　　　　8 000

【例2-37】2023年12月31日，上海智信公司收到上海新视界数字科技有限公司开出的租金发票，注明价款16 000元、增值税税款2 080元。财务通过转账支票支付。上海智信公司核算结果：

借：管理费用　　　　　　　　　　　　　　　　　　　　　　8 000
　　其他应付款——上海新视界数字科技有限公司　　　　　　8 000
　　应交税费——应交增值税(进项税额)　　　　　　　　　　2 080
　　贷：银行存款——中国农业银行上海田林支行(005503)　　　18 080

【例2-38】2023年12月7日，上海智信公司出租包装箱，收到上海中芯科技有限公司支付的押金200元(现金)。上海智信公司核算结果：

借：库存现金　　　　　　　　　　　　　　　　　　　　　　　　200
　　贷：其他应付款——上海中芯科技有限公司　　　　　　　　　　200

【例 2-39】2023 年 12 月 13 日，上海智信公司收到上海中芯科技有限公司退回的包装箱，经检验后验收入库，退回押金 200 元。上海智信公司核算结果：

借：其他应付款——上海中芯科技有限公司　　　　　　　　　　　200
　　贷：库存现金　　　　　　　　　　　　　　　　　　　　　　　200

【例 2-40】2023 年 12 月 31 日，上海智信公司根据领料单，编制领料凭证汇总表。具体内容如表 2-4 所示。

表 2-4　领料凭证汇总表

2023 年 12 月　　　　　　　　　　　　　　　　　　　　金额单位：元

领用部门	材料名称	数量	单位成本	金额
生产车间	xsq 晶圆	400	5 000	2 000 000
	zn 晶圆	500	500	250 000
	xsq 半导体材料	400	200	80 000
	zn 半导体材料	500	100	50 000
	xsq 线路板	400	100	40 000
	zn 线路板	500	80	40 000
	xsq 封装材料	400	100	40 000
	zn 封装材料	500	50	25 000
	成像材料	400	500	200 000
	滤光片	400	500	200 000
	屏幕	400	1 000	400 000
	表带	500	50	25 000
	表壳	500	20	10 000
	xsq 芯片	400	8 000	3 200 000
	zn 芯片	500	1 000	500 000
	显示屏	400	3 000	1 200 000
	手表配件	500	150	75 000
合计	—	—	—	8 335 000

上海智信公司核算结果：

　　借：生产成本——高精度智能显示器　　　　　　　　　　7 360 000
　　　　　　　　——智能手表　　　　　　　　　　　　　　　975 000
　　　　贷：原材料　　　　　　　　　　　　　　　　　　　3 360 000
　　　　　　生产成本——半成品　　　　　　　　　　　　　4 975 000

【例2-41】2023年12月31日，上海智信公司结转发出材料成本超支差异33 600元。上海智信公司核算结果：

　　借：生产成本——高精度智能显示器　　　　　　　　　　29 600
　　　　　　　　——智能手表　　　　　　　　　　　　　　4 000
　　　　贷：材料成本差异　　　　　　　　　　　　　　　　33 600

【例2-42】2023年12月31日，上海智信公司结转生产车间发生的制造费用543 315元，其中：高精度智能显示器负担325 989元，智能手表负担217 326元。上海智信公司核算结果：

　　借：生产成本——高精度智能显示器　　　　　　　　　　325 989
　　　　　　　　——智能手表　　　　　　　　　　　　　　217 326
　　　　贷：制造费用　　　　　　　　　　　　　　　　　　543 315

【例2-43】2023年12月31日，上海智信公司结转完工产品总成本6 725 000元，其中：高精度智能显示器入库400件，成本为5 800 000元，智能手表500只，成本为925 000元。上海智信公司核算结果：

　　借：库存商品——高精度智能显示器　　　　　　　　　　5 800 000
　　　　　　　　——智能手表　　　　　　　　　　　　　　925 000
　　　　贷：生产成本——高精度智能显示器　　　　　　　　5 800 000
　　　　　　　　　　——智能手表　　　　　　　　　　　　925 000

知识拓展

什么是票据贴现

票据贴现是指持票人在票据到期前，为了获得资金，将其持有的未到期承兑汇票背书转让给银行，银行按照票面金额扣除从贴现日起至票据到期日的利息后，将剩余金额支付给持票人的过程。这个过程实质上是企业或个人通过将未到期的票据转让给银行来获取资金的一种融资方式。

业财融合与审核

企业发生的应付及预付款业务，通过财务核算与审核，达到业务与财务融合的目的。

具体内容如表 2-5 所示。

表 2-5 应付及预付款业务的业财融合与审核

业 务	财 务	审 核
应付及预付款业务	应付账款、应付票据、预付账款的账务处理	付款申请的合法性、真实性和准确性,包括付款金额、付款对象、付款方式等是否符合公司政策和财务制度。检查是否有足够的审批流程和授权,防止未经授权的付款行为

【课堂练习 2-2】

某企业发生如下经济业务：
(1) 2023 年 9 月 9 日,开出商业承兑汇票支付 A 公司前欠货款 135 000 元。
(2) 2023 年 9 月 13 日,转账支票预付 B 公司货款 100 000 元。
(3) 2023 年 9 月 17 日,转账支付 C 公司前欠货款 22 600 元。
(4) 2023 年 12 月 9 日,商业承兑汇票到期,企业确认支付该笔货款。
要求：根据上述经济业务编制会计分录。(答案中的金额单位用元表示)

任务三　核算委托加工物资业务

学习目标

1. 了解委托加工物资的核算内容。
2. 了解委托加工物资的业务流程。
3. 理解核算委托加工物资相关账户内容。
4. 能运用企业会计准则,对企业委托加工物资进行账务处理。

任务描述

上海智信公司接到有源消音器采购合同订单后,立即委托无锡静源仪器有限公司把钢板材料加工成有源消音器,当月加工完成。库存商品按实际成本进行日常核算。委托加工具体是什么业务流程?如何进行账务处理?此任务将带你解决这些问题。

知识准备

一、认知委托加工物资

(一)委托加工物资核算内容

委托加工物资是指企业委托外单位加工的各种材料、商品等物资。与材料或商品销售不同,委托加工材料发出后,其保管地点发生变化,但仍属于企业存货范畴。经过加工,材料或商品实物形态、性能和使用价值将发生变化,加工过程中需要消耗其他材料,会发生加工费、税费等加工成本。

企业委托外单位加工物资的成本包括加工中实际耗用物资的成本、支付的加工费用及应负担的运杂费、支付的税费等。

(二)委托加工物资的业务流程

1. 采购业务员填制委外订单

采购业务员填写委外订单,经审核通过后,向委外加工单位发出加工订单,并通知仓库出货。

2. 材料发出委外加工

仓库保管员填制委托加工发料单,记录发往加工单位的材料品种与数量。

3. 收到加工等发票并付款

采购员收到加工等发票后,填写付款申请单,经审核后交财务部付款。

4. 半成品或产成品到货

收到加工完成的半成品或产成品,采购员对其进行检验,检验完毕后下达入库通知单。仓管员填写入库单,并报财务部。

二、委托加工物资的核算内容与账户设置

(一)核算内容

委托加工物资的核算内容包括发出加工物资、支付加工费及运输费、验收入库。

(二)账户设置

核算委托加工物资的账户设置如表 2-6 所示。

表 2–6 核算委托加工物资的账户设置

账户名称	账户性质	账户用途	账户结构	明细核算
委托加工物资	资产类	核算委托加工物资增减变动及其结存情况	借方登记委托加工物资的实际成本,贷方登记加工完成验收入库物资的实际成本和剩余物资的实际成本,期末余额在借方,反映企业尚未完工的委托加工物资的实际成本等	按照加工合同、受托加工单位以及加工物资的品种等进行明细核算
库存商品	资产类	核算企业完成全部生产过程并已验收入库、合乎标准规格和技术条件,可以按照合同规定的条件送订货单位,或可以作为商品对外销售的产品以及外购或委托加工完成验收入库用于销售的各种商品	借方登记验收入库的库存商品成本,贷方登记发出的库存商品成本,期末余额在借方,反映各种库存商品的实际成本	按库存商品的种类、品种和规格等进行明细核算

任务实施

一、核算材料发出委外加工

在计划成本法下,发出材料委托加工单位加工时,依据委托加工发料单,按实际成本借记"委托加工物资"科目,按计划成本贷记"原材料"科目,差额计入"材料成本差异"科目,登记在借方或贷方。

温馨提示

根据《企业会计准则第 1 号——存货》的规定,企业日常采用计划成本核算的,发出的材料成本应由计划成本调整为实际成本,通过"材料成本差异"科目进行结转,按照所发出材料的用途,分别记入"生产成本""制造费用""销售费用""管理费用""其他业务成本""委托加工物资"等科目。

【例 2–44】2023 年 12 月 21 日,上海智信公司向无锡静源仪器有限公司发出本月的委托加工有源消音器订单,并发出钢板 3.01 吨。该批钢板的计划成本为 12 642 元,实际成本为 11 400 元。上海智信公司核算结果:

借:委托加工物资——有源消音器　　　　　　　　　　　　　11 400
　　材料成本差异——钢板　　　　　　　　　　　　　　　　　1 242
　贷:原材料——钢板　　　　　　　　　　　　　　　　　　　12 642

二、收到运费、加工费

企业向外单位支付的委托加工物资的运费、加工费,借记"委托加工物资"科目,并将可抵扣的增值税进项税额,借记"应交税费——应交增值税(进项税额)"科目,贷记"银行存款"等科目。

需要交纳消费税的委托加工物资,由受托方代收代缴的消费税,加工收回后用于直接销售的,按规定应计入加工物资的成本,借记"委托加工物资"科目。收回后用于继续加工的,按规定不属于直接出售的,在计税时准予扣除,借记"应交税费——应交消费税"科目。

【例2-45】2023年12月19日,上海智信公司采购员依据发出钢板材料的运费发票提出付款申请(运费1 000元,可抵扣的增值税税额90元),经审批后,财务以转账支票支付。上海智信公司核算结果:

借:委托加工物资——有源消音器　　　　　　　　　　　　　　1 000
　　应交税费——应交增值税(进项税额)　　　　　　　　　　　　90
　　贷:银行存款——中国农业银行上海田林支行(005503)　　　　1 090

【例2-46】2023年12月28日,上海智信公司采购员依据无锡静源仪器有限公司发来的增值税专用发票(加工费价款2 000元,增值税税额260元)和税收缴款书(代收代缴消费税1 600元)提交付款申请。经审批后,财务部门通过网银转账支付。上海智信公司核算结果:

借:委托加工物资——有源消音器　　　　　　　　　　　　　　3 600
　　应交税费——应交增值税(进项税额)　　　　　　　　　　　　260
　　贷:银行存款——中国农业银行上海田林支行(005503)　　　　3 860

> **温馨提示**
>
> 由于该批物资加工完毕后,直接用于出售,所以加工单位代收代缴的消费税应当计入成本。

三、加工完成库存商品验收入库

收到加工单位完成加工的产成品后,根据该批产品的实际成本借记"库存商品"科目,贷记"委托加工物资"科目。

【例2-47】2023年12月28日,上海智信公司收到无锡静源仪器有限公司加工完成的有源消音器。采购员检验完毕后,下达入库通知,仓管员办理入库手续,填写入库单并交财务部。

(1) 该批有源消音器的实际成本＝11 400＋1 000＋3 600＝16 000(元)

(2) 核算结果:

借：库存商品——有源消音器　　　　　　　　　　　　　　　　16 000
　　贷：委托加工物资——有源消音器　　　　　　　　　　　　　　16 000

温馨提示

加工完成验收入库后需要继续生产才能出售的材料，一般记入"原材料"账户。

业财融合与审核

企业发生的委托加工物资业务，通过财务核算与审核，达到业务与财务融合的目的。具体内容如表 2-7 所示。

表 2-7　委托加工物资业务的业财融合与审核

业　务	财　务	审　核
委托加工物资业务	应详细记录并核算委托加工过程中涉及的所有成本，包括原材料成本、加工费用、运输费用、税费等。这些成本应准确计入委托加工物资的成本中，以反映真实的加工成本。同时，要确保成本核算的准确性和完整性，避免成本遗漏或重复计算	重点关注合同中的加工物资种类、数量、质量、价格、交货期限等关键条款，以及双方的权利和义务。在委托加工物资到货后，应组织相关部门进行验收。验收内容包括物资的数量、质量、规格等是否与合同要求一致。对于不合格或不符合要求的物资，应及时与供应商沟通处理，确保加工物资的质量

【课堂练习 2-3】

甲、乙公司均为增值税一般纳税人。甲公司委托乙公司加工一批应缴纳消费税的 W 产品，W 产品收回后继续生产应税消费品。2023 年 12 月 1 日，为生产该批 W 产品，甲公司发出材料一批，成本为 120 万元；12 月 8 日，转账支付加工费用 33 万元、增值税 4.29 万元、消费税 17 万元。12 月 9 日，W 产品检验完毕验收入库。不考虑其他因素。

要求：请写出以上经济业务的会计分录。

项目小结

本项目主要完成的任务是计划成本法下企业采购及应付业务的会计核算，一方面需要理解相关账户的设置，另一方面要掌握采购业务中原材料、周转材料、委托加工物资相关金额的计算和会计核算。

项 目 测 试

一、单选题

1. 下列关于"预付账款"科目的表述中,不正确的是( )。
   A. "预付账款"属于负债类科目
   B. 期末余额在借方,反映企业实际预付的款项
   C. 期末余额在贷方,反映企业应付或应补付的款项
   D. 预付款项情况不多的企业,可以不设置"预付账款"科目,通过"应付账款"科目核算

2. 某企业为增值税一般纳税人,该企业购入一批原材料,取得增值税专用发票上注明的价款为150万元、增值税税额为19.50万元,另付运费1万元,取得增值税专用发票上注明的增值税税额为0.09万元,款项全部以银行存款支付。不考虑其他因素,该批原材料的入账成本为( )万元。
   A. 151　　　　　B. 169.50　　　　　C. 170.50　　　　　D. 170.59

3. 某企业材料采用计划成本核算。月初结存材料计划成本为130万元,材料成本差异为节约20万元。当月购入材料一批,实际成本110万元,计划成本120万元,则材料成本差异期末余额为( )万元。
   A. 借方10　　　B. 贷方10　　　C. 借方30　　　D. 贷方30

4. 企业申请取得的银行汇票,应通过( )科目核算。
   A. "银行存款"　　　　　　　　　B. "库存现金"
   C. "在途货币资金"　　　　　　　D. "其他货币资金"

5. 企业开出并承兑的商业汇票,应通过( )科目核算。
   A. "应付票据"　B. "应付账款"　C. "应收票据"　D. "其他货币资金"

6. 企业外购材料验收入库时发现的短缺和毁损,如属途中合理损耗,正确的处理方法是( )。
   A. 列入营业外支出
   B. 若未付款,应拒付货款
   C. 若已付款,应向供应单位索赔
   D. 相应提高入库材料的实际单位成本,不再另做账务处理

7. 材料按计划成本计价核算的企业,下列项目中应记入"材料采购"科目贷方的是( )。
   A. 材料的买价　　　　　　　　　B. 采购材料的运杂费
   C. 结转入库材料的超支差异　　　D. 结转入库材料的节约差异

8. 某企业为增值税一般纳税人,原材料采用计划成本核算,甲材料计划成本每千克为18元。

本月购进甲材料9 000千克,取得的增值税专用发票上注明的价款为150 000元,增值税税额为19 500元。原材料已经验收入库,则购进甲材料发生的成本差异为(　　)元。

A. －31 500　　　　B. －12 000　　　　C. 7 500　　　　D. 12 000

9. 某企业为增值税一般纳税人,适用的增值税税率为13%,适用的消费税税率为10%。该企业委托其他单位(增值税一般纳税企业)加工一批属于应税消费品的原材料,该批委托加工原材料收回后用于继续生产应税消费品。发出材料的成本为200万元。支付的不含增值税的加工费为70万元。该批原材料已加工完成并验收,成本为(　　)万元。

A. 200　　　　B. 270　　　　C. 297　　　　D. 300

10. 一般纳税人委托其他单位加工材料收回后直接对外销售的,其发生的下列支出中,不应计入委托加工材料成本的是(　　)。

A. 发出材料的实际成本　　　　B. 支付给受托方的加工费
C. 支付给受托方的增值税　　　　D. 支付给受托方代收代缴的消费税

二、多选题

1. 某企业原材料采用计划成本法核算,下列各项中,该企业应在"材料成本差异"科目贷方登记的有(　　)。

A. 入库原材料的成本超支差异　　　　B. 发出原材料应负担的成本超支差异
C. 入库原材料的成本节约差异　　　　D. 发出原材料应负担的成本节约差异

2. 下列各项中,计入外购原材料实际成本的有(　　)。

A. 运输过程中的合理损耗　　　　B. 采购过程中发生保险费
C. 增值税专用发票上注明的价款　　　　D. 增值税发票上注明的增值税税额

3. 某企业购入A材料1 000千克,增值税专用发票上注明的价款为300 000元,增值税税额为39 000元。购入该批材料发生保险费1 000元,发生运杂费4 000元,均取得相应的普通发票,运输过程中发生合理损耗10千克。材料已验收入库,款项均已通过银行付讫。以下账务处理结果正确的有(　　)。

A. 记入"原材料"科目的金额为305 000元

B. 记入"原材料"科目的金额为301 950元

C. 记入"应交税费——应交增值税(进项税额)"科目的金额为38 610元

D. 记入"应交税费——应交增值税(进项税额)"科目的金额为39 000元

4. 其他货币资金包括(　　)。

A. 外埠存款　　　B. 存出投资款　　　C. 银行本票存款　　　D. 银行汇票存款

5. 下列各项中,一般纳税企业应计入存货成本的有(　　)。

A. 购入存货支付的关税　　　　B. 入库前的挑选整理费
C. 购入材料支付的增值税　　　　D. 商品流通企业采购过程中发生的保险费

6. 下列各项中,增值税一般纳税企业应计入收回委托加工物资成本的有(　　)。

A. 支付的加工费

B. 负担的运杂费

C. 随同加工费支付的增值税

D. 支付的收回后继续加工的委托加工物资的消费税

7. 下列税金中,不应计入存货成本的有(　　)。

A. 支付给受托方的增值税

B. 委托加工物资往来运输费中所含增值税

C. 由受托方代收代缴的委托加工直接用于对外销售的商品负担的消费税

D. 由受托方代收代缴的委托加工继续用于生产应纳消费税的商品负担的消费税

8. 某增值税一般纳税企业委托外单位将甲材料加工成乙半成品,乙半成品为应税消费品,乙半成品收回后用于连续生产应税消费品丙。委托加工中发生的下列支出,计入乙半成品成本的是(　　)。

A. 甲材料的实际成本　　　　　　B. 受托单位代收代缴的消费税

C. 增值税专用发票上注明的增值税　　D. 增值税专用发票上注明的加工费

9. 下列资产中,属于周转材料的有(　　)。

A. 商品　　　B. 包装物　　　C. 原材料　　　D. 低值易耗品

10. 企业使用计划成本法核算原材料成本,涉及的会计科目有(　　)。

A. "原材料"　　B. "在途物资"　　C. "材料采购"　　D. "材料成本差异"

三、判断题

1. 企业对于已验收入库但未取得增值税扣税凭证的存货,应在月末按照暂估价值计算进项税额并登记入账。(　　)

2. 其他货币资金是指现金、银行存款以外的处于货币形态的资金,包括银行汇票和备用金等。(　　)

3. 购入材料在运输途中发生的合理损耗不需单独进行账务处理。(　　)

4. 一般纳税企业购进原材料时,支付的运输费用及其对应的增值税税额都应计入购进材料的采购成本中。(　　)

5. 在计划成本法下,企业已支付货款但尚在运输中或尚未验收入库的材料,应通过"在途物资"科目来核算。(　　)

6. 出租包装物,收取押金,应记入"其他应收款"科目。(　　)

7. 商业汇票、银行汇票、银行本票均应通过"其他货币资金"科目进行核算。(　　)

8. 企业开出并承兑的商业汇票到期,却无力支付票款,则应将其转入"应付账款"科目。(　　)

9. 企业委托银行承兑的汇票到期,却无力支付票款,则应将其转入"短期借款"科目。(　　)

10. 月末企业采购的材料已验收入库,但尚未收到发票,应暂估入账,待下月月初进行冲销。
( )

四、计算题

A 企业为增值税一般纳税人,增值税税率为 13%,原材料采用计划成本进行核算。甲材料计划单位成本为 50 元/千克。该企业 2023 年 11 月初甲材料结存 700 千克(含上月末暂估入账的甲材料 100 千克),"材料采购——甲材料"月初余额为借方 25 500 元,"材料成本差异——甲材料"月初余额为贷方 800 元。该企业 11 月发生的部分经济业务如下:

(1) 3 日,收到上月末暂估入账的 100 千克甲材料的发票账单,增值税专用发票上注明买价 5 500 元、增值税 715 元,款项以银行存款支付,材料已验收入库。

(2) 7 日,上月已付款的甲材料 500 千克如数到达并验收入库。

(3) 16 日,从 B 公司购入甲材料 420 千克,增值税专用发票注明买价 19 000 元、增值税 2 470 元;运费 400 元、增值税 36 元。款项以转账支票支付,材料尚未到达。

(4) 19 日,从 B 公司购入的甲材料到达,验收入库时发现短缺 20 千克,经查明为运输途中合理损耗,按实收数量验收入库。

(5) 30 日,企业采用托收承付方式购入的原材料 400 千克已验收入库,但发票账单未到。

(6) 30 日,汇总本月发出材料 1 400 千克,其中生产产品耗用 1 300 千克,车间一般耗用 100 千克。

【要求】
(1) 计算本月入库甲材料的成本差异。
(2) 计算本月甲材料成本差异率。
(3) 计算本月发出甲材料的成本差异。
(4) 计算本月发出甲材料的实际成本。
(5) 计算月末结存甲材料的实际成本。

五、业务题

明发公司为增值税一般纳税人,适用增值税税率 13%;运费均取得货运业增值税专用发票,增值税税率为 9%。生产用甲材料按计划成本计价核算,甲材料计划单位成本为每千克 200 元,验收入库材料的计划成本及材料成本差异于月末一次结转。

2024 年 3 月有关账户余额如下:"原材料"月初余额为借方 440 000 元(其中包含 1 000 千克上月末已入库但发票账单未到的甲材料暂估价 200 000 元)。"材料成本差异"月初余额为贷方 1 800 元。本月发生下列有关材料收发业务:

(1) 1 日,冲销上月末暂估入账甲材料的成本。

(2) 6 日,上月末以暂估价入库甲材料的发票账单到达,货款为 210 000 元,增值税税额为 27 300 元,对方代垫运费专用发票上注明运费 5 000 元、增值税 450 元,全部款项已开出银行承兑汇票一张,期限 3 个月。

(3) 21日,基本生产车间自制甲材料300千克验收入库,实际成本为62 000元。

(4) 23日,进口甲材料3 000千克,其关税完税价格为600 000元,已用信用证保证金支付;进口关税为120 000元,消费税为38 000元,增值税税率为13%,所有税款均已转账支付并取得相关完税凭证;该甲材料尚未验收入库。

(5) 30日,结转已验收入库材料计划成本。

(6) 30日,结转已验收入库材料成本差异。

(7) 30日,汇总本月甲材料发料凭证,其中生产产品领用700千克;生产车间一般领用100千克,管理部门领用50千克。

(8) 30日,结转发出甲材料应负担的材料成本差异额。

【要求】编制上述经济业务的会计分录。(注:答案中的金额单位用元表示,计算结果百分数保留至小数点后两位)

项目 三 核算销售与应收业务

项目简介

销售与应收业务主要是指企业出售商品及收取款项等相关活动。本项目主要是在理解企业销售及应收业务流程的基础上,帮助学生掌握销售与应收业务的账务处理。

项目导航

```
                    ┌── 核算销售业务
核算销售与应收业务 ──┤
                    └── 核算应收及预收业务
```

案例导入

4 毫升的追求

杭州娃哈哈集团有限公司创建于 1987 年,在创始人宗庆后的带领下,不断开拓,锐意进取,产品主要涵盖蛋白饮料、包装饮用水等十余类 200 多个品种,32 年累计销售额 7 200 多亿元,企业规模和效益连续 20 年位居行业领先地位。

你有没有好奇,为什么娃哈哈纯净水的容量恰好是 596 毫升,或许你会觉得这只是个巧合,但实际上,其中蕴含着娃哈哈对消费者的诚信和严谨。最初制定娃哈哈纯净水的容量时,研发团队经过慎重调研和市场分析,发现 550 毫升的容量对于某些消费者来说稍显不够,于是选择了 600 毫升的容量,但是瓶体设计完成后,最终只能装下 596 毫升,团队毅然按照实际容量来标注,这少了的 4 毫升恰恰说明了娃哈哈诚信经营、不欺顾客!

【想一想】企业在经营过程中,如何能促进消费,提升销售收入?

任务一　核算销售业务

学习目标

1. 了解收入内涵。
2. 了解收入确认与计量原则。
3. 了解某一时点履约义务。
4. 了解某一时段履约义务。
5. 能运用企业会计准则,对企业销售业务进行账务处理。

任务描述

上海智信公司经营集成电路芯片及有关电子产品的研发、加工、生产和销售业务,在销售商品时,需要向客户提供商品及发票。那么该企业确认收入后,根据原始凭证应进行怎样的账务处理呢?此任务将带你解决这些问题。

知识准备

一、认知销售业务

销售业务是指企业出售商品、提供服务等相关活动。一般情况下,销售业务包括以下八个步骤:一是销售前准备,确定销售目标、制订销售计划、了解市场需求、制定销售策略等。二是开发客户,通过电话、邮件、拜访等方式寻找潜在客户,建立联系并获取客户信息。三是分析客户,了解客户的需求、偏好、预算等信息,确定客户的购买意向和能力。四是制定方案,根据客户需求,制定满足客户需求的产品或服务方案,同时确定价格、服务等细节。五是展示方案,将方案展示给客户,并通过演示、样品展示等方式加强客户的信心和认可。六是谈判报价,根据方案和客户需求,与客户进行价格和条件方面的谈判,达成双方满意的协议。七是签订合同,在双方达成一致后,签订销售合同,并确定交货期、付款方式等。八是后续服务,及时安排生产、发货、安装等环节,并提供售后服务,提升客户满意度。

以上八个步骤是典型的销售流程,但在实际销售过程中,具体操作和重点可能因产品和市场不同而有所不同。总之,销售流程是企业实现产品或服务销售的重要过程,通过八个步骤有序展开,可以帮助企业提高销售效率、提升客户满意度、实现销售目标。企业销售流程如图 3-1 所示。

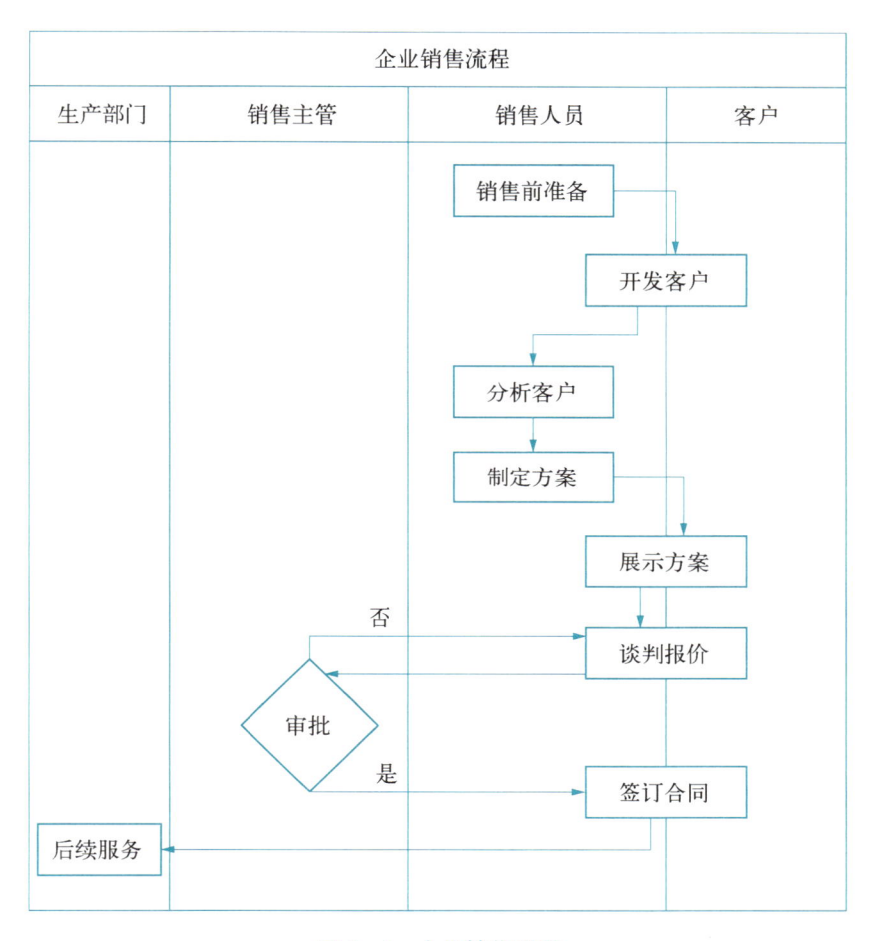

图 3-1 企业销售流程

二、认知收入

(一) 收入的概念

收入是指企业在日常活动中形成的、会导致所有者权益增加的、与所有者投入资本无关的经济利益的总流入。按照企业主要经营业务等经常性经营活动实现的收入,通常将收入分为主营业务收入和其他业务收入。

(二) 收入确认与计量

按照《企业会计准则第 14 号——收入》的相关规定,收入确认和计量的基本步骤大致可以分为以下五步。

1. 识别与客户订立的合同

合同是指双方或多方之间订立有法律约束力的权利义务的协议,包括书面形式、口头形式以及其他可验证的形式。

1) 收入确认的原则

企业应当在履行了合同中的履约义务,即在客户取得相关商品控制权时确认收入。取得相关商品控制权,是指客户能够主导该商品的使用并从中获得几乎全部的经济利益,也包括有能力阻止其他方主导该商品的使用并从中获得经济利益。取得商品控制权一般包括以下三个要素:一是客户必须拥有现时权利,能够主导该商品的使用并从中获得几乎全部经济利益。二是客户有能力主导该商品的使用。三是客户能够获得几乎全部的经济利益。

2) 收入确认的前提条件

企业与客户之间的合同同时满足下列五项条件的,企业应当在客户取得相关商品控制权时确认收入:

(1) 合同各方已批准该合同并承诺将履行各自义务。

(2) 该合同明确了合同各方与所转让商品相关的权利和义务。

(3) 该合同有明确的与所转让商品相关的支付条款。

(4) 该合同具有商业实质,即履行该合同将改变企业未来现金流量的风险、时间分布或金额。

(5) 企业因向客户转让商品而有权取得的对价很可能收回。

2. 识别合同中的单项履约义务

合同开始日,企业应当对合同进行评估,识别该合同包含的各单项履约义务,并确定各单项履约义务是在某一时段内履行,还是在某一时点履行,然后在履行了各单项履约义务时分别确认收入。

其中,履约义务是指合同中企业向客户转让可明确区分商品或服务的承诺。

3. 确定交易价格

交易价格是指企业因向客户转让商品而预期有权收取的对价金额。企业代第三方收取的款项(如增值税、代垫运费等)以及企业预期将退还给客户的款项(如存入保证金等),不计入交易价格。合同条款中所承诺的对价,可能是固定金额、可变金额或两者兼有。

4. 将交易价格分摊至各单项履约义务

当合同中包含两项或多项履约义务时,为了使企业分摊至每一单项履约义务的交易价格能够反映其因向客户转让已承诺的相关商品(或提供已承诺的相关服务)而预期有权收取的对价金额,企业应当在合同开始日,按照各单项履约义务所承诺商品的单独售价的相对比例,将交易价格分摊至各单项履约义务。

5. 履行各单项履约义务时确认收入

企业应当在履行了合同中的履约义务,即客户取得相关商品控制权时确认收入。企业应当根据实际情况,首先判断履约义务是否满足在某一时段内履行的条件,如不满足,则该履约义务属于在某一时点履行的履约义务。对于在某一时段内履行的履约义务,企业应当选取恰当的方法来确定履约进度;对于在某一时点履行的履约义务,企业应当综合分析控制权转移的迹象,判断其转移时点。

三、收入的账户设置

收入的账户设置如表3-1所示。

表3-1 收入的账户设置

账户名称	账户性质	账户用途	账户结构	明细核算
主营业务收入	损益类	核算企业确认的销售商品、提供服务等主营业务的收入	贷方登记企业主营业务活动实现的收入,借方登记期末转入"本年利润"账户的主营业务收入,结转后该账户应无余额	按主营业务的种类进行明细核算
其他业务收入	损益类	核算企业确认的主营业务活动以外的其他经营活动实现的收入,包括出租固定资产、出租无形资产、出租包装物和商品、销售材料等实现的收入	贷方登记企业其他业务活动实现的收入,借方登记期末转入"本年利润"账户的其他业务收入,结转后该账户应无余额	按其他业务的种类进行明细核算
主营业务成本	损益类	核算企业确认销售商品、提供服务等主营业务收入时应结转的成本	借方登记企业应结转的主营业务成本,贷方登记期末转入"本年利润"账户的主营业务成本,结转后该账户应无余额	按主营业务的种类进行明细核算
其他业务成本	损益类	核算企业确认的主营业务活动以外的其他经营活动所形成的成本,包括出租固定资产的折旧额、出租无形资产的摊销额、出租包装物的成本或摊销额、销售材料的成本	借方登记企业应结转的其他业务成本,贷方登记期末转入"本年利润"账户的其他业务成本,结转后该账户应无余额	按其他业务的种类进行明细核算
合同取得成本	资产类	核算企业取得合同发生的、预计能够收回的增量成本	借方登记发生的合同取得成本,贷方登记摊销的合同取得成本,期末借方余额,反映企业尚未结转的合同取得成本	按合同进行明细核算
合同履约成本	资产类	核算企业为履行当前或预期取得的合同所发生的、不属于其他企业会计准则规范范围且按照收入准则应当确认为一项资产的成本	借方登记发生的合同履约成本,贷方登记摊销的合同履约成本,期末借方余额反映企业尚未结转的合同履约成本	按合同分别设置"服务成本""工程施工"等进行明细核算

续　表

账户名称	账户性质	账户用途	账户结构	明细核算
发出商品	资产类	核算企业商品已发出但客户没有取得商品控制权的商品成本	借方登记发出的商品成本,贷方登记客户取得商品控制权的商品成本,期末余额在借方,反映各种发出商品的实际成本	按发出商品的种类、品种和规格等进行明细核算

任务实施

一、某一时点履行履约义务收入的账务处理

（一）某一时点履行履约义务的收入确认原则

对于在某一时点履行的履约义务,企业应当在客户取得相关商品控制权时点确认收入。在判断客户是否已取得商品控制权时,企业应当考虑下列迹象：

（1）企业就该商品享有现时收款权利,即客户就该商品负有现时付款义务。

（2）企业已将该商品的法定所有权转移给客户,即客户已拥有该商品的法定所有权。

（3）企业已将该商品实物转移给客户,即客户已占有该商品实物。

（4）企业已将该商品所有权上的主要风险和报酬转移给客户,即客户已取得该商品所有权上的主要风险和报酬。

（5）客户已接受该商品。

（6）其他表明客户已取得商品控制权的迹象。

（二）现销、赊销等收入的账务处理

1. 销售商品

销售商品通常是制造业企业的主要收入来源,满足收入确认条件后,账务处理如下。

1）确认收入

借：银行存款、应收账款、应收票据等
　　贷：主营业务收入
　　　　应交税费——应交增值税（销项税额）

2）结转成本

借：主营业务成本
　　贷：库存商品

3）确认消费税

借：税金及附加
　　贷：应交税费——应交消费税

2. 销售原材料、单独计价的周转材料

企业销售原材料与单独计价的周转材料,应在收入确认时,记入"其他业务收入"科目,对应的销售成本记入"其他业务成本"科目。

> **温馨提示**
>
> 若合同中包含两项及两项以上履约义务,企业应当在合同开始日,按照各单项履约义务所承诺商品的单独售价的相对比例,将交易价格分摊至各单项履约义务。

【例 3-1】2023 年 11 月 20 日,上海智信公司与东华有限责任公司签订合同,向其销售高精度智能显示器和智能手表两种产品,不含增值税的合同总价款为 220 800 元。高精度智能显示器和智能手表的不含增值税单独售价分别为 200 000 元和 30 000 元,该款项尚未收到。要求:将交易价格分摊至各单项履约义务。

分摊结果:

(1) 高精度智能显示器应当分摊的交易价格 = 200 000 ÷ 230 000 × 220 800 = 192 000(元)

(2) 智能手表应当分摊的交易价格 = 30 000 ÷ 230 000 × 220 800 = 28 800(元)

【例 3-2】2023 年 12 月 7 日,上海智信公司向上海中芯科技有限公司赊销一批高精度智能显示器,开具的增值税专用发票上注明售价 500 000 元、增值税税额 65 000 元;上海智信公司以银行存款 1 090 元代上海中芯科技有限公司垫付运费。当日上海中芯科技有限公司收到商品并验收入库,上海智信公司将委托收款凭证和债务证明提交开户银行,办妥托收手续;该批商品的实际成本为 375 000 元。2024 年 1 月 6 日,上海智信公司收到银行转来的收款通知,货款已全部收存银行。上海智信公司核算结果:

(1) 2023 年 12 月 7 日,确认收入时:

借:应收账款——上海中芯科技有限公司　　　　　　　　　　566 090
　　贷:主营业务收入　　　　　　　　　　　　　　　　　　　500 000
　　　　应交税费——应交增值税(销项税额)　　　　　　　　 65 000
　　　　银行存款——中国农业银行上海田林支行(005503)　　 1 090

同时,结转销售商品成本:

借:主营业务成本　　　　　　　　　　　　　　　　　　　　375 000
　　贷:库存商品——高精度智能显示器　　　　　　　　　　 375 000

(2) 2024 年 1 月 6 日,收到收款通知:

借:银行存款——中国农业银行上海田林支行(005503)　　　 566 090
　　贷:应收账款——上海中芯科技有限公司　　　　　　　　 566 090

(三) 发出商品的账务处理

1. 企业按合同发出商品时

企业按合同发出商品，合同约定客户只有在商品售出取得价款后才支付货款，因此企业向客户转让商品的对价未达到"很可能收回"收入确认条件。在发出商品时，企业不应确认收入，应借记"发出商品"科目，贷记"库存商品"科目。

【例 3-3】2023 年 12 月 1 日，上海智信公司向北京电子制品开发有限公司（以下简称北京电子公司）销售一批智能手表，开出的增值税专用发票上注明的价款为 300 000 元、增值税税额为 39 000 元，款项尚未收到；该批商品成本为 200 000 元。上海智信公司在销售时已知北京电子公司的资金周转发生困难，但为了减少存货积压，同时也为了维持与北京电子公司长期建立的商业合作关系，上海智信公司仍将商品发往北京电子公司且办妥托收手续。假定上海智信公司发出该批商品时其增值税纳税义务尚未发生。上海智信公司核算结果：

借：发出商品——北京电子制品开发有限公司　　　　200 000
　　贷：库存商品——智能手表　　　　　　　　　　　　　　200 000

2. 企业采用支付手续费方式委托代销商品

企业采用支付手续费方式委托代销商品的账务处理如下。

1）交付商品

借：发出商品
　　贷：库存商品

2）收到代销清单

借：应收账款
　　贷：主营业务收入
　　　　应交税费——应交增值税（销项税额）

借：主营业务成本
　　贷：发出商品

3）确认手续费

借：销售费用
　　应交税费——应交增值税（进项税额）
　　贷：应收账款

4）收款

借：银行存款
　　贷：应收账款

【例 3-4】2023 年 12 月 1 日，上海智信公司与受托方上海大友公司签订委托代销合同，委托对方销售智能手表 1 000 只，商品当日发出，每只成本为 2 000 元。合同约定应按每只 3 000 元对外销售，上海智信公司按不含增值税的销售价格的 10% 支付手续费。除非这些商品在受托方存放期间内由于受托方的责任发生毁损或丢失,否则在商品对外销售之前,受托方没有义务向上海智信公司支付货款。受托方不承担包销责任,没有售出的智能手表须退回给上海智信公司,同时,上海智信公司也有权要求收回商品或将其销售给其他客户。

受托方实际对外销售500只,开出的增值税专用发票上注明的售价为1 500 000元,增值税税额为195 000元。6月月末,上海智信公司收到受托方开具的代销清单和代销手续费增值税专用发票(增值税税率为6%),上海智信公司开具相应的增值税专用发票。2024年1月10日,上海智信公司收到扣除代销手续费后的货款。上海智信公司核算结果:

(1) 2023年12月1日,发出商品时:

借:发出商品——上海大友公司　　　　　　　　　　　　　　2 000 000
　　贷:库存商品——智能手表　　　　　　　　　　　　　　　2 000 000

(2) 2023年12月30日,收到代销清单、代销手续费增值税专用发票时:

借:应收账款——上海大友公司　　　　　　　　　　　　　　1 695 000
　　贷:主营业务收入　　　　　　　　　　　　　　　　　　　1 500 000
　　　　应交税费——应交增值税(销项税额)　　　　　　　　　195 000

借:主营业务成本　　　　　　　　　　　　　　　　　　　　1 000 000
　　贷:发出商品——上海大友公司　　　　　　　　　　　　　1 000 000

借:销售费用　　　　　　　　　　　　　　　　　　　　　　　150 000
　　应交税费——应交增值税(进项税额)　　　　　　　　　　　　9 000
　　贷:应收账款——上海大友公司　　　　　　　　　　　　　　159 000

(3) 2024年1月10日,收到扣除代销手续费后的货款:

借:银行存款——中国农业银行上海田林支行(005503)　　　　1 536 000
　　贷:应收账款——上海大友公司　　　　　　　　　　　　　1 536 000

温馨提示

上海大友公司核算结果:

(1) 2023年12月1日,收到商品时:

借:受托代销商品——上海智信公司　　　　　　　　　　　　3 000 000
　　贷:受托代销商品款——上海智信公司　　　　　　　　　　3 000 000

(2) 2023年12月对外销售时:

借:银行存款　　　　　　　　　　　　　　　　　　　　　　1 695 000
　　贷:受托代销商品——上海智信公司　　　　　　　　　　　1 500 000
　　　　应交税费——应交增值税(销项税额)　　　　　　　　　195 000

(3) 2023年12月30日,收到上海智信公司开具的增值税专用发票:

借:受托代销商品款——上海智信公司　　　　　　　1 500 000
　　应交税费——应交增值税(进项税额)　　　　　　　195 000
　　贷:应付账款——上海智信公司　　　　　　　　　　　　1 695 000

(4) 2023年12月30日,确认代销手续费:

借:应付账款——上海智信公司　　　　　　　　　　159 000
　　贷:其他业务收入——代销手续费　　　　　　　　　　　150 000
　　　　应交税费——应交增值税(销项税额)　　　　　　　　9 000

(5) 2024年1月10日支付扣除代销手续费后的货款:

借:应付账款——上海智信公司　　　　　　　　　1 536 000
　　贷:银行存款　　　　　　　　　　　　　　　　　　　　1 536 000

(四) 销售退回的账务处理

销售退回是指企业因售出商品在质量、规格等方面不符合销售合同规定条款的要求,客户要求企业予以退货。企业销售商品发生退货,表明企业履约义务的减少和客户商品控制权及其相关经济利益的丧失。有关账务处理如下。

1. 已确认收入的销售退回

借:主营业务收入
　　应交税费——应交增值税(销项税额)
　　贷:银行存款
借:库存商品
　　贷:主营业务成本

2. 尚未确认收入的销售退回

借:库存商品
　　贷:发出商品

【例3-5】2023年10月20日,上海智信公司销售一批高精度智能显示器,增值税专用发票上注明的售价为400 000元、增值税税额为52 000元,东华有限责任公司收到该批商品并验收入库;当日收到东华有限责任公司支付的货款存入银行。该批商品成本为300 000元。该项业务属于在某一时点履行的履约义务并确认销售收入。

2023年12月2日,该批部分商品质量出现严重问题,东华有限责任公司将该批商品的50%退回给上海智信公司。上海智信公司同意退货,于退货当日支付退货款,并按规定向东华有限责任公司开具了增值税专用发票(红字)。上海智信公司核算结果:

(1) 10月20日，确认收入时：

借：银行存款——中国农业银行上海田林支行(005503)　　452 000
　　贷：主营业务收入　　　　　　　　　　　　　　　　　　400 000
　　　　应交税费——应交增值税(销项税额)　　　　　　　　52 000

同时，结转销售商品成本：

借：主营业务成本　　　　　　　　　　　　　　　　　　　300 000
　　贷：库存商品——高精度智能显示器　　　　　　　　　　300 000

(2) 12月2日，确认销售退回时：

借：主营业务收入　　　　　　　　　　　　　　　　　　　200 000
　　应交税费——应交增值税(销项税额)　　　　　　　　　 26 000
　　贷：银行存款——中国农业银行上海田林支行(005503)　226 000

借：库存商品——高精度智能显示器　　　　　　　　　　　150 000
　　贷：主营业务成本　　　　　　　　　　　　　　　　　　150 000

(五) 可变对价的账务处理

企业与客户合同中约定的对价金额可能是固定的，也可能会因折扣、价格折让、返利、退款、奖励积分、激励措施、业绩奖金、索赔等因素而变化。此外，根据一项或多项或有事项的发生而收取不同对价金额的合同，也属于可变对价的情形。

若合同中存在可变对价，企业应当对计入交易价格的可变对价进行估计。企业应当按照期望值或最可能发生金额确定可变对价的最佳估计数。但是，企业不能在两种方法之间随意进行选择。期望值是按照各种可能发生的对价金额及相关概率计算确定的金额；最可能发生金额是一系列可能发生的对价金额中最可能发生的单一金额，即合同最可能产生的单一结果。此外，需要注意的是，企业确定可变对价金额之后，计入交易价格的可变对价金额还应满足限制条件，即包含可变对价的交易价格，应当不超过在相关不确定性消除时，累计已确认的收入极可能不会发生重大转回的金额。

【例3-6】 2023年12月6日，上海智信公司采用赊销方式销售一批高精度智能显示器给浙江未来光电仪器有限公司，由于是成批销售，上海智信公司给予了浙江未来光电仪器有限公司10%的商业折扣。该批产品原售价为600 000元，成本为450 000元，适用的增值税税率为13%。12月10日，上海智信公司收回价税款存入银行。上海智信公司核算结果：

(1) 12月6日，上海智信公司赊销时：

借：应收账款——浙江未来光电仪器有限公司　　　　　　610 200
　　贷：主营业务收入　　　　　　　　　　　　　　　　　　540 000
　　　　应交税费——应交增值税(销项税额)　　　　　　　 70 200

(2) 12月10日，收回款项时：

借：银行存款——中国农业银行上海田林支行(005503)　　610 200
　　贷：应收账款——浙江未来光电仪器有限公司　　　　　 610 200

【例3-7】2023年12月15日,上海智信公司销售一批高精度智能显示器给昆山合生光学电子有限公司,价款为100 000元、增值税为13 000元,成本为75 000元,该项交易附有现金折扣条件：2/10,n/30,假设现金折扣不考虑增值税。2024年1月10日,收到价税款。上海智信公司基于对客户的了解,预计客户11~30天内付款的概率为95%。上海智信公司核算结果：

（1）2023年12月15日,上海智信公司销售时：

借：应收账款——昆山合生光学电子有限公司　　　　　　　　　　113 000
　　贷：主营业务收入　　　　　　　　　　　　　　　　　　　　100 000
　　　　应交税费——应交增值税（销项税额）　　　　　　　　　　13 000

（2）结转销售成本时：

借：主营业务成本　　　　　　　　　　　　　　　　　　　　　　75 000
　　贷：库存商品——高精度智能显示器　　　　　　　　　　　　　75 000

（3）2024年1月10日,收到价税款时：

借：银行存款——中国农业银行上海田林支行（005503）　　　　　113 000
　　贷：应收账款——昆山合生光学电子有限公司　　　　　　　　113 000

【例3-8】2023年12月21日,上海智信公司向北京电子制品开发有限公司销售一批智能手表,增值税专用发票上注明的售价为600 000元、增值税税额为78 000元,款项尚未收到；该批商品成本为400 000元。该项业务属于在某一时点履行的履约义务。2024年1月25日,北京电子制品开发有限公司在验收过程中发现商品外观上存在瑕疵,但基本上不影响使用,要求上海智信公司在价格上（不含增值税税额）给予5%的减让。假定上海智信公司已确认收入且同意价格折让,并按规定向北京电子制品开发有限公司开具了红字增值税专用发票。2024年1月30日,上海智信公司收到北京电子制品开发有限公司支付的货款存入银行。上海智信公司核算结果：

（1）2023年12月21日,确认收入时：

借：应收账款——北京电子制品开发有限公司　　　　　　　　　　678 000
　　贷：主营业务收入　　　　　　　　　　　　　　　　　　　　600 000
　　　　应交税费——应交增值税（销项税额）　　　　　　　　　　78 000

同时,结转销售商品成本：

借：主营业务成本　　　　　　　　　　　　　　　　　　　　　400 000
　　贷：库存商品——智能手表　　　　　　　　　　　　　　　　400 000

（2）2024年1月25日,发生销售折让30 000元（600 000×5%）时：

借：主营业务收入　　　　　　　　　　　　　　　　　　　　　　30 000
　　应交税费——应交增值税（销项税额）　　　　　　　　　　　　3 900
　　贷：应收账款——北京电子制品开发有限公司　　　　　　　　33 900

(3) 2024 年 1 月 30 日,收到货款时:

借:银行存款——中国农业银行上海田林支行(005503) 644 100
　　贷:应收账款——北京电子制品开发有限公司 644 100

【例 3 - 9】 2023 年 12 月 1 日,上海智信公司向上海中芯科技有限公司销售高精度智能显示器 50 件并开具增值税专用发票,每件商品的标价为 20 000 元(不含增值税),适用的增值税税率为 13%;每件商品的实际成本为 15 000 元;由于是成批销售,上海智信公司给予客户 10% 的商业折扣,并在销售合同中规定现金折扣条件:2/20,n/30,且计算现金折扣时不考虑增值税;当日商品发出,客户收到商品并验收入库。上海智信公司基于对客户的了解,预计客户 20 天内付款的概率为 90%,20 天后付款的概率为 10%。2023 年 12 月 19 日,收到客户支付的货款。上海智信公司核算结果:

(1) 12 月 1 日,确认收入、结转成本:

对于商业折扣,上海智信公司从应确认的销售商品收入中予以扣除;对于现金折扣,上海智信公司认为按照最可能发生金额能够更好地预测其有权获取的对价金额。因此:

应确认的销售收入的金额 = 20 000 × (1 - 10%) × 50 × (1 - 2%) = 882 000(元)

确认的增值税销项税额 = 20 000 × (1 - 10%) × 50 × 13% = 117 000(元)

借:应收账款——上海中芯科技有限公司 999 000
　　贷:主营业务收入 882 000
　　　　应交税费——应交增值税(销项税额) 117 000
借:主营业务成本 750 000
　　贷:库存商品——高精度智能显示器 750 000

(2) 12 月 19 日,收到货款:

借:银行存款——中国农业银行上海田林支行(005503) 999 000
　　贷:应收账款——上海中芯科技有限公司 999 000

> **温馨提示**
>
> 若上海中芯科技有限公司在 12 月 29 日付款,则上海智信公司核算结果:
>
> 借:银行存款——中国农业银行上海田林支行(005503) 1 017 000
> 　　贷:应收账款——上海中芯科技有限公司 999 000
> 　　　　主营业务收入 18 000

【例 3 - 10】 2023 年 12 月 1 日,上海智信公司向零售商东华有限责任公司销售 1 000 只智能手表,每只价格为 3 000 元,合同价款合计 3 000 000 元。每只智能手表的成本为 2 000 元。东华有限责任公司收到智能手表并验收入库。上海智信公司向东华有限责任公司提供价格保护,同意在未来 6 个月内,如果同款智能手表售价下降,则按照合同价格与最低售价之间的差额向零售商支付差价。上海智信公司根据以往执行类似合同的经验,预计各种结果发生的概率为:未来6个月不降价的概率为40%,降价200元/台的概率为30%,降价400元/台的概率为20%,降价600元/台的概率为10%。

上海智信公司认为期望值能够更好地预测其有权获取的对价金额,在该方法下:

估计交易价格＝3 000×40%＋2 800×30%＋2 600×20%＋2 400×10%＝2 800(元)

应确认的销售收入金额＝2 800×1 000＝2 800 000(元)

确认的增值税销项税额＝3 000×1 000×13%＝390 000(元)

上海智信公司核算结果:

(1) 确认收入时:

借:应收账款——东华有限责任公司　　　　　　　　　　3 190 000
　　贷:主营业务收入　　　　　　　　　　　　　　　　　2 800 000
　　　　应交税费——应交增值税(销项税额)　　　　　　　390 000

(2) 结转销售商品成本:

借:主营业务成本　　　　　　　　　　　　　　　　　　2 000 000
　　贷:库存商品——智能手表　　　　　　　　　　　　　2 000 000

二、在某一时段内完成的销售收入的账务处理

(一) 认知在某一时段内完成的销售收入

对于在某一时段内履行的履约义务,企业应当在该段时间内按照履约进度确认收入,履约进度不能合理确定的除外。满足某一时段内履行的履约义务条件具体如表3-2所示。

表3-2　满足某一时段内履行的履约义务条件

序号	条 件 内 容
(1)	客户在企业履约的同时即取得并消耗企业履约所带来的经济利益
(2)	客户能够控制企业履约过程中在建的商品
(3)	企业履约过程中所产出的商品具有不可替代用途,且该企业在整个合同期间内有权就累计至今已完成的履约部分收取款项

企业应当考虑商品的性质,采用实际测量的完工进度、评估已实现的结果、时间进度、已完工或交付的产品等产出指标,或采用投入的材料数量,花费的人工工时、机器工时,发生的成本和时间进度等投入指标确定恰当的履约进度,并且在确定履约进度时,应当扣除那些控制权尚未转移给客户的商品和服务。

通常,企业按照累计实际发生的成本占预计总成本的比例(即成本法)确定履约进度。

累计实际发生的成本包括企业向客户转移商品过程中所发生的直接成本和间接成本,如直接人工、直接材料、分包成本以及其他与合同相关的成本。

对于每一项履约义务,企业只能采用一种方法来确定其履约进度,并加以一贯运用。对于类似情况下的类似履约义务,企业应当采用相同的方法确定履约进度。

资产负债表日,企业按照合同的交易价格总额乘以履约进度扣除以前会计期间累计已确认的收入后的金额,确认当期收入。

当履约进度不能合理确定时,企业已经发生的成本预计能够得到补偿的,应当按照已经发生的成本金额确认收入,直到履约进度能够合理确定为止。

(二) 在某一时段内完成销售收入的账务处理

1. 合同取得成本

企业为取得合同发生的增量成本预期能够收回的,应作为合同取得成本确认为一项资产。增量成本是指企业不取得合同就不会发生的成本,也就是企业发生的与合同直接相关,但又不是所签订合同的对象或内容(如建造商品或提供服务)本身所直接发生的费用。如销售佣金,若预期可通过未来的相关服务收入予以补偿,该销售佣金(即增量成本)应在发生时确认为一项资产,即合同取得成本。账务处理如下:

(1) 发生时:

借:合同取得成本
　　贷:银行存款等

(2) 摊销时:

借:销售费用
　　贷:合同取得成本

企业为取得合同发生的、在预期能够收回的增量成本之外的其他支出,如无论是否取得合同均会发生的差旅费、投标费、为准备投标资料发生的相关费用等,应当在发生时计入当期损益,除非这些支出明确由客户承担。

2. 合同履约成本

企业为履行合同可能会发生各种成本,企业在确认收入的同时应当对这些成本进行分析,若不属于存货、固定资产、无形资产等规范范围且同时满足下列条件的,应当作为合同履约成本确认为一项资产。

(1) 该成本与一份当前或预期取得的合同直接相关。合同相关成本如表3-3所示。

表3-3　合同相关成本

项　目		具　体　内　容
① 与合同直接相关的成本	a. 直接人工	如支付给直接为客户提供所承诺服务的人员的工资、奖金等

续表

项　目		具　体　内　容
① 与合同直接相关的成本	b. 直接材料	如为履行合同耗用的原材料、辅助材料、构配件、零件、半成品的成本和周转材料的摊销及租赁费用等
	c. 制造费用或类似费用	如组织和管理相关生产、施工、服务等活动发生的费用,包括车间管理人员的职工薪酬、劳动保护费、固定资产折旧费及修理费、物料消耗、取暖费、水电费、办公费、差旅费、财产保险费、工程保修费、临时设施摊销费等
② 明确由客户承担的成本以及仅因该合同而发生的其他成本		如支付给分包商的成本、机械使用费、设计和技术援助费用、施工现场二次搬运费、生产工具和用具使用费、检验试验费、工程定位复测费、工程点交费用、场地清理费等

(2) 该成本增加了企业未来用于履行(包括持续履行)履约义务的资源。

(3) 该成本预期能够收回。

温馨提示

不能计入合同履约成本的支出

企业应当在下列支出发生时,将其计入当期损益:一是管理费用,除非这些费用明确由客户承担。二是非正常消耗的直接材料、直接人工和制造费用(或类似费用),这些支出为履行合同发生,但未反映在合同价格中。三是与履约义务中已履行(包括已全部履行或部分履行)部分相关的支出,即该支出与企业过去的履约活动相关。四是无法在尚未履行的与已履行(或已部分履行)的履约义务之间区分的相关支出。

【例3-11】2023年12月1日,上海智信公司向北京电子制品开发有限公司提供高精度智能显示器定制设计服务,合同约定这项设计服务期限为3个月,定制设计服务价款为50 000元,增值税税率为6%,定制设计费用每月月末按完工进度支付。12月31日,经专业工程师测量后,确定该项劳务的完工程度为25%,北京电子按完工进度支付价款及相应的增值税款项,上海智信公司为完成该合同累计发生劳务成本10 000元(全部为职工薪酬),预计还将发生劳务成本30 000元,假定该业务属于上海智信公司的其他业务,全部由其自行完成;该设计服务构成单项履约义务,并属于在某一时段内履行的履约义务;上海智信公司按照实际测量的完工进度确定履约进度。上海智信公司核算结果:

(1) 确认实际发生的劳务成本:

借:合同履约成本　　　　　　　　　　　　　　　　　　　　　　10 000
　　贷:应付职工薪酬　　　　　　　　　　　　　　　　　　　　　　　10 000

(2) 12月31日,按履约进度确认劳务收入、结转劳务成本:

劳务收入＝50 000×25％＝12 500(元)

劳务成本＝(10 000＋30 000)×25％＝10 000(元)

借:银行存款——中国农业银行上海田林支行(005503)　　　　13 250
　　贷:其他业务收入　　　　　　　　　　　　　　　　　　　　12 500
　　　　应交税费——应交增值税(销项税额)　　　　　　　　　　　750
借:其他业务成本　　　　　　　　　　　　　　　　　　　　　　10 000
　　贷:合同履约成本　　　　　　　　　　　　　　　　　　　　　10 000

业财融合与审核

企业发生的销售业务,通过财务核算与审核,达到业务与财务融合的目的。具体内容如表3-4所示。

表3-4　销售业务的业财融合与审核

业　务	财　务	审　核
销售业务	(1) 对符合销售收入确认条件的销售进行收入的确认,并进行账务处理 (2) 对于销售退货和折让,要严格按照公司政策和会计准则进行处理。对于退货,要及时进行账务处理,并冲减相应的销售收入和成本。对于折让,要合理确定折让金额,并在核算中予以体现	评估销售合同的利润潜力,预测毛利率与净利率,判断其是否达到预期的盈利目标。审核折扣、佣金、返利等是否符合价格政策及相关规定

【课堂练习3-1】

大华制造有限公司为增值税一般纳税人,适用的增值税税率为13％。商品销售价格均不含增值税税额,销售和劳务成本逐笔结转。销售商品和提供劳务均为主营业务。2023年12月发生销售业务如下:

(1) 12日,在预收货款方式下发出A商品300件,每件售价为2 000元,单位成本为1 500元,企业已于上月预收M公司200 000元,不足部分对方开出银行本票支付。

(2) 15日,采用托收承付结算方式向华成公司发出B商品500件,每件售价1 000元,企业开出支票为其代垫运杂费500元,并向银行办妥托收手续。每件商品单位生产成本为500元。

（3）16日，赊销B商品1 000件，每件售价为1 000元，单位成本为500元，现金折扣条件为：5/10,2/20,n/30(计算现金折扣时不考虑增值税)。企业根据该单位的信用情况，估计在11~20天之间付款的可能性为90%。本月31日该单位付款，款项已存入银行。

（4）18日，出售原材料一批，售价为50 000元，已收到对方签发并承兑的商业汇票一张，面值为56 500元。该批原材料的计划成本为40 000元，材料成本差异率为2%。

（5）22日，上月销售的A商品因质量问题退货，该批产品的售价为40 000元、增值税为5 200元。企业开出红字增值税专用发票和转账支票退还货款。产品成本为30 000元，产品已验收入库。

（6）接受一项设计服务，期限为3个月，合同总收入为600 000元，至月底已预收款项450 000元，已发生的实际成本为280 000（均为职工薪酬），估计还将发生成本120 000元。假定按实际成本占估计总成本的比例确定履约进度。（假定不考虑增值税）

要求：根据上述经济业务编制会计分录。("应交税费"科目须列出明细科目，答案中的金额单位用元表示）

任务二　核算应收及预收业务

学习目标

1. 了解应收及预收业务。
2. 能运用企业会计准则，对企业应收账款、应收票据、预收账款、其他应收款、应收款项减值等业务进行账务处理。

任务描述

上海智信公司在销售商品确认收入后，面对不同的款项结算方式，该进行怎样的销售收款业务账务处理呢？此任务将带你解决这些问题。

知识准备

一、认知销售收款业务

销售收款业务主要是指企业确认收入之后，采用现金、委托收款、商业汇票、网银等各种结算方式的收款业务。

销售与收款业务的环节包括接受顾客订单、申请销售折扣、填制销货发票、发出商品、核算销售收入与应收账款、办理销售折让及销货退回、销售收款、坏账处理等内容，主要涉及应收账款、应收票据、预收账款、其他应收款等科目的账务处理。

企业销售收款流程如图3-2所示。

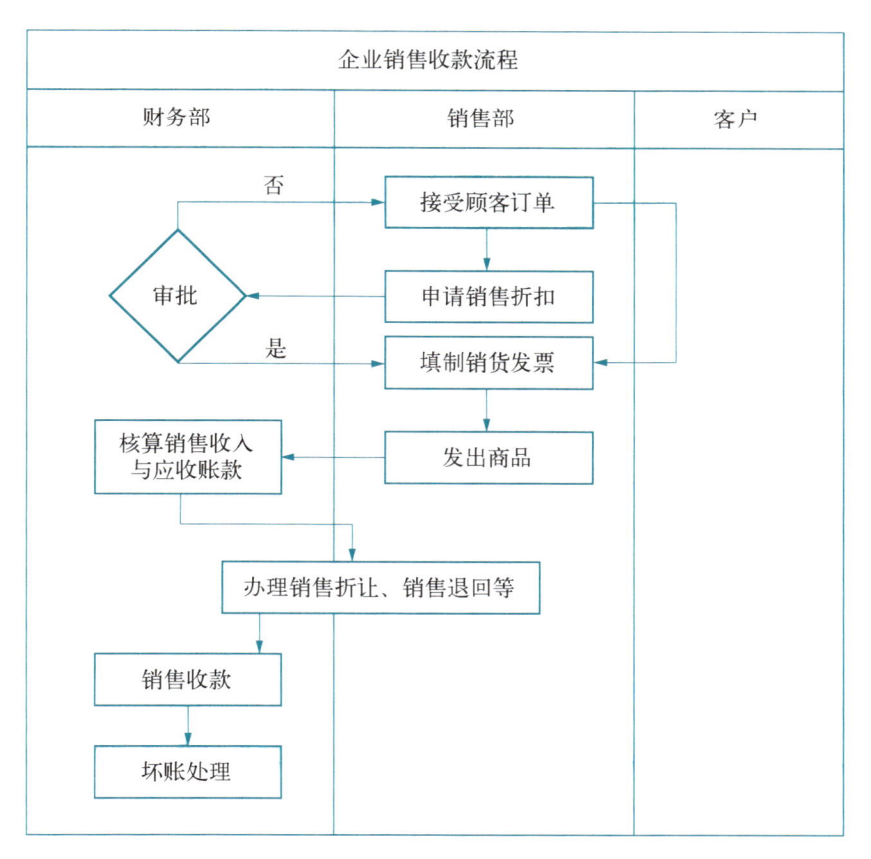

图3-2 企业销售收款流程

二、销售收款的账户设置

销售收款的账户设置如表3-5所示。

表 3-5 销售收款的账户设置

账户名称	账户性质	账户用途	账户结构	明细核算
应收票据	资产类	核算企业应收票据取得、票款收回等情况	借方登记取得的应收票据面值,贷方登记到期收回票款或到期前向银行贴现的应收票据的票面金额,期末余额在借方,反映企业持有的商业汇票的票面金额	按照开出、承兑商业汇票的单位进行明细核算
应收账款	资产类	核算企业因销售商品、提供服务等经营活动,应向购货单位或接受服务单位收取的款项	借方登记应收账款的增加,贷方登记应收账款的收回及确认的坏账损失;期末余额一般在借方,反映企业尚未收回的应收账款,如果期末余额在贷方,一般为企业预收的账款	按购货单位或接受服务单位设置明细账进行明细核算
合同资产	资产类	企业已向客户转让商品而有权收取对价的权利,且该权利取决于时间流逝之外的其他因素(如履行合同中的其他履约义务)	借方登记因已转让商品而有权收取的对价金额,贷方登记取得无条件收款权的金额,期末借方余额,反映企业已向客户转让商品而有权收取的对价金额	按合同进行明细核算
预收账款	负债类	核算企业预收账款的取得、偿付等情况	贷方登记发生的预收账款金额,借方登记企业冲销的预收账款金额;期末贷方余额,反映企业预收的款项,如为借方余额,反映企业尚未转销的款项	按照客户进行明细核算
合同负债	负债类	核算企业已收或应收客户对价而应向客户转让商品的义务	贷方登记企业在向客户转让商品之前,已经收到或已经取得无条件收取合同对价权利的金额,借方登记企业向客户转让商品时冲销的金额;期末贷方余额,反映企业在向客户转让商品之前,已经收到的合同对价或已取得的无条件收取合同对价权利的金额	按合同进行明细核算
其他应收款	资产类	核算企业其他应收账款的增减变动及其结存情况	借方登记其他应收款的增加,贷方登记其他应收款的收回,期末余额一般在借方,反映企业尚未收回的其他应收款项	按照对方单位(或个人)设置明细账进行明细核算
信用减值损失	损益类	核算企业应收账款的账面价值高于其可收回金额而造成的损失	借方登记信用减值损失的增加,贷方登记信用减值损失的结转或冲销,结转后期末无余额	按照信用减值损失类别设置明细账进行明细核算
坏账准备	资产类	核算企业应收款项的坏账准备计提、转销等事项	贷方登记当期计提的坏账准备、收回已转销的应收账款而恢复的坏账准备,借方登记实际发生的坏账损失金额和冲销的坏账准备金额,期末贷方余额,反映企业已计提但尚未转销的坏账准备	按照应收款项的类别设置明细账进行明细核算

任务实施

一、应收账款账务处理

（一）概念

应收账款是指企业因销售商品、提供服务等经营活动，应向购货单位或接受服务单位收取的款项，主要包括企业销售商品或提供服务等应向债务人收取的价款、增值税及代购货单位垫付的包装费、运杂费等。应收账款是伴随企业的销售行为发生而形成的一项债权。

（二）账务处理

1. 企业以委托收款、赊销方式对外销售商品

企业以委托收款、赊销方式对外销售商品时，在客户取得相关商品控制权时点确认收入，同时确认应收账款。有关账务处理如下：

（1）确认收入：

借：应收账款
　　贷：主营业务收入
　　　　应交税费——应交增值税（销项税额）

（2）结转成本：

借：主营业务成本
　　贷：库存商品

（3）实际收到款项时：

借：银行存款
　　贷：应收账款

【例 3-12】2023 年 12 月 1 日，上海智信公司向上海中芯科技有限公司赊销一批高精度智能显示器，开具的增值税专用发票上注明的售价为 100 000 元，增值税税额为 13 000 元，将委托收款凭证和债务证明提交开户银行，办妥托收手续。上海中芯科技有限公司当日收到商品并验收入库。该批商品的实际成本为 75 000 元。12 月 6 日，收到银行转来的收款通知，货款已全部收存银行。

本例中上海智信公司已向银行办妥委托收款手续，客户上海中芯科技有限公司收到商品并验收入库，因此，该项业务为单项履约义务且属于在某一时点履行的履约义务。

上海智信公司核算结果：

（1）12 月 1 日，上海智信公司确认收入时：

借：应收账款——上海中芯科技有限公司　　　　　　　　　　113 000
　　贷：主营业务收入　　　　　　　　　　　　　　　　　　100 000
　　　　应交税费——应交增值税（销项税额）　　　　　　　 13 000

同时,结转销售商品成本:
借:主营业务成本 75 000
  贷:库存商品——高精度智能显示器 75 000

(2) 12月6日,收到收款通知:
借:银行存款——中国农业银行上海田林支行(005503) 113 000
  贷:应收账款——上海中芯科技有限公司 113 000

【例3-13】2023年12月20日,上海智信公司向昆山合生光学电子有限公司、浙江未来光电仪器有限公司、北京电子制品开发有限公司,分别现销一批高精度智能显示器,开具的3张增值税专用发票上注明的售价分别为3 000 000元、4 000 000元和5 000 000元,增值税税额分别为390 000元、520 000元和650 000元,该批商品的实际成本分别为2 250 000元、3 000 000元和3 750 000元。商品已经发出且对方验收入库,价税款全部收存银行。

12月20日,上海智信公司确认收入时:
借:应收账款——昆山合生光学电子有限公司 3 390 000
          ——浙江未来光电仪器有限公司 4 520 000
          ——北京电子制品开发有限公司 5 650 000
  贷:主营业务收入 12 000 000
    应交税费——应交增值税(销项税额) 1 560 000

同时,结转销售商品成本
借:主营业务成本 9 000 000
  贷:库存商品——高精度智能显示器 9 000 000

2. 合同资产

合同资产是指用以核算企业已向客户转让商品而有权收取对价的权利。

1) 合同资产和应收款项的比较

合同资产和应收款项都是企业拥有的有权收取对价的合同权利,两者的区别如表3-6所示。

表3-6 合同资产和应收款项的区别

项目	权利	收款条件	风险
应收款项	无条件收取合同对价	时间的流逝	信用风险
合同资产	附条件收取合同对价	约定的时间和其他约定条件	信用风险和履约风险等

2) 账务处理

(1) 企业在客户实际支付合同对价或在该对价到期应付之前,已经向客户转让部分商品时：

借：合同资产
    贷：主营业务收入

同时，结转销售部分产品销售成本：

借：主营业务成本
    贷：库存商品

(2) 所有履约义务完成，企业取得无条件收款权，并开出增值税专用发票时：

借：应收账款
    贷：合同资产
        主营业务收入
        应交税费——应交增值税（销项税额）

(3) 实际收到款项时：

借：银行存款
    贷：应收账款

【例3-14】2023年11月1日，上海智信公司与东华有限责任公司签订合同，向其销售高精度智能显示器、智能手表两种商品，高精度智能显示器的单独售价为100 000元，智能手表的单独售价为60 000元，不含税的合同价款为150 000元。合同约定，显示器于合同开始日交付，智能手表在一个月之后交付，当两项商品全部交付之后，上海智信公司才有权收取150 000元的合同对价。上述价格均不包含增值税。显示器、智能手表的实际成本分别为75 000元和40 000元。

假定显示器和智能手表分别构成单项履约义务，其控制权在交付时转移给客户。2023年12月1日，上海智信公司交付智能手表，开具的增值税专用发票上注明的售价为150 000元、增值税税额为19 500元。2024年1月10日，上海智信公司收到东华有限责任公司支付的货款存入银行。

本例中上海智信公司将显示器交付给东华有限责任公司之后，与该商品相关的履约义务已经履行，但需要等到后续交付智能手表时，才具有无条件收取合同对价的权利，因此，上海智信公司应当将因交付显示器而有权收取的对价确认为合同资产，而不是应收账款。

上海智信公司应先将交易价格150 000元分摊至显示器、智能手表两项履约义务：
分摊至显示器的合同价款＝[100 000÷(100 000＋60 000)]×150 000＝93 750(元)
分摊至智能手表的合同价款＝[60 000÷(100 000＋60 000)]×150 000＝56 250(元)
上海智信公司核算结果：

(1) 2023年11月1日，交付显示器时：

借：合同资产——东华有限责任公司   93 750
    贷：主营业务收入   93 750

借：主营业务成本 75 000
　　贷：库存商品——高精度智能显示器 75 000

(2) 2023年12月1日,交付智能手表时：

借：应收账款——东华有限责任公司 169 500
　　贷：合同资产 93 750
　　　　主营业务收入 56 250
　　　　应交税费——应交增值税(销项税额) 19 500

借：主营业务成本 40 000
　　贷：库存商品——智能手表 40 000

(3) 2024年1月10日,收到货款时：

借：银行存款——中国农业银行上海田林支行(005503) 169 500
　　贷：应收账款——东华有限责任公司 169 500

二、应收票据账务处理

(一)概念

应收票据是由付款人或收款人签发、由付款人承兑、到期无条件付款的一种书面凭证。应收票据按承兑人不同分为商业承兑汇票和银行承兑汇票,按其是否附息分为附息商业汇票和不附息商业汇票。商业汇票既可以依法背书转让,也可以向银行申请贴现。

(二)账务处理

1. 取得应收票据和收回到期票款

取得应收票据和收回到期票款的账务处理如下：

(1) 因债务人抵偿前欠货款而取得的应收票据：

借：应收票据
　　贷：应收账款

(2) 因企业销售商品、提供服务等而收到开出、承兑的商业汇票：

借：应收票据
　　贷：主营业务收入
　　　　应交税费——应交增值税(销项税额)

(3) 商业汇票到期收回款项时,应按实际收到的金额：

借：银行存款
　　贷：应收票据

【例3-15】2023年12月5日,上海智信公司向上海中芯科技有限公司销售一批高精度智能显示器,开具的增值税专用发票上注明的售价为300 000元、增值税税额为39 000元；上海智信公司收到上海中芯科技有限公司开出的不带息银行承兑汇票一张,票面金额为339 000元,期限为3个月；该批商品成本为225 000元；上海中芯科技有限公司收到商品并验收入库。

本例中上海智信公司已经收到上海中芯科技有限公司开出的不带息银行承兑汇票，上海中芯科技有限公司收到商品并验收入库，因此，该项业务为单项履约义务且属于在某一时点履行的履约义务。上海智信公司核算结果：

(1) 确认收入时：

借：应收票据——上海中芯科技有限公司　　　　　　　　　　339 000

　　贷：主营业务收入　　　　　　　　　　　　　　　　　　300 000

　　　　应交税费——应交增值税(销项税额)　　　　　　　　39 000

(2) 结转销售商品成本：

借：主营业务成本　　　　　　　　　　　　　　　　　　　225 000

　　贷：库存商品——高精度智能显示器　　　　　　　　　　225 000

【例3-16】2023年12月1日，上海智信公司向上海中芯科技有限公司销售一批高精度智能显示器，开出的增值税专用发票注明的价款为160 000元、增值税税额为20 800元，产品尚未收到，已办妥托收手续，适用的增值税税率为13%，该批产品成本为120 000元。上海智信公司核算结果：

(1) 确认收入时：

借：应收账款——中芯科技　　　　　　　　　　　　　　　180 800

　　贷：主营业务收入　　　　　　　　　　　　　　　　　　160 000

　　　　应交税费——应交增值税(销项税额)　　　　　　　　20 800

(2) 结转销售成本时：

借：主营业务成本　　　　　　　　　　　　　　　　　　　120 000

　　贷：库存商品——高精度智能显示器　　　　　　　　　　120 000

(3) 2024年2月15日，假定上海智信公司收到上海中芯科技有限公司寄来的一张期限为3个月的银行承兑汇票，面值为180 800元，抵付产品的价款和增值税。上海智信公司核算结果：

借：应收票据——上海中芯科技有限公司　　　　　　　　　180 800

　　贷：应收账款——上海中芯科技有限公司　　　　　　　　180 800

(4) 2024年5月15日，假定上海智信公司持有的上述票据到期，收回票面金额180 800元存入银行。上海智信公司核算结果：

借：银行存款——中国农业银行上海田林支行(005503)　　　180 800

　　贷：应收票据——上海中芯科技有限公司　　　　　　　　180 800

2. 转让应收票据

1) 背书转让

实务中，企业可以将其持有的商业汇票背书转让。背书是指在票据背面或者粘单上记载有关事项并签章的票据行为。背书转让的，背书人应当承担票据责任。

通常情况下,企业将持有的商业汇票背书转让以取得所需物资时的账务处理如下:

借:在途物资、材料采购、原材料、库存商品等
　　应交税费——应交增值税(进项税额)
　　贷:应收票据

如有差额,借记或贷记"银行存款"等科目。

2) 票据贴现

票据贴现是企业筹措资金的一种方式。企业在应收票据到期之前,将票据背书后上交银行贴现,银行将票据的到期价值,扣除按照贴现利率计算的从贴现日至到期日的利息(贴现折价)后的余款付与企业,这种业务被称为应收票据贴现。

应收票据贴现的计算过程如下:

(1) 贴现期:从贴现日至到期日之间的天数,算头不算尾或者算尾不算头。
(2) 票据到期值=票据面值×(1+票据票面利率×票据期限)。
(3) 贴现利息=票据到期值×贴现率×贴现期。
(4) 贴现净额=票据到期值-贴现利息。

应收票据贴现的账务处理:

借:银行存款(实际收到金额)
　　贷:应收票据(票面金额)

按其差额,借记或贷记"财务费用"科目。

【例 3-17】承[例 3-16],假定上海智信公司于 2024 年 5 月 14 日将上述应收票据背书转让,以取得生产经营所需的 xsq 线路板 2 000 个,该材料价款为 160 000 元,适用的增值税税率为 13%。上海智信公司核算结果:

借:原材料　　　　　　　　　　　　　　　　　　　　　　　　160 000
　　应交税费——应交增值税(进项税额)　　　　　　　　　　　 20 800
　　贷:应收票据——上海中芯科技有限公司　　　　　　　　　　　　180 800

【例 3-18】上海智信公司于 2023 年 8 月 1 日收到客户开来的一张带息商业汇票,面值为 1 200 000 元,期限 6 个月,票面利率为 4%。于同年 12 月 1 日向银行贴现,以取得生产经营所需的资金,银行的贴现率为 5%,要求:计算票据的到期值、贴现利息和贴现净额并编制相应的会计分录。

票据到期值=1 200 000+1 200 000×4%×6÷12=1 224 000(元)

贴现利息=1 224 000×5%×2÷12=10 200(元)

贴现净额=1 224 000-10 200=1 213 800(元)

上海智信公司核算结果:

借:银行存款——中国农业银行上海田林支行(005503)　　　　1 213 800
　　贷:应收票据　　　　　　　　　　　　　　　　　　　　　　1 200 000
　　　　财务费用　　　　　　　　　　　　　　　　　　　　　　　13 800

三、预收账款账务处理

(一) 概念

预收账款是指企业按照合同规定预收的款项。

(二) 账务处理

1. 取得预收账款

借：库存现金、银行存款
　　贷：应交税费——应交增值税（销项税额）
　　　　预收账款

2. 偿付预收账款

(1) 企业分期确认有关收入时，按照实现的收入。

借：预收账款
　　贷：主营业务收入、其他业务收入

(2) 企业收到客户补付款项。

借：库存现金、银行存款
　　贷：预收账款

(3) 退回客户多预付的款项。

借：预收账款
　　贷：库存现金、银行存款

预收款业务不多的企业，可以不单独设置"预收账款"科目，其所发生的预收款，可通过"应收账款"科目核算。

【例 3-19】2023 年 12 月 1 日，上海智信公司与上海中芯科技有限公司签订经营租赁生产设备合同，向上海中芯科技有限公司出租生产设备三台，期限为 6 个月，三台生产设备租金（含税）共计 67 800 元，三台设备的月折旧额为 5 544 元。合同约定，合同签订日预付租金（含税）22 600 元，合同到期结清全部租金余款。合同签订日，上海智信公司收到租金并存入银行，开具的增值税专用发票上注明租金 20 000 元、增值税税额 2 600 元。租赁期满日，上海智信公司收到租金余款及相应的增值税并开出增值税专用发票。上海智信公司出租有形动产适用的增值税税率为 13%。上海智信公司核算结果：

(1) 2023 年 12 月 1 日，收到上海中芯科技有限公司预付租金：

借：银行存款——中国农业银行上海田林支行(005503)　　22 600
　　贷：预收账款——上海中芯科技有限公司　　　　　　　　20 000
　　　　应交税费——应交增值税（销项税额）　　　　　　　　2 600

(2) 每月末确认租金收入、计提设备折旧：

每月租金收入 = [67 800 ÷ (1 + 13%)] ÷ 6 = 10 000（元）

借：预收账款——上海中芯科技有限公司　　　　　　　　　　　　　　　10 000
　　贷：其他业务收入　　　　　　　　　　　　　　　　　　　　　　　　10 000

计提设备折旧：

借：其他业务成本　　　　　　　　　　　　　　　　　　　　　　　　　　5 544
　　贷：累计折旧　　　　　　　　　　　　　　　　　　　　　　　　　　5 544

(3) 2024年6月1日，租赁期满收到租金余款及增值税税款：

借：银行存款——中国农业银行上海田林支行(005503)　　　　　　　　45 200
　　贷：预收账款——上海中芯科技有限公司　　　　　　　　　　　　　40 000
　　　　应交税费——应交增值税（销项税额）　　　　　　　　　　　　5 200

其中，40 000元(10 000×6－20 000)为预收账款的借方余额而从贷方转出。

【例3－20】承[例3－18]，假设上海智信公司不设置"预收账款"科目，其预收的款项通过"应收账款"科目核算。上海智信公司核算结果：

(1) 2023年12月1日，收到上海中芯科技有限公司预付租金：

借：银行存款——中国农业银行上海田林支行(005503)　　　　　　　　22 600
　　贷：应收账款——上海中芯科技有限公司　　　　　　　　　　　　　20 000
　　　　应交税费——应交增值税（销项税额）　　　　　　　　　　　　2 600

(2) 每月末确认租金收入、计提设备折旧：

确认租金收入：

借：应收账款——上海中芯科技有限公司　　　　　　　　　　　　　　　10 000
　　贷：其他业务收入　　　　　　　　　　　　　　　　　　　　　　　　10 000

计提设备折旧：

借：其他业务成本　　　　　　　　　　　　　　　　　　　　　　　　　　5 544
　　贷：累计折旧　　　　　　　　　　　　　　　　　　　　　　　　　　5 544

(3) 2024年6月1日，租赁期满收到租金余款及增值税：

借：银行存款——中国农业银行上海田林支行(005503)　　　　　　　　45 200
　　贷：应收账款——上海中芯科技有限公司　　　　　　　　　　　　　40 000
　　　　应交税费——应交增值税（销项税额）　　　　　　　　　　　　5 200

四、合同负债账务处理

(一) 概念

合同负债是指企业已收或应收客户对价而应向客户转让商品的义务。

(二) 账务处理

1. 收取款项，确认合同负债时

借：银行存款
　　贷：合同负债
　　　　应交税费——待转销项税额

2. 确认收入，转销合同负债时

借：合同负债
  应交税费——待转销项税额
  贷：主营业务收入
    其他业务收入
    应交税费——应交增值税(销项税额)

> **温馨提示**
>
> 合同负债与预收账款的区别。
>
> （1）应判断所收款项是否对应于合同规定的交付商品或提供劳务的履约义务。如果收取的款项不构成交付商品或提供劳务的履约义务，则属于预收账款；反之，则属于合同负债。
>
> （2）确认预收账款的前提是收到了款项，确认合同负债则不以是否收到款项为前提，而以合同中履约义务的确立为前提。如果所预收的款项与合同规定的特定履约义务无关，则作为预收账款核算，但前提是已收到款项。而不管款项是否已经被企业预收，如果能够认定合同中规定的履约义务确已产生且企业履约后对这笔款项有无条件收取的权利，企业应对此确认合同负债。即合同负债的确认不以款项收取为前提条件。

【例 3-21】上海智信公司经营一家健身俱乐部，属于公司的附营业务。2023 年 12 月 1 日，某客户与本公司签订合同，成为公司的会员，并向公司支付会员费 76 320 元，可在未来的 12 个月内在该俱乐部健身，且没有次数的限制。假定公司为满足客户服务需求，每月以银行存款支付的相应费用为 2 000 元。该业务适用的增值税税率为 6%。

本例中，客户在会籍期间可随时来俱乐部健身，且没有次数限制，客户已使用俱乐部健身的次数不会影响其未来继续使用的次数，上海智信公司在该合同下的履约义务是承诺随时准备在客户需要时为其提供健身服务，因此，该履约义务属于在某一时段内履行的履约义务，并且该履约义务在会员的会籍期间内随时间的流逝而被履行。

上海智信公司应按照直线法确认收入，其中：

每月应当确认的收入＝[76 320÷(1＋6%)]÷12＝6 000(元)

同时，每月应确认的成本为 2 000 元。

上海智信公司核算结果：

（1）12 月 1 日，收到会员费时：

借：银行存款——中国农业银行上海田林支行(005503)   76 320
  贷：合同负债   72 000
    应交税费——待转销项税额   4 320

(2) 12月31日,确认收入,同时将对应的待转销项税额确认为销项税额:

借:合同负债　　　　　　　　　　　　　　　　　　　　　　6 000
　　应交税费——待转销项税额　　　　　　　　　　　　　　360
　　　贷:其他业务收入　　　　　　　　　　　　　　　　　　6 000
　　　　　应交税费——应交增值税(销项税额)　　　　　　　360

(3) 12月31日,确认成本:

借:其他业务成本　　　　　　　　　　　　　　　　　　　　2 000
　　　贷:银行存款——中国农业银行上海田林支行(005503)　2 000

以后11个月内每月确认收入会计分录同上。

五、其他应收款账务处理

(一) 概念

其他应收款是指企业在应收票据、应收账款、预付账款、应收股利和应收利息以外的其他各种应收及暂付款项。其主要内容包括:应收的各种赔款、罚款,如因企业财产等遭受意外损失而应向有关保险公司收取的赔款等;应收的出租包装物租金;应向职工收取的各种垫付款项,如为职工垫付的水电费、应由职工负担的医药费、房租费等;存出保证金,如租入包装物支付的押金;其他各种应收、暂付款项。

(二) 账务处理

1. 发生各种其他应收款项时

借:其他应收款
　　贷:库存现金
　　　　银行存款
　　　　材料采购
　　　　固定资产清理

2. 收回其他各种应收款项时

借:库存现金
　　银行存款
　　应付职工薪酬
　　　贷:其他应收款

【例3-22】2023年12月5日,上海智信公司上月采购的zn晶圆,在运输过程中发生毁损,不能正常使用,按保险合同规定,应由M保险公司赔偿损失50 000元,赔款尚未收到。假定上海智信公司对原材料采用计划成本进行日常核算,不考虑增值税。上海智信公司核算结果:

借:其他应收款——M保险公司　　　　　　　　　　　　　50 000
　　贷:材料采购——zn晶圆　　　　　　　　　　　　　　　50 000

当 2024 年 2 月 25 日，上海智信公司如数收到上述 M 保险公司的赔款时：

借：银行存款——中国农业银行上海田林支行(005503) 50 000
　　贷：其他应收款——M 保险公司 50 000

【例 3-23】2023 年 12 月 20 日，上海智信公司以银行存款替职工沈兵垫付应由其个人负担的医疗费 8 000 元，拟从其工资中扣回。上海智信公司核算结果：

（1）12 月 20 日，垫付款时：

借：其他应收款——沈兵 8 000
　　贷：银行存款——中国农业银行上海田林支行(005503) 8 000

（2）次月扣款时：

借：应付职工薪酬 8 000
　　贷：其他应收款——沈兵 8 000

【例 3-24】上海智信公司向山东封装制品加工有限公司租入包装物一批，以银行存款支付押金 30 000 元。上海智信公司核算结果：

借：其他应收款——山东封装制品加工有限公司 30 000
　　贷：银行存款——中国农业银行上海田林支行(005503) 30 000

【例 3-25】2023 年 12 月 24 日，上海智信公司按期如数向山东封装退回所租包装物，并收到山东封装退还的押金 30 000 元，已存入银行。上海智信公司核算结果：

借：银行存款——中国农业银行上海田林支行(005503) 30 000
　　贷：其他应收款——山东封装制品加工有限公司 30 000

六、应收款项减值账务处理

(一) 概述

企业的各项应收款项，可能会因债务人拒付、破产、死亡等信用缺失原因而使其部分或全部无法收回。这类无法收回的应收款项通常被称为坏账，企业因坏账而遭受的损失被称为坏账损失。应收款项减值有两种核算方法，即直接转销法和备抵法。我国企业会计准则规定，应收款项减值的核算应采用备抵法；小企业会计准则规定，应收款项减值采用直接转销法。

(二) 坏账损失的确认

企业应收及预付款项符合下列条件之一的，减除可收回的金额后确认的无法收回的应收及预付款项，作为坏账损失。

（1）债务人依法宣告破产、关闭、解散、被撤销，或者被依法注销、吊销营业执照，其清算财产不足清偿的。

（2）债务人死亡，或者依法被宣告失踪、死亡，其财产或者遗产不足清偿的。

（3）债务人逾期 3 年以上未清偿，且有确凿证据证明已无力清偿债务的。

（4）与债务人达成债务重组协议或法院批准破产重整计划后，无法追偿的。

（5）因自然灾害、战争等不可抗力导致无法收回的。

(6)国务院财政、税务主管部门规定的其他条件。

(三)账务处理

1. 直接转销法

采用直接转销法时,企业日常核算中对应收款项可能发生的坏账损失不进行账务处理,只有在实际发生坏账时,才作为坏账损失计入当期损益。

(1)坏账损失的确认。

小企业应收及预付款项符合条件,减除可收回的金额后确认的无法收回的应收及预付款项,作为坏账损失。

(2)坏账损失的账务处理。

借:银行存款
　　营业外支出——坏账损失
　　贷:应收账款

【例3-26】某企业执行《小企业会计准则》,2019年,该企业发生一笔20 000元应收账款,因债务人财务状况原因长期未能收回,于2023年年末,经催收收回2 000元,其余款项确实无法收回,该企业确认为坏账。上海智信公司核算结果:

借:银行存款　　　　　　　　　　　　　　　　　　　　　　　　2 000
　　营业外支出——坏账损失　　　　　　　　　　　　　　　　　18 000
　　贷:应收账款　　　　　　　　　　　　　　　　　　　　　　20 000

2. 备抵法

备抵法是指企业采用一定的方法按期确定预期信用损失计入当期损益,作为坏账准备,待坏账损失实际发生时,冲销已计提的坏账准备和相应的应收款项。

考虑到应收款项的流动性特征,实务中通常按照应收款项的账面余额和预计可收回金额的差额确定预计信用减值损失。

1)当期应计提坏账准备金额的计算方法

(1)应收账款余额百分比法。

采用应收账款余额百分比法计算当期应计提的坏账准备的公式如下:

当期应计提的坏账准备=应收账款期末余额×坏账准备计提比例-(或+)
　　　　　　　　　　坏账准备科目的期初÷
　　　　　　　　　　上期末贷方(或借方)余额

若计算结果为正数,需要补提坏账;若计算结果为负数,需要冲减多计提的坏账准备。

(2)账龄分析法。

采用账龄分析法计算当期应计提的坏账准备的公式如下:

当期应计提的坏账准备=(不同账龄的应收账款期末余额×
　　　　　　　　　　对应账龄估计的坏账准备计提比例)-(或+)
　　　　　　　　　　坏账准备科目的期初贷方(或借方)余额

若计算结果为正数,需要补提坏账;若计算结果为负数,需要冲减多计提的坏账准备。

(3) 个别分析法。

对于单项金额重大的应收款项,应当单独进行减值测试,有客观证据表明其发生了减值的,应当根据其未来现金流量现值低于账面价值的差额,确认减值损失,计提坏账准备。

2) 坏账准备的账务处理

(1) 计提坏账准备。

借:信用减值损失——计提的坏账准备
　　贷:坏账准备

(2) 冲减多计提的坏账准备。

借:坏账准备
　　贷:信用减值损失——计提的坏账准备

(3) 转销坏账。

企业确实无法收回的应收款项按管理权限报经批准后作为坏账转销时,应当冲减已计提的坏账准备。

借:坏账准备
　　贷:应收账款、其他应收款等科目

(4) 收回已确认坏账并转销应收款项。

已确认并转销的应收款项以后又收回的,应先恢复客户声誉,并按照实际收到的金额增加坏账准备的账面余额。

借:应收账款、其他应收款
　　贷:坏账准备

同时,收到款项存银行时。

借:银行存款
　　贷:应收账款、其他应收款

【例 3-27】上海智信公司应收账款坏账准备计提比例为年末应收账款余额的 5%,2023 年 12 月 31 日应收账款期末明细借方余额为 21 193 390 元,12 月初坏账准备贷方余额为 60 000 元,则 2023 年年末企业应计提坏账准备的金额为多少元?上海智信公司核算结果:

(1) 2023 年年末应计提坏账准备 = 21 193 390 × 5% − 60 000 = 1 059 669.5 − 60 000 = 999 669.5(元)

(2) 借:信用减值损失——计提的坏账准备　　　　　　　　　999 669.5
　　　　贷:坏账准备　　　　　　　　　　　　　　　　　　　　999 669.5

【例 3-28】假定上海智信公司对坏账准备核算采用账龄分析法,对未到期、逾期半年以下和逾期半年以上的应收款项分别按 2%、6%、12% 估计坏账损失。该公司 2023 年 12 月 31 日有关应收款项账户的期末余额和账龄如表 3-7 所示,公司 12 月初坏账准备贷方余额为 60 000 元。要求：计算上海智信公司年末应计提的坏账准备金额。

表 3－7　应收款项账户的期末余额和账龄　　　　　　　　单位：元

账　　龄	期末借方余额
未到期	19 993 390
半年以下	1 000 000
半年以上	200 000

2023 年年末应计提坏账准备＝19 993 390×2‰＋1 000 000×6‰＋200 000×12‰－60 000＝483 867.8－60 000＝423 867.8(元)

若公司 12 月初坏账准备贷方余额为 500 000 元,则 2023 年年末应计提坏账准备＝483 867.8－500 000＝－16 132.2(元)

【例 3－29】承[例 3－28],2023 年 12 月 31 日,上海智信公司期末计提坏账准备 423 867.8 元。上海智信公司核算结果：

借：信用减值损失——计提的坏账准备　　　　　　　　　　　423 867.8
　　贷：坏账准备　　　　　　　　　　　　　　　　　　　　　423 867.8

若上海智信公司期末冲销坏账准备 16 132.2 元：

借：坏账准备　　　　　　　　　　　　　　　　　　　　　　16 132.2
　　贷：信用减值损失——计提的坏账准备　　　　　　　　　　16 132.2

【例 3－30】2024 年 3 月,上海智信公司应收上海中芯科技有限公司的销货款实际发生坏账损失 33 900 元。上海智信公司核算结果：

借：坏账准备　　　　　　　　　　　　　　　　　　　　　　33 900
　　贷：应收账款——上海中芯科技有限公司　　　　　　　　　33 900

【例 3－31】承[例 3－30],上海智信公司 2024 年 4 月收到 3 月已作坏账转销的上海中芯科技有限公司应收账款 20 000 元,存入银行。上海智信公司核算结果：

借：应收账款——上海中芯科技有限公司　　　　　　　　　　20 000
　　贷：坏账准备　　　　　　　　　　　　　　　　　　　　　20 000
借：银行存款——中国农业银行上海田林支行(005503)　　　　20 000
　　贷：应收账款——上海中芯科技有限公司　　　　　　　　　20 000

业财融合与审核

企业发生的应收及预收业务,通过财务核算与审核,达到业务与财务融合的目的。具体内容如表 3－8 所示。

项目三 核算销售与应收业务

表 3-8 应收及预收业务的业财融合与审核

业　务	财　务	审　核
应收及预收业务	应收账款、应收票据、预收账款的账务处理	(1) 分析预收账款的金额和比例是否合理,是否与企业的销售政策和市场情况相符 (2) 对应收账款进行账龄分析,了解各账龄段的应收账款金额和占比,评估应收账款的回收风险 (3) 验证应收票据的真实存在,确保票据非伪造或变造。审核票据的开具是否符合法律法规和公司的规定,检查票据的抬头、日期、金额、签章等要素是否齐全且正确

【课堂练习 3-2】

某公司为增值税一般纳税人,适用的增值税税率为 13%,采用备抵法核算坏账,按应收账款余额的 5% 计提坏账准备,期初"坏账准备"贷方余额为 100 000 元。2023 年 12 月发生如下部分经济业务:

(1) 1 日,将 11 月 1 日收到的一张面值为 100 000 元,期限 4 个月,票面利率为 6% 的商业承兑汇票贴现给银行,贴现率为 8%,不带追索权,该票据未计提过利息,贴现款项存入银行。

(2) 12 日,销售产品一批,开具的增值税专用发票上注明的价款为 30 000 元,增值税 3 900 元,成本 20 000 元,对方开出银行承兑汇票支付价税款。

(3) 16 日,将闲置设备对外出租,根据协议规定年租金 50 000 元,当日已收取下年度全部租金,不考虑增值税。

(4) 24 日,以库存现金支付借入的包装物押金 800 元。

(5) 29 日,已转销的坏账 80 000 元又收回,已存入银行。

(6) 31 日,"应收账款"账户余额为 5 200 000 元,计提本月坏账准备。

要求:根据上述经济业务编制会计分录。(答案中的金额单位用元表示)

项目小结

本项目主要完成的任务是企业销售与应收业务的会计核算,在了解销售及收款业务流程的基础上,一方面需要理解相关账户的设置,另一方面需要掌握销售与应收业务的相关金额计算和会计核算。

项目测试

一、单选题

1. 甲公司与乙公司签订合同,向乙公司销售 E、F 两种产品,不含增值税的合同总价款为 30 000 元。E、F 产品不含增值税的单独售价分别为 22 000 元和 11 000 元。该合同包含两项可明确区分的履约义务。不考虑其他因素,按照交易价格分摊原则,E 产品应分摊的交易价格为( )元。
   A. 10 000   B. 11 000   C. 20 000   D. 22 000

2. 下列各项中,企业已经发出但不符合收入确认条件的商品成本,应借记的会计科目是( )。
   A."发出商品"   B."销售费用"   C."主营业务成本"   D."其他业务成本"

3. 甲公司于 2023 年 10 月 5 日承接一项安装服务,合同期为 8 个月,合同总收入为 180 万元,已经预收 70 万元,余款在安装完成时收回。至 2023 年 12 月 31 日已发生的成本为 67.5 万元,预计完成服务还将发生成本 45 万元。甲公司按照实际发生的成本占估计总成本的比例确定履约进度,则甲公司 2023 年应确认的营业收入为( )万元。
   A. 70   B. 72   C. 108   D. 180

4. 下列各项中,应计入合同履约成本的是( )。
   A. 企业承担的管理费用
   B. 非正常消耗的直接材料
   C. 与企业已履行部分相关的材料费用
   D. 本期发生直接为客户提供承诺服务的人员工资

5. 下列各项预期能够收回的成本中,属于合同取得成本的是( )。
   A. 差旅费   B. 投标费
   C. 销售佣金   D. 为准备投标资料发生的相关费用

6. 甲公司经营一家健身俱乐部。2023 年 12 月 1 日,某客户与甲公司签订合同,成为甲公司的会员,并向甲公司支付会员费 7 632 元(含税价),可在未来的 12 个月内在该俱乐部健身,且没有次数的限制。该业务适用的增值税税率为 6%。甲公司 2023 年应确认的收入为( )元。
   A. 600   B. 636   C. 6 000   D. 7 632

7. 甲公司向乙公司销售商品一批,开具的增值税专用发票上注明售价为 400 万元,增值税税额为 52 万元;甲公司收到乙公司开出的不带息银行承兑汇票一张,票面金额为 452 万元,期限为 2 个月;甲公司以银行存款支付代垫运费,增值税专用发票上注明运输费 0.2 万元,增值税税额为 0.018 万元,所垫运费尚未收到;该批商品成本 320 万元;乙公司收到商品并验收入库。甲公司销售商品时应确认的应收账款为( )万元。

A. 0.20　　　　　B. 0.218　　　　　C. 452.20　　　　　D. 452.218

8. A公司为一般纳税人,增值税税率为13%。2023年6月,A公司赊销一批商品给丙公司,增值税专用发票上注明的价款为100万元、增值税为13万元,给予5%的商业折扣和"2/10,1/20,n/30"的现金折扣(现金折扣不考虑增值税)。同时以银行存款代垫运杂费5.8万元。A公司应确认的应收账款为(　　)万元。

A. 107.35　　　　B. 113　　　　　C. 113.15　　　　　D. 118.80

9. 甲、乙公司均为增值税一般纳税人,增值税税率为13%,甲公司于2023年12月5日向乙公司销售商品一批,价款100万元,由于成批购买,甲公司给予乙公司5%的商业折扣,并且规定了现金折扣的条件为"2/10,n/20"(计算现金折扣时,不考虑增值税)。该批商品的成本为80万元,甲公司基于对乙公司的了解,预计乙公司10天内付款的概率为90%,10天后付款的概率为10%。甲公司认为按照最可能发生金额能够更好地预测其有权获取的对价金额。乙公司于12月13日支付了上述款项,则甲公司下列处理中不正确的是(　　)。

A. 确认主营业务成本为80万元　　　　B. 确认增值税销项税额为12.35万元
C. 确认主营业务收入金额为100万元　　D. 甲公司实际收回价款为105.45万元

10. 2023年6月1日,A企业销售产品一批,价款为400万元,增值税税额为52万元,收到期限为6个月的商业承兑汇票一张,年利率为7%,则票据到期时,A企业应收到的金额为(　　)万元。

A. 400　　　　　B. 452　　　　　C. 467.82　　　　　D. 483.64

二、多选题

1. 下列各项中,适用《企业会计准则第14号——收入》规定的有(　　)。

A. 销售商品收到的价款　　　　　　B. 出售原材料收取的价款
C. 提供安装服务收取的服务费　　　D. 交易性金融资产的确认和计量

2. 对于在某一时点履行的履约义务,企业应当在客户取得相关商品控制权时点确认收入。在判断控制权是否转移时,企业应当综合考虑的迹象有(　　)。

A. 客户已接受该商品
B. 企业已将该商品实物转移给客户,即客户已占有该商品实物
C. 企业就该商品享有现时收款权利,即客户就该商品负有现时付款义务
D. 企业已将该商品的法定所有权转移给客户,即客户已拥有该商品的法定所有权

3. 下列企业发生的事项中,通过"主营业务成本"科目核算的有(　　)。

A. 工业企业销售产品结转的产品成本
B. 安装公司提供安装服务结转的成本
C. 工业企业出租固定资产计提的折旧
D. 工业企业结转的随同商品出售单独计价的包装物的成本

4. 甲公司是一家产品制造企业,并属于一般纳税人。2023年10月20日,甲公司售出商

品10件,每件商品售价为300元,适用的增值税税率为13%,货款收讫,该销售业务属于某一时点履行履约义务。每件商品的成本为200元。12月25日,由于产品规格与合同不符,甲公司同意客户的退货要求,并向客户开具了增值税专用发票(红字),同时向客户退款。则甲公司的下列做法中错误的有(　　　)。

　　A. 冲减12月的主营业务收入3 000元　　B. 冲减12月的主营业务成本2 000元

　　C. 冲减10月的主营业务收入3 000元　　D. 冲减10月的主营业务成本2 000元

5. "应收票据"科目借方登记的内容包括(　　　)。

　　A. 到期收回的票据金额　　　　　　　　B. 收到的银行汇票的票面金额

　　C. 收到的银行承兑汇票的票面金额　　　D. 收到的商业承兑汇票的票面金额

6. 下列项目中,应通过"其他应收款"科目核算的有(　　　)。

　　A. 收取的各种押金　　　　　　　　　　B. 应收的各种赔款

　　C. 租入包装物支付的押金　　　　　　　D. 应收的出租包装物租金

7. 下列各项中,应计入"坏账准备"科目贷方的有(　　　)。

　　A. 当期发生的坏账损失　　　　　　　　B. 冲回多提的坏账准备

　　C. 按规定提取的坏账准备　　　　　　　D. 收回已确认为坏账并转销的应收账款

8. 采用支付手续费方式委托代销商品时,委托方账务处理可能涉及的会计科目有(　　　)。

　　A. "发出商品"　　B. "库存商品"　　C. "销售费用"　　D. "主营业务收入"

9. 计算带息商业汇票的到期值,应考虑的因素有(　　　)。

　　A. 票据期限　　　B. 贴现天数　　　C. 票面利率　　　D. 贴现利率

10. 下列各项中,属于企业应收款项的有(　　　)。

　　A. 应收账款　　　B. 预收账款　　　C. 应收票据　　　D. 其他应收款

三、判断题

1. 确认收入的方式应当反映其向客户转让商品或提供服务的模式,收入的金额应当反映企业因转让商品或提供服务而预期有权收取的对价金额。（　　）

2. 企业代第三方收取的款项以及企业预期将退还给客户的款项,应当作为负债进行账务处理,不应计入交易价格。（　　）

3. 某企业赊销商品时知晓客户财务困难,不能确定能否收回货款,为了维持与客户的长期合作关系仍将商品发出并开具销售发票,则该笔业务不需要进行相关的账务处理。（　　）

4. 企业销售原材料、出租包装物、出售无形资产、出租固定资产等实现的收入应通过"其他业务收入"科目核算。（　　）

5. 企业2023年5月售出的产品在2023年12月被退回时,企业应冲减2023年5月的主营业务收入和主营业务成本。（　　）

6. 企业已确认为坏账的应收账款,并不意味着企业放弃了其追索权,一旦重新收回,应及

时入账。 （ ）
7. 应收账款、应收票据和预付账款项目产生于企业的销售活动。 （ ）
8. 企业只能对应收账款和其他应收款计提坏账准备。 （ ）
9. 企业的收入包括主营业务收入、其他业务收入和营业外收入。 （ ）
10. 备抵法下，已确认并转销的坏账损失以后又收回的，应借记"应收账款"科目，贷记"信用减值损失"科目。 （ ）

四、业务题

1. 甲公司为增值税一般纳税人，适用的增值税税率为13%。主要生产和销售A产品（为应税消费品），消费税税率为5%。产品售价均不含增值税，销售成本于月末一次结转，2023年2月末有尚未抵扣的增值税20 000元。2023年3月，甲公司发生如下与销售相关的经济业务如下：

(1) 5日，向乙公司赊销A产品25件，每件标价40 500元，由于是成批销售，实际每件售价40 000元，单位成本20 000元。为了及早收回货款，甲公司在合同中规定现金折扣条件"2/10,1/20,n/30"。假定计算现金折扣时不考虑增值税。基于对客户的了解，预计该客户10天内付款的概率为80%，20天内付款的概率为20%。对于现金折扣，甲公司认为按照最可能发生金额能够更好地预测其有权获得的对价金额。

(2) 6日，向丙公司销售A产品10件，开出的增值税专用发票上注明的售价为400 000元，增值税为52 000元，单位成本为20 000元。经协商，同意接受丙公司背书转让其持有戊公司2月签发的一张本月30日到期、金额为400 000元的银行承兑汇票，其余款项收到对方开出的转账支票。

(3) 11日，采用视同买断方式委托丁公司代销A产品一批，并将该批产品交付丁公司。该批产品共15件，代销价款600 000元，该批产品实际成本300 000元。

(4) 13日，收到乙公司开来的银行本票并办理进账手续。

(5) 18日，乙公司收到A产品后，发现有少量残次品，经双方协商，甲公司同意折让5%。甲公司开出红字发票并支付了退货款。

(6) 20日，对外捐赠原材料一批，开出的增值税专用发票上注明价款200 000元，该材料的实际成本为150 000元，购进时的增值税进项税额为19 500元。

(7) 25日，处理一批修理用备件，开出的增值税专用发票上注明价款50 000元、增值税6 500元，该批修理用备件实际成本40 000元，销售款项存入银行。

(8) 30日，收到丁公司交来的代销清单，清单中注明已经销售A产品10件；本公司当即向丁公司开具了增值税专用发票，同时收到丁公司开具的转账支票并入账。

(9) 31日，结转本月存货的销售成本。

(10) 31日，结转本月应交的增值税。

(11) 31日，提取本月应交消费税。

【要求】根据上述业务编制甲公司的会计分录。（注"应交税费"应写出明细科目,答案中的金额单位以元表示）

2. 星河公司为增值税一般纳税人,销售产品适用的增值税税率为13%,装修服务适用的增值税税率为9%,酒店服务适用的增值税税率为6%,产品售价中不包含增值税。以上业务均为星河公司的主营业务,成本逐笔结转。2023年12月发生相关经济业务如下:

(1) 1日,与甲公司签订一项为期5个月的装修合同,合同约定装修价款为200 000元。合同签订时收取合同价款100 000元(不含税),其余款项于合同期满时一次性收取。截至2022年12月31日,甲公司为完成合同累计发生服务成本40 000元(假定均为装修人员薪酬),估计还将发生服务成本120 000元,履约进度按时间进度合理确定。确认收入时开出增值税专用发票并收到相应增值税。

(2) 3日,与乙公司签订销售合同,向其销售A产品、B产品、C产品各200件,合同总价款为550 000元。其中:A产品市场价格1 050元/件,成本650元/件;B产品市场价格1 200元/件,成本780元/件;C产品市场价格750元/件,成本450元/件。销售合同规定现金折扣条件为"2/10,1/20,n/30",假定计算现金折扣不考虑增值税。基于对客户的了解,预计该客户10天内付款的概率为10%,20天内付款的概率为90%。对于现金折扣,星河公司认为按照最可能发生金额能够更好地预测其有权获得的对价金额,产品控制权已经转移。当日开出转账支票代垫运费1 000元。(要求计算分摊交易价格,收入分品种表示)

(3) 10日,与丙公司签订销售合同,向其销售B产品和D产品各100件,总价款250 000元,其中B产品市场价格1 200元/件,成本780元/件;D产品市场价格800元/件,成本300元/件。同时在合同中注明B产品给予10 000元的折扣,实际交易总价款240 000元,产品控制权已经转移。当日收到丙公司签发的面额为271 200元的转账支票一张,出纳到银行办理进账手续。(要求计算分摊交易价格,收入分品种表示)

(4) 20日,收到乙公司支付的货款,并存入银行。

(5) 27日,与丁公司签订销售合同,向其销售B产品100件,售价为1 200元/件,成本为780元/件,并对销售的产品实行"包退、包换、保修"的销售政策,承诺售出的产品如有质量问题在一个月内有权要求退货。产品的控制权已经转移给丁公司,款项已收到。根据以往的经验,估计退货率占10%。

(6) 星河公司经营一家酒店,该酒店是星河公司的自有资产,当月星河公司计提与酒店经营直接相关的酒店、客房以及客房内的设备家具等折旧120 000元、酒店土地使用权摊销费用65 000元,经计算,当月确认房费、餐饮等服务含税收入424 000元,全部存入银行。

【要求】根据上述资料,编制相关会计分录。("应交税费"应写出必要的明细科目,答案中的金额单位用元表示,除上述业务外不考虑其他税费)

项目四 核算固定资产和无形资产业务

项目简介

本项目主要完成企业在生产经营中对固定资产、无形资产的账务处理,明确相应业务流程。

项目导航

核算固定资产和无形资产业务
- 核算固定资产业务
- 核算无形资产业务

案例导入

从追赶到领先——华为的创新之路

华为成立于1987年,经过30多年的拼搏努力,我们把华为这艘大船划到了与世界同步的起跑线上。华为从小到大、从大到强、从国际化到全球化的全过程,就是基于创新的成功。华为的创新是开放式的创新。围绕着全球技术要素及资源,华为在全球建立了超过16个研发中心,60多个基础技术实验室,研究方向包括材料、散热、数学、芯片、光技术等。我们围绕着全球人才和资源,建立研究中心。

2006年,华为与沃达丰公司建立了第一个联合创新中心,真正地从客户战略、产品方案、商业模式、产业发展等各方面与客户深度合作创新,牵引客户需求,共同解决行业面临的挑战和难题,实现商业成功。

发展到今天,我们与客户和合作伙伴建立了遍及全球36个联合创新中心……

——华为战略研究院院长

111

【想一想】企业只有通过不断创新才能适应新时代下新的机遇，也只有创新才能应对快速变化的市场。对企业而言，固定资产和无形资产都是企业重要的资产，试想一下企业的各类固定资产、专利技术等无形资产应该怎样核算和处理？

任务一　核算固定资产业务

学习目标

1. 了解企业管理固定资产流程。
2. 了解固定资产的概念和分类。
3. 能进行固定资产折旧的计算。
4. 能运用企业会计准则，对企业固定资产取得、折旧、后续支出、处置和清查进行账务处理。

任务描述

上海智信公司在购进一台设备时应该核算哪些成本？这台设备的后续支出该如何处理？报废时又该如何处理？此任务将带你解决这些问题。

知识准备

一、企业管理固定资产

固定资产管理的目标是加强企业固定资产的申购、购买、保管、使用、转移、报废、处置等，确保固定资产保存完整及合理使用，记录固定资产的全生命周期，及时准确地计提折旧，公正地反映固定资产价值。固定资产管理流程如下。

（一）固定资产申购

（1）需要采购固定资产的部门按需申购固定资产，经审批通过后，采购部门负责按申购的固定资产名称、数量、型号、规格等购买固定资产。

（2）固定资产到货后，采购部门通过质检部门进行验收。验收合格固定资产入库后，采购部门通知财务部门付款。

(3) 固定资产管理部门，依据质检部门验收的入库单办理入库手续。入库单的填写必须完整并盖章；入库单一式三联，设备采购部门一联、固定资产管理部门一联、财务部门一联。

(二) 固定资产日常管理

固定资产管理部门应按企业固定资产管理制度，做好固定资产日常管理工作。

1. 建立固定资产台账

新增的固定资产验收安装完成后，资产管理员根据发票上的有关数量及金额在固定资产管理系统中进行固定资产登记。

2. 制作固定资产卡片及标签

资产管理员根据固定资产管理系统中每项资产的名称、类别、开始使用时间、使用年限、使用部门、存放地点等生成固定资产档案卡，同时打印固定资产标签。资产管理员需把档案卡和标签粘贴到固定资产上。

3. 固定资产转移管理

固定资产的出租、出借及内部部门之间的调拨，都需要详细记录在固定资产管理系统的固定资产借出、还入和固定资产调拨管理里面。

4. 固定资产维修保养

为了使固定资产正常运转，不影响生产经营，除了突发故障维修，固定资产管理部门应在固定资产管理系统制订固定资产的定期维修和保养计划。

5. 固定资产安全管理

固定资产管理部门和使用部门要注意固定资产的安全管理，包括固定资产的防水、防火、防锈、防盗等。

6. 固定资产折旧管理

固定资产管理系统每月根据资产类型、使用年限自动计提折旧，资产管理员将折旧报表提交财务对账。

7. 固定资产盘点

根据单位固定资产制度，应不定期对固定资产进行盘点。固定资产管理部门可以在固定资产管理系统中制订盘点计划，根据实物清查的盘盈、盘亏情况出具盘点表和盘点报告，提交单位审核。

(三) 固定资产报废、毁损

(1) 固定资产因损耗、非常原因等无法修理或使用时，应由使用部门填写申请单，注明报废、报损原因，并由鉴定部门签字，经核准后，方可报废、报损。

(2) 报废、报损申请单一式两联，财务部门、固定资产管理部门各留一联。

固定资产管理部门，负责对固定资产统一编号、资产调配，并责成各使用部门对其资产做妥善管理。

企业固定资产管理流程如图4-1所示。

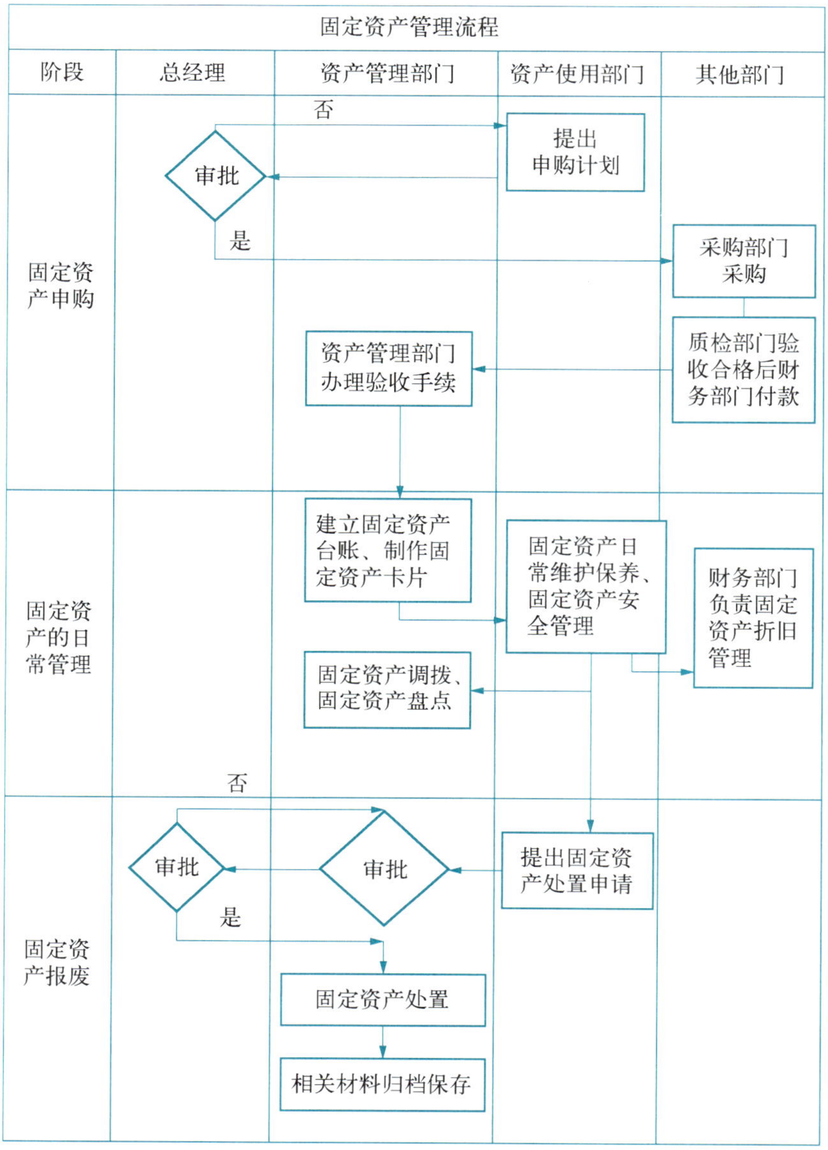

图4-1 固定资产管理流程

二、固定资产概述

(一)固定资产的概念

固定资产是指企业为生产商品、提供劳务、出租或经营管理而持有的,且使用寿命超过一个会计年度的有形资产。

固定资产通常有以下两个特点:

第一,固定资产是为生产商品、提供劳务、出租或经营管理而持有的。企业持有固定资产的目的,是用于生产商品、提供劳务、出租或经营管理的,而不是直接用于出售。其中,出租是指以经营租赁方式出租的机器设备等。

第二,企业使用固定资产的期限超过一个会计年度。这一特征表明企业固定资产属于非流动资产,其给企业带来的收益期超过1年,能在1年以上的时间里为企业创造经济利益。

(二) 固定资产分类

根据不同的分类标准,企业的固定资产有不同的划分方式。最常见的是按固定资产的经济用途和使用情况综合分类,企业固定资产分类如表4-1所示。

表4-1 固定资产分类

划分标准	划分类型	具 体 内 容
经济用途和使用情况	生产经营用固定资产	是指直接服务于企业生产、经营过程的各种固定资产,如生产经营用的房屋、建筑物、机器、设备、器具、工具等
	非生产经营用固定资产	是指不直接服务于生产、经营过程的各种固定资产,如职工宿舍等使用的房屋、设备和其他固定资产等
	租出固定资产	是指企业在经营租赁方式下出租给外单位使用的固定资产
	不需用固定资产	是指不适合企业生产经营需要而报经有关部门批准,等待处理的固定资产。一般为企业多余或不适用,需要调配处理的固定资产
	未使用固定资产	是指尚未使用的新增固定资产,调入尚待安装的固定资产,交给基建部门进行改建、扩建的固定资产,以及报经有关部门批准停用的固定资产
	土地	是指过去已经估价单独入账的土地。因征地而支付的补偿费,应计入与土地有关的房屋、建筑物的价值内,不单独作为土地价值入账。企业取得的土地使用权,应作为无形资产管理和核算,不作为固定资产管理和核算
	租入固定资产	是指企业除了短期租赁和低价值资产租赁租入的固定资产,该资产在租赁期内,应作为使用权资产进行核算与管理

知 识 拓 展

使 用 权 资 产

使用权资产,是指承租人可在租赁期内使用租赁资产的权利。《企业会计准则第21号——租赁》规定,无论是融资租赁还是经营租赁,对于承租人而言都不再进行区分,都要通过统一设置的"使用权资产"科目进行处理。

三、固定资产核算的账户设置

固定资产的账户设置如表4-2所示。

表4-2 固定资产的账户设置

账户名称	账户性质	账户用途	账户结构	明细核算
固定资产	资产类	核算企业固定资产的原价	借方登记企业增加的固定资产原值,贷方登记企业减少的固定资产原值,期末借方余额,反映企业期末固定资产的账面原值	按固定资产类别、使用部门和每项固定资产进行明细核算
累计折旧	资产类	核算企业计提固定资产的累计折旧,属于"固定资产"的调整账户	贷方登记企业计提的固定资产折旧,借方登记处置固定资产转出的累计折旧,期末贷方余额,反映企业固定资产的累计折旧额	一般不设置明细账户,如设置可以按照固定资产的类别或项目进行明细核算
在建工程	资产类	核算企业基建、更新改造等在建工程发生的支出	借方登记企业各项在建工程的实际支出,贷方登记完工工程转出的成本,期末借方余额,反映企业尚未达到预定可使用状态的在建工程成本	可按在建工程项目或名称进行明细分类核算
工程物资	资产类	核算企业为在建工程而准备的各种物资的实际成本	借方登记企业购入工程物资的成本,贷方登记领用工程物资的成本,期末借方余额,反映企业为在建工程准备的各种物资的成本	可按物资的保管地点、类别、品种和规格进行明细分类核算
固定资产清理	资产类	核算企业因出售、报废、毁损等原因转入清理的固定资产价值以及在清理过程中所发生的清理费用和清理收益	借方登记转出的固定资产账面价值、清理过程中支付的相关税费及其他费用;贷方登记出售固定资产的取得的价款、残料价值和变价收入。期末借方余额,反映企业尚未清理完毕的固定资产清理净损失;期末如为贷方余额,则反映企业尚未清理完毕的固定资产清理净收益。固定资产清理完成,其借方登记转出的清理净收益,贷方登记转出的清理净损失,结转后本账户无余额	应当按照被清理的固定资产项目设置明细账,进行明细核算
资产处置损益	损益类	核算固定资产、无形资产等因出售或转让等原因,产生的处置利得或损失	借方登记处置资产所产生的损失及结转至"本年利润"账户的资产处置收益;贷方登记处置资产所产生的利得及结转至"本年利润"账户的资产处置损失	按处置的固定资产项目设置明细账,进行明细核算
固定资产减值准备	资产类	核算企业已计提的固定资产减值准备,属于"固定资产"的调整账户	贷方登记企业计提的固定资产减值准备,借方登记处置固定资产转出的减值准备。期末贷方余额,反映企业固定资产可能发生的减值额	一般不设置明细账户,如设置可以按照固定资产的类别或项目进行明细核算

一、核算固定资产的取得

(一) 企业外购固定资产

企业购入固定资产时,应当区分以下情况分别进行处理。

1. 购入不需要安装的固定资产

企业购入不需要安装的固定资产时,应按实际支付的购买价款、相关税费以及使固定资产达到预定可使用状态前所发生的可归属于该项资产的运输费、装卸费和专业人员服务费等,作为固定资产成本,借记"固定资产"科目,取得增值税专用发票、海关完税证明等增值税扣税凭证,并经税务机关认证可以抵扣的,应按专用发票上注明的增值税进项税额,借记"应交税费——应交增值税(进项税额)"科目,贷记"银行存款""应付账款"等科目。

2. 购入需要安装的固定资产

企业购入需要安装的固定资产时,应在购入的固定资产取得成本的基础上,加上安装调试成本作为入账成本。具体处理如下:

(1) 购入设备时,按照购入需安装固定资产的取得成本,借记"在建工程"科目,按购入固定资产时可抵扣的增值税进项税额,借记"应交税费——应交增值税(进项税额)"科目,贷记"银行存款""应付账款"等科目。

(2) 支付安装费时,按照发生的安装调试成本,借记"在建工程"科目,按取得的外部单位提供的增值税专用发票上注明的增值税进项税额,借记"应交税费——应交增值税(进项税额)"科目,贷记"银行存款"等科目。

(3) 如耗用了本单位的材料或人工,按应承担的成本金额,借记"在建工程"科目,贷记"原材料""应付职工薪酬"等科目。

(4) 安装完成达到预定可使用状态时,将所有成本由"在建工程"科目转入"固定资产"科目,借记"固定资产"科目,贷记"在建工程"科目。

【例 4-1】2023 年 12 月 10 日,上海智信公司从安格斯(上海)设备工程有限公司购入生产设备一台,无需安装,设备交付车间使用。已知价款为 1 260 000 元,增值税税额为 163 800 元,款项已支付。上海智信公司核算结果:

借:固定资产   1 260 000
  应交税费——应交增值税(进项税额)   163 800
 贷:银行存款——中国农业银行上海田林支行(005503)   1 423 800

【例 4-2】2023 年 12 月 20 日,上海智信公司从安格斯(上海)设备工程有限公司购置一台需要安装的设备,设备价款为 4 000 000 元,增值税为 520 000 元,款项已支付;12 月

29日，支付设备安装费用600 000元、增值税54 000元，款项已支付；12月30日，设备达到预计可使用状态。上海智信公司核算结果：

(1) 购入设备时：

借：在建工程　　　　　　　　　　　　　　　　　　　　　　4 000 000
　　应交税费——应交增值税(进项税额)　　　　　　　　　　　520 000
　　贷：银行存款——中国农业银行上海田林支行(005503)　　4 520 000

(2) 支付安装费时：

借：在建工程　　　　　　　　　　　　　　　　　　　　　　　600 000
　　应交税费——应交增值税(进项税额)　　　　　　　　　　　　54 000
　　贷：银行存款——中国农业银行上海田林支行(005503)　　　654 000

(3) 设备达到预定可使用状态时：

借：固定资产　　　　　　　　　　　　　　　　　　　　　　4 600 000
　　贷：在建工程　　　　　　　　　　　　　　　　　　　　4 600 000

(二) 企业自行建造固定资产

企业自行建造固定资产，应当按照建造该项资产达到预定可使用状态前所发生的必要支出，作为固定资产的成本。

企业自行建造固定资产，应先通过"在建工程"科目核算，工程达到预定可使用状态时，再从"在建工程"科目转入"固定资产"科目。企业自行建造固定资产，主要有自营和出包两种方式，由于采用的建设方式不同，其账务处理也不同。

1. 自营工程

自营工程是指企业自行组织工程物资采购、自行组织施工人员施工的建筑工程和安装工程。购入工程物资时，按实际支付的工程物资价款，借记"工程物资"科目，按取得的增值税专用发票上注明的可以抵扣的增值税进项税额，借记"应交税费——应交增值税(进项税额)"科目，按实际支付或应付的金额，贷记"银行存款""应付账款"等科目。领用工程物资时，借记"在建工程"科目，贷记"工程物资"科目。领用本企业的原材料、生产的商品时，借记"在建工程"科目，贷记"原材料""库存商品"科目。自营工程发生的其他费用(如分配工程人员薪酬等)，借记"在建工程"科目，贷记"银行存款""应付职工薪酬"等科目。自营工程达到预定可使用状态时，按其成本，借记"固定资产"科目，贷记"在建工程"科目。

【例4-3】2023年12月10日，上海智信公司自行建造厂房一幢，购入工程用各种物资7 000 000元，增值税专用发票上注明的税额为910 000元，款项已支付，全部用于工程建设。领用本企业生产的产品智能显示器一批，实际成本为210 000元，应付工程人员工资为300 000元，支付的安装费取得增值税专用发票，注明的安装费为20 000元、增值税税额为1 800元。工程完工并达到预定可使用状态。上海智信公司核算结果：

(1) 购入工程物资时：

借：工程物资 7 000 000
　　应交税费——应交增值税(进项税额) 910 000
　　　贷：银行存款——中国农业银行上海田林支行(005503) 7 910 000

（2）工程领用工程物资时：

借：在建工程 7 000 000
　　　贷：工程物资 7 000 000

（3）工程领用本企业生产的高精度智能显示器时：

借：在建工程 210 000
　　　贷：库存商品——高精度智能显示器 210 000

（4）分配工程人员薪资时：

借：在建工程 300 000
　　　贷：应付职工薪酬 300 000

（5）支付安装费时：

借：在建工程 20 000
　　应交税费——应交增值税(进项税额) 1 800
　　　贷：银行存款——中国农业银行上海田林支行(005503) 21 800

（6）工程完工结转为固定资产时：

借：固定资产 7 530 000
　　　贷：在建工程 7 530 000

2. 出包工程

出包工程是指企业通过招标方式将工程项目发包给建造承包商，由承包商组织施工的建筑工程和安装工程。企业通常按照发包工程进度和合同规定向建造承包商结算进度款。支付或补付工程款时，按实际支付的价款，借记"在建工程"科目，按增值税专用发票上注明的增值税进项税额，借记"应交税费——应交增值税(进项税额)"科目，按实际支付的金额，贷记"银行存款"科目。工程达到预定可使用状态时，按其实际成本，借记"固定资产"科目，贷记"在建工程"科目。

【例 4-4】 2023 年 7 月 28 日，上海智信公司将建造厂房工程出包给某一般纳税人企业承建，按合理估计的发包工程进度和合同规定向该企业结算进度款，并取得该企业开具的增值税专用发票，注明工程款 2 000 000 元，增值税税额为 180 000 元。2023 年 12 月 3 日，工程完工后，收到该企业工程结算单和增值税专用发票，发票上注明价款是 400 000 元，增值税税额为 36 000 元，补付工程尾款。工程完工并达到预定可使用状态。上海智信公司核算结果：

（1）2023 年 7 月 28 日，首次支付工程款：

借：在建工程 2 000 000
　　应交税费——应交增值税(进项税额) 180 000
　　　贷：银行存款——中国农业银行上海田林支行(005503) 2 180 000

（2）2023年12月3日，补付工程款时：

借：在建工程 400 000
　　应交税费——应交增值税（进项税额） 36 000
　　贷：银行存款——中国农业银行上海田林支行(005503) 436 000

（3）工程完工达到预定可使用状态时：

借：固定资产 2 400 000
　　贷：在建工程 2 400 000

二、核算固定资产折旧

（一）固定资产折旧概述

企业应当在固定资产的使用寿命内，按照确定的方法对固定资产计提折旧。企业应当根据不同固定资产的性质和使用情况，合理确定其使用寿命和预计净残值，一经确定，不得随意变更。固定资产折旧，具体是指在固定资产使用寿命内，按照确定的方法对应计折旧额进行系统分摊。固定资产应计折旧额是指应当计提折旧的固定资产的原价扣除其预计净残值后的金额。已计提减值准备的固定资产，还应当扣除已计提的固定资产减值准备累计金额。

> **温馨提示**
>
> **固定资产账面净值与账面价值的区分**
>
> 固定资产账面净值是指固定资产原价减去累计折旧后的余额。固定资产账面价值是指固定资产原价减去累计折旧及固定资产减值准备后的余额。

1. 影响固定资产折旧的主要因素

（1）固定资产原价，是指固定资产的购置原始成本。

（2）预计净残值，是指假定固定资产预计使用寿命已满并处于使用寿命终了时的预期状态，企业目前从该项资产处置中获得的扣除预计处置费用后的金额。

预计净残值的计算公式：

$$预计净残值 = 预计处置收益 - 预计清理费用$$

$$预计净残值率 = 预计净残值 \div 原始价值 \times 100\%$$

（3）固定资产使用寿命，是指企业使用固定资产的预计期间，或者该固定资产预计所能生产产品或提供劳务的数量。企业确定固定资产使用寿命，应当考虑下列因素：预计生产能力或实物产量；预计有形损耗和无形损耗。其中：有形损耗如设备磨损、房屋自然侵蚀等；无形损耗如技术落后、市场需求变化等及法律或者类似规定对该项资产使用的限制。

> 温馨提示
>
> 《企业所得税法实施条例》第六十条规定：除了国务院财政、税务主管部门另有规定，固定资产计算折旧的最低年限如表4-3所示。

表4-3　固定资产计算折旧年限表(税法规定)

序号	使用年限	固 定 资 产
1	20年	房屋、建筑物
2	10年	飞机、火车、轮船、机器、机械和其他生产设备
3	5年	与生产经营活动有关的器具、工具、家具等
4	4年	飞机、火车、轮船以外的运输工具
5	3年	电子设备

(4) 固定资产减值准备，是指企业已计提的固定资产减值准备累计金额。

2. 固定资产的折旧范围

除了以下情况，企业应当对所有固定资产计提折旧：

(1) 已提足折旧仍继续使用的固定资产。

(2) 单独计价入账的土地。

在确定计提折旧的范围时，还应注意以下几点：

固定资产应当按月计提折旧，当月增加的固定资产，当月不计提折旧，从下月起计提折旧；当月减少的固定资产，当月仍计提折旧，从下月起不再计提折旧。

固定资产提足折旧后，不论能否继续使用，均不再计提折旧；提前报废的固定资产，也不再补提折旧。所谓提足折旧，是指已经提足该项固定资产的应计折旧额。

已达到预定可使用状态但尚未办理竣工决算的固定资产，应当按照估计价值确定其成本，并计提折旧；待办理竣工决算后，再按实际成本调整原来的暂估价值，但不需要调整原已计提的折旧额。

(二) 固定资产折旧方法

企业应当根据与固定资产有关的经济利益的预期消耗方式，合理选择固定资产折旧方法。

企业可选用的折旧方法包括年限平均法、工作量法、双倍余额递减法和年数总和法。固定资产的折旧方法一经确定，不得随意变更。

1. 年限平均法

年限平均法又称直线法，是将固定资产的应计折旧额均衡地分摊到固定资产预计使用寿命内的一种方法。采用这种方法计算的每期折旧额是相等的。

年限平均法的计算公式为：

年折旧率＝(1－预计净残值率)÷预计使用年限×100％

月折旧率＝年折旧率÷12

月折旧额＝固定资产原价×月折旧率

【例 4－5】 上海智信公司于 2023 年 5 月取得一台生产设备，原价为 70 000 元，预计使用年限 3 年，预计报废时的净残值率为 5％。该厂房的折旧率和折旧额的计算如下：

年折旧率＝(1－5％)÷3×100％＝31.67％

月折旧率＝31.67％÷12＝2.64％

月折旧额＝70 000×2.64％＝1 848(元)

2. 工作量法

工作量法是根据实际工作量计算每期应计提折旧额的一种方法。

工作量法的计算公式为：

单位工作量折旧额＝[固定资产原价×(1－预计净残值率)]÷预计总工作量

某项固定资产月折旧额＝该项固定资产当月工作量×单位工作量折旧额

【例 4－6】 上海智信公司于 2023 年 2 月购入一辆汽车，原价为 250 000 元，预计总行驶里程为 600 000 千米，预计净残值率为 5％，当月投入使用。3 月行驶里程为 2 000 千米。该汽车 3 月的月折旧额计算如下：

(1) 单位里程折旧额＝250 000×(1－5％)÷600 000＝0.40(元/千米)

(2) 3 月折旧额＝2 000×0.40＝800(元)

3. 双倍余额递减法

双倍余额递减法是在不考虑固定资产预计净残值的情况下，根据每期期初固定资产原价减去累计折旧后的余额和双倍的直线法折旧率计算固定资产折旧的一种方法。企业采用此方法应当在其固定资产折旧年限到期的最后 2 年将固定资产账面净值扣除预计净残值后的余额平均摊销，即最后 2 年改为年限平均法。

双倍余额递减法的计算公式为：

年折旧率＝2÷预计使用寿命(年)×100％

年折旧额＝每个折旧年度年初固定资产账面净值×年折旧率

月折旧额＝年折旧额÷12

最后 2 年年折旧额＝(年初固定资产账面净值－预计净残值)÷2

这里的折旧年度是指"从固定资产开始计提折旧的月份为始计算的 1 个年度期间"。如某公司 2023 年 1 月取得某项固定资产，则第一个折旧年度为"2023 年 2 月至 2024 年 1 月"。

【例 4－7】 上海智信公司于 2020 年 12 月 20 日购入一台不需安装的设备，原值为

500 000元,预计使用年限为5年,预计净残值为25 000元。采用双倍余额递减法计提折旧,则每年的折旧额计算如下:

年折旧率＝2÷5×100%＝40%

第1年应计提的折旧额＝500 000×40%＝200 000(元)

第2年应计提的折旧额＝(500 000－200 000)×40%＝120 000(元)

第3年应计提的折旧额＝(500 000－200 000－120 000)×40%＝72 000(元)

还剩余2年,改为年限平均法计提折旧:

第4年、第5年应计提的折旧额＝(500 000－200 000－120 000－72 000－25 000)÷2
＝41 500(元)

计算的各折旧年度折旧额如表4－4所示。

表4－4 固定资产折旧计算表(双倍余额递减法)　　　金额单位:元

折旧年度	账面净值＝原值－上期期末累计折旧额	账面净值－预计净残值	年折旧率	年摊销率	年折旧额＝年初账面净值×年折旧率	累计折旧额＝年初累计折旧额＋本年折旧额
1	500 000	—	40%	—	200 000	200 000
2	500 000－200 000＝300 000	—	40%	—	120 000	320 000
3	500 000－320 000＝180 000	—	40%	—	72 000	392 000
4	500 000－392 000＝108 000	108 000－25 000＝83 000	—	50%	41 500	433 500
5	500 000－392 000＝108 000	108 000－25 000＝83 000	—	50%	41 500	475 000

从表4－4中可以看出,在双倍余额递减法下,前期计提折旧高,以后逐年递减,属于加速折旧方法,这种方法有助于公司尽快回收固定资产的投入成本,加速资金周转和固定资产更新,促进技术进步。

4. 年数总和法

年数总和法是将固定资产的原值减去预计净残值后的余额,乘以一个逐年递减的分数计算每年的折旧额的方法。这个分数的分子为固定资产尚可使用的年数,分母为固定资产预计使用年数的逐年数字总和。

年数总和法的计算公式为:

年折旧率＝(预计使用年限－已使用年限)÷[预计使用年限×
(预计使用年限＋1)÷2]×100%

或：

年折旧率＝尚可使用年限÷预计使用年限逐年年数总和×100%
年折旧额＝(固定资产原值－预计净残值)×年折旧率
月折旧额＝年折旧额÷12

【例4-8】上海智信公司于2023年5月10日取得一台设备,原值为600 000元,预计使用年限为5年,预计净残值率为5%,采用年数总和法计算的各年折旧额如下：

年数总和＝1＋2＋3＋4＋5＝15(年)

从2023年6月开始计提折旧：

第一年折旧额＝$600\,000 \times (1-5\%) \times \frac{5}{15}=190\,000$(元)

第二年折旧额＝$600\,000 \times (1-5\%) \times \frac{4}{15}=152\,000$(元)

第三年折旧额＝$600\,000 \times (1-5\%) \times \frac{3}{15}=114\,000$(元)

第四年折旧额＝$600\,000 \times (1-5\%) \times \frac{2}{15}=76\,000$(元)

第五年折旧额＝$600\,000 \times (1-5\%) \times \frac{1}{15}=38\,000$(元)

计算的各折旧年度折旧额如表4-5所示。

表4-5 固定资产折旧计算表(年数总和法) 金额单位：元

折旧年度	原值－预计净残值	尚可使用年限(年)	年折旧率	每年折旧额	累计折旧额
第1年	570 000	5	$\frac{5}{15}$	190 000	190 000
第2年	570 000	4	$\frac{4}{15}$	152 000	342 000
第3年	570 000	3	$\frac{3}{15}$	114 000	456 000
第4年	570 000	2	$\frac{2}{15}$	76 000	532 000
第5年	570 000	1	$\frac{1}{15}$	38 000	570 000

年数总和法下,各年固定资产原值减去预计净残值的余额保持不变,年折旧率逐年递减,计提的年折旧额亦逐年递减,但是递减的幅度相对于双倍余额递减法有所缓和,账务处理结果比较稳健。

（三）固定资产折旧的核算

固定资产折旧应当按月计提折旧，计提的折旧应当记入"累计折旧"科目，根据固定资产的用途和受益对象性质计入相关资产的成本或者当期损益。

企业自行建造固定资产过程中使用的固定资产计提的折旧，其计提折旧应计入在建工程成本。基本生产车间使用的固定资产计提的折旧，其计提的折旧应计入制造费用。管理部门使用的固定资产计提的折旧应计入管理费用。销售部门使用的固定资产计提的折旧应计入销售费用。经营租出的固定资产计提的折旧应计入其他业务成本。不需用、未使用的固定资产计提的折旧应计入管理费用。

【例4-9】2023年12月1日，上海智信公司各部门固定资产折旧额如下：车间生产设备及房屋折旧250 000元；行政管理部门办公设备及房屋折旧10 000元，运输工具计提折旧30 000元；专设销售机构房屋建筑物计提折旧27 000元。上海智信公司核算结果：

借：制造费用　　　　　　　　　　　　　　　　　　　250 000
　　管理费用　　　　　　　　　　　　　　　　　　　　40 000
　　销售费用　　　　　　　　　　　　　　　　　　　　27 000
　　贷：累计折旧　　　　　　　　　　　　　　　　　　　　317 000

三、核算固定资产的后续支出

固定资产的后续支出，是指固定资产在使用过程中发生的更新改造支出、修理费用等。

固定资产的更新改造、修理等后续支出，满足固定资产确认条件的，应当计入固定资产成本，如有被替换的部分，应同时将被替换部分的账面价值从该固定资产原账面价值中扣除。不满足固定资产确认条件的后续支出，应当在发生时计入当期损益。

固定资产发生属于资本化后续支出时，企业应将该固定资产的原值、已计提的累计折旧和减值准备转销，将固定资产的账面价值转入在建工程，借记"在建工程""累计折旧""固定资产减值准备"等科目，贷记"固定资产"科目。发生属于资本化后续支出时，借记"在建工程"科目，发生后续支出取得增值税专用发票的，借记"应交税费——应交增值税（进项税额）"科目，按实际支付的金额，贷记"银行存款"等科目。发生后续支出的固定资产达到预定可使用状态时，借记"固定资产"科目，贷记"在建工程"科目。

企业行政管理部门的固定资产发生不属于资本化后续支出，应计入管理费用；企业专设销售机构的固定资产发生不属于资本化的后续支出，应计入销售费用。

【例4-10】上海智信公司于2023年12月2日对产品生产线进行改造。改造时该生产线原有账面价值260 000元，已计提折旧50 000元；改造过程中，用银行存款支付改造费70 000元、增值税6 300元。12月31日改造完毕投入使用。上海智信公司核算结果：

(1) 移交改造时：

借：在建工程　　　　　　　　　　　　　　　　　　　　　　210 000
　　累计折旧　　　　　　　　　　　　　　　　　　　　　　 50 000
　　贷：固定资产　　　　　　　　　　　　　　　　　　　　260 000

(2) 支付改造费用时：

借：在建工程　　　　　　　　　　　　　　　　　　　　　　 70 000
　　应交税费——应交增值税(进项税额)　　　　　　　　　 9 100
　　贷：银行存款——中国农业银行上海田林支行(005503)　 79 100

(3) 完工移交新增固定资产时：

借：固定资产　　　　　　　　　　　　　　　　　　　　　　280 000
　　贷：在建工程　　　　　　　　　　　　　　　　　　　　280 000

【例 4-11】上海智信公司于 2023 年 12 月 30 日对一台管理用设备进行日常修理，修理过程中支付维修费 30 000 元、增值税 3 900 元。上海智信公司核算结果：

借：管理费用　　　　　　　　　　　　　　　　　　　　　　 30 000
　　应交税费——应交增值税(进项税额)　　　　　　　　　 3 900
　　贷：银行存款　　　　　　　　　　　　　　　　　　　　 33 900

四、核算固定资产处置

固定资产处置，是指固定资产的终止确认，包括固定资产的出售、报废、毁损、对外捐赠、非货币性资产交换、债务重组等。固定资产处置通常包括以下环节：

(1) 将固定资产转入清理。按照固定资产的账面价值，借记"固定资产清理"科目；按已计提的累计折旧，借记"累计折旧"科目；按已计提的减值准备，借记"固定资产减值准备"科目；按固定资产的账面原值，贷记"固定资产"科目。

(2) 结算清理费用。固定资产清理过程中，支付的清理费用及其可抵扣的增值税进项税额，借记"固定资产清理""应交税费——应交增值税(进项税额)"科目，贷记"银行存款"等科目。

(3) 收到出售固定资产的价款和税款。借记"银行存款"科目，按增值税专用发票上注明的价款和税款，分别贷记"固定资产清理""应交税费——应交增值税(销项税额)"科目。

(4) 确认应收责任人赔偿损失。应由保险公司或过失人赔偿的损失，借记"其他应收款"等科目，贷记"固定资产清理"科目。

(5) 结转固定资产实现清理净损益时，对于清理净损益应区分不同情况处理：

因出售、转让等原因产生的固定资产处置利得或损失应计入资产处置损益。确认处置净损失，借记"资产处置损益"科目，贷记"固定资产清理"科目；如为净收益，借记"固定资产清理"科目，贷记"资产处置损益"科目。

因生产经营正常报废清理时产生的净损失，借记"营业外支出——非流动资产处置损失"科目,贷记"固定资产清理"科目;如为净收益,借记"固定资产清理"科目,贷记"营业外收入——非流动资产处置利得"科目。

因发生水灾、火灾、震灾等自然灾害造成的毁坏和损失,借记"营业外支出——非常损失"科目,贷记"固定资产清理"科目。

【例4-12】上海智信公司于2023年12月8日出售一台设备,该设备原价为1 800 000元,已计提折旧700 000元,未计提减值准备。20日收到价款1 400 000元、增值税税额182 000元,款项已存入银行。假设不考虑其他相关因素,设备已处理完毕。上海智信公司核算结果:

(1) 将固定资产转入清理时:

借:固定资产清理	1 100 000
累计折旧	700 000
贷:固定资产	1 800 000

(2) 收到出售固定资产的价款和税款时:

借:银行存款——中国农业银行上海田林支行(005503)	1 582 000
贷:固定资产清理	1 400 000
应交税费——应交增值税(销项税额)	182 000

(3) 结转出售固定资产实现的利得时:

借:固定资产清理	300 000
贷:资产处置损益	300 000

【例4-13】2023年12月15日,上海智信公司现有一台设备因技术更新原因提前报废,原价为720 000元,已计提折旧210 000元,未计提减值准备。取得报废残值变价收入25 000元,增值税税额为3 250元。报废清理过程中发生清理费用取得增值税普通发票金额为4 200元。有关收入、支出均通过银行办理结算。不考虑其他相关因素。上海智信公司核算结果:

(1) 将报废固定资产转入清理时:

借:固定资产清理	510 000
累计折旧	210 000
贷:固定资产	720 000

(2) 收回残料变价收入时:

借:银行存款——中国农业银行上海田林支行(005503)	28 250
贷:固定资产清理	25 000
应交税费——应交增值税(销项税额)	3 250

(3) 支付清理费用时:

借:固定资产清理	4 200
贷:银行存款——中国农业银行上海田林支行(005503)	4 200

（4）结转报废固定资产发生的净损失时：

借：营业外支出——非流动资产处置损失　　　　　　　　489 200
　　贷：固定资产清理　　　　　　　　　　　　　　　　　　489 200

五、固定资产清查的核算

为保证固定资产核算的真实性，企业应当定期或者至少于每年年末对固定资产进行清查盘点。在固定资产清查过程中，如果发现盘盈、盘亏的固定资产，应当填制固定资产盘盈盘亏报告表。清查固定资产的盈亏，及时查明原因，并按照规定程序报批处理。

（一）固定资产盘盈的核算

企业在财产清查中盘盈的固定资产，应当作为重要的前期差错进行账务处理。企业在财产清查中盘盈的固定资产，在按管理权限报经批准处理前，应先通过"以前年度损益调整"科目核算。盘盈的固定资产，应按重置成本确定其入账价值，借记"固定资产"科目，贷记"以前年度损益调整"科目；由于以前年度损益调整而增加的所得税费用，借记"以前年度损益调整"科目，贷记"应交税费——应交所得税"科目；将以前年度损益调整科目余额转入留存收益时，借记"以前年度损益调整"科目，贷记"盈余公积""利润分配——未分配利润"科目。

【例 4-14】2023 年 12 月 31 日，上海智信公司进行资产清查时，发现盘盈设备一台，该设备的重置成本为 42 000 元，假定上海智信公司按净利润的 10% 提取法定盈余公积，不考虑相关税费及其他因素的影响。上海智信公司核算结果：

（1）盘盈固定资产时：

借：固定资产　　　　　　　　　　　　　　　　　　　　42 000
　　贷：以前年度损益调整　　　　　　　　　　　　　　　42 000

（2）结转为留存收益时：

借：以前年度损益调整　　　　　　　　　　　　　　　　42 000
　　贷：盈余公积——法定盈余公积　　　　　　　　　　　4 200
　　　　利润分配——未分配利润　　　　　　　　　　　　37 800

（二）固定资产盘亏的核算

企业在财产清查中盘亏的固定资产，应通过"待处理财产损溢——待处理固定资产损溢"科目核算；盘亏造成的损失，应当计入当期损益，通过"营业外支出——盘亏损失"科目核算。

企业在财产清查中发现固定资产盘亏时，按已计提的折旧，借记"累计折旧"科目，按已计提的固定资产减值准备，借记"固定资产减值准备"科目，按其账面价值，借记"待处理财产损溢"科目；按固定资产的账面原值，贷记"固定资产"科目。

报经有关部门审批后，企业按可收回的保险赔偿或过失人赔偿，借记"其他应收款"科目，按应计入营业外支出的金额，借记"营业外支出——盘亏损失"科目，贷记"待处理财产损溢"科目;若管理不善造成盘亏时,要将增值税进项税额进行转出,借记"待处理财产损溢"科目,贷记"应交税费——应交增值税(进项税额转出)"科目。

【例4-15】2023年12月31日,上海智信公司进行财产清查时,发现盘亏一台设备,原价为72 000元,已提折旧36 000元,购入时增值税税额为9 360元。上海智信公司核算结果:

(1)发现盘亏时:

借:待处理财产损溢——待处理固定资产损溢　　　　36 000
　　累计折旧　　　　　　　　　　　　　　　　　　36 000
　　　贷:固定资产　　　　　　　　　　　　　　　　　　72 000

(2)转出不可抵扣的进项税额时:

借:待处理财产损溢——待处理固定资产损溢　　　　4 680
　　　贷:应交税费——应交增值税(进项税额转出)　　　4 680

(3)报经批准转销盘亏损失:

借:营业外支出——盘亏损失　　　　　　　　　　　40 680
　　　贷:待处理财产损溢——待处理固定资产损溢　　　40 680

业财融合与审核

企业发生固定资产取得和处置业务,通过财务核算与审核,达到业务与财务融合的目的。具体内容如表4-6所示。

表4-6　固定资产取得和处置业务的业财融合与审核

业　　务	财　　务	审　　核
与选定的供应商签订采购合同,购入固定资产	根据采购合同、发票等凭证,进行固定资产的登记,并完成资产的分类、计量和账务处理	(1)核实资产清单与购入固定资产的实际情况是否一致,包括资产名称、规格、数量、价值等信息的准确性 (2)检查固定资产的入账价值是否按照实际支付的买价、相关税费以及运输费、装卸费、安装调试费和专业人员服务费等合理计算,并确保入账程序符合企业财务规定
申请固定资产处置,了解资产的存放地点、使用状况、现状以及价值,以确定最合适的处理方式	根据资产处置结果等凭证进行账务处理	(1)核实固定资产处置收益的核算是否准确,包括处置价格、相关税费、清理费用等的计算 (2)审核固定资产的处置方式是否符合相关法规、政策和企业内部规定。例如,对于报废的固定资产,需要核实是否符合报废标准,并按照规定程序进行报废处理;对于出售或转让的固定资产,需要确保交易过程的公开、公平和公正

续 表

业　　务	财　　务	审　　核
折旧业务	企业需要依据其固定资产的特性、使用情况和经济效益,选择适当的折旧方法和折旧年限。企业应自固定资产投入使用月份的次月起开始计提折旧,并在每个会计期间结束时及时完成折旧计提	（1）核实折旧计提的基础数据是否准确,包括固定资产的原值、预计使用寿命、预计净残值等 （2）检查折旧计提的计算方法是否符合折旧政策,计算过程是否准确无误。对于已计提折旧的固定资产,如发生价值变动或使用寿命调整,需审核其调整依据是否充分、合规

【课堂练习 4-1】

甲公司因遭受地震毁损一处厂房,该厂房原值为 9 000 000 元,已提折旧 4 000 000 元,未计提减值准备。残料估计价值为 70 000 元,材料已办理入库。发生清理费用并取得增值税专用发票,注明的运费费用为 50 000 元、增值税税额为 4 500 元,全部款项以银行存款支付。已知甲公司应收保险公司赔款为 3 000 000 元。假定不考虑其他相关税费。

要求：根据上述经济业务编制会计分录。（答案中的金额单位用元表示）

任务二　核算无形资产业务

学习目标

1. 掌握无形资产的概念、特征。
2. 了解管理无形资产的相关流程。
3. 理解无形资产的确认条件和方法。
4. 能够熟练计算无形资产的摊销。
5. 能运用企业会计准则,对企业无形资产的取得、摊销、出租和处置等业务进行账务处理。

任务描述

上海智信公司拥有软件和专利权等无形资产。那么该企业在取得无形资产时该进行怎样的账务处理？如果将专利权出租或者出售又该如何处理呢？此任务将带你解决这些问题。

知识准备

一、企业管理无形资产

（一）无形资产的取得

（1）无形资产取得时，需要资产管理部门提出申请，根据无形资产增加方式的不同，可以区分为无形资产外购申请和无形资产自主研发申请。

（2）申请需经上级部门如总经理、董事会等审核，审核通过后可以编制预算。预算经上级审核通过后，可以执行。

（3）根据申请及预算编制组织实施无形资产的交付和验收，并填制验收凭据表单。外购的无形资产必须审核合同、协议等法律文件，取得无形资产的有效证明文件。

（二）无形资产的调拨

无形资产使用部门发生变化时，需进行调拨手续。

（1）首先由资产管理部门组织对需要调拨的无形资产进行检查和评估，并请上级进行指导。

（2）由相关部门审核并出具检查评估的相关表单。

（3）一般由调出方部门填写调拨申请表，申请表应写明变动后使用部门，提交资产管理部门审核无误后，再提交总经理进行审核。总经理批准后可以办理调拨相关手续，资产调入部门办理资产入账手续。

（三）无形资产的处置

（1）无形资产需要进行处置或报废时，由使用部门提交无形资产处理申请表，列明该无形资产的原值、已摊销金额、已提的减值准备，预计使用年限等信息。

（2）由资产管理部门审核后，提交上级领导如总经理、董事会等审核。审核无误后，企业根据需要组织对无形资产进行技术鉴定与评估，也可以选择由外部第三方单位执行。

（3）依据鉴定，与合作方签订处置协议，明确双方责任，按照协议进行交割，并办理相关财务手续。

（4）将无形资产处置相关文档归档保存。

企业无形资产管理流程如图4-2所示。

二、无形资产概述

1. 无形资产的概念

无形资产是指企业拥有或控制的，没有实物形态的可辨认非货币性资产。无形资产通常包括专利权、非专利技术、商标权、著作权、特许权、土地使用权等。无形资产具体内容如表4-7所示。

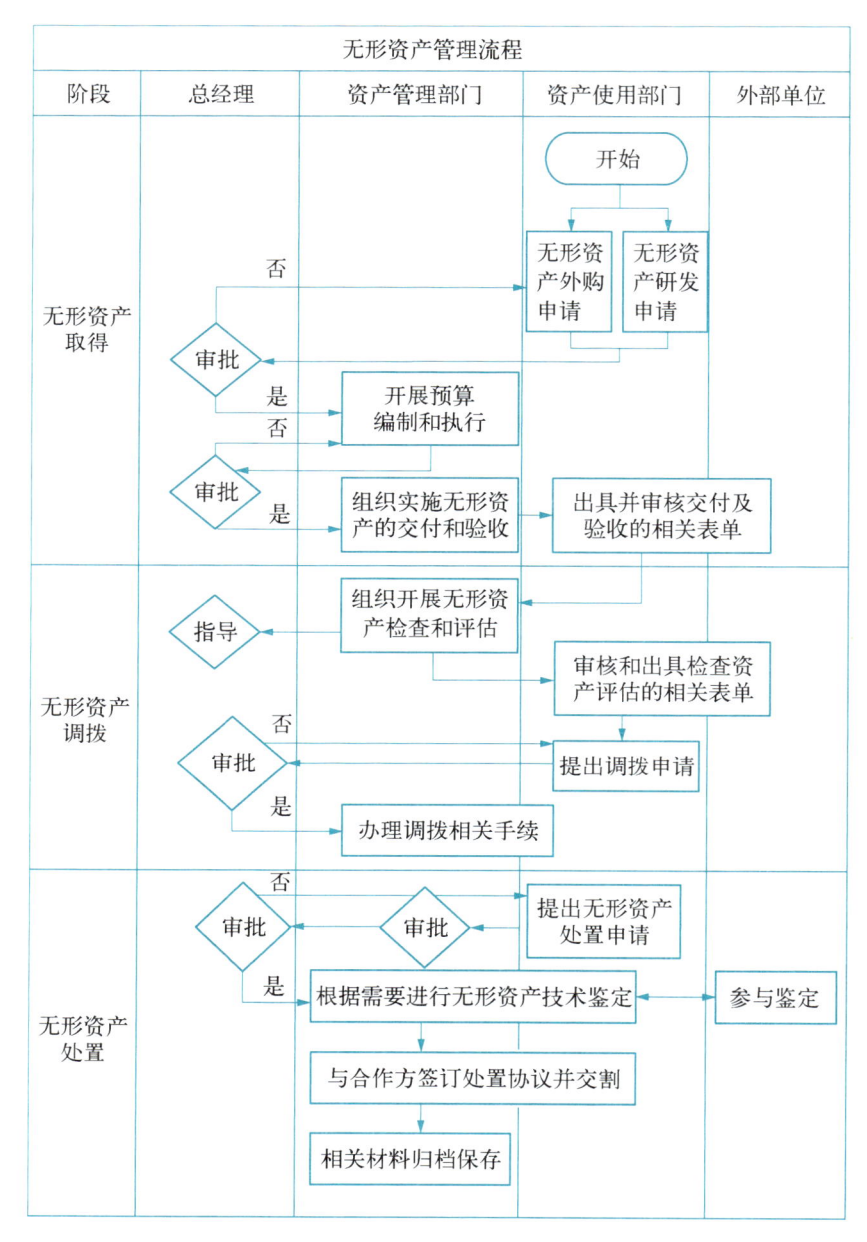

图 4-2 无形资产管理流程图

表 4-7 无形资产具体内容

名 称	内 容	构 成
专利权	是指国家专利主管机关依法授予发明创造专利申请人,对其发明创造在法定期限内所享有的专利权	专利权、实用新型专利权、外观设计专利权

续　表

名　称	内　容	构　成
非专利技术	也称专有技术。它是指不为外界所知、在生产经营活动中已采用了的、不享有法律保护的、可以带来经济利益的各种技术和诀窍	工业专有技术、商业贸易专有技术、管理专有技术
商标权	是用来辨认特定商品或劳务的标记,是指专门在某类指定的商品或产品上使用特定的名称或图案的权利	—
著作权	又称版权,是指作者对其创作的文学、科学和艺术作品依法享有的某些特殊权利	作品署名权、发表权、修改权和保护作品完整权,还包括复制权、发行权、出租权、展览权、表演权、放映权、广播权、信息网络传播权、摄制权、改编权、翻译权、汇编权以及应当由著作权人享有的其他权利
土地使用权	是指国家准许某一企业或单位在一定期间内对国有土地享有开发、利用、经营的权利。土地使用权可以依法转让,企业取得土地使用权,应将取得时发生的支出资本化,作为土地使用权的成本,计入无形资产成本	—
特许权	又称经营特许权、专营权,是指企业在某一地区经营或销售某种特定商品的权利或是一家企业接受另一家企业使用其商标、商号、技术秘密等的权利	(1) 由政府机构授权,准许企业使用或在一定地区享有经营某种业务的特权,如水、电、邮电通信等专营权、烟草专卖权等 (2) 企业间依照签订的合同,有限期或无限期使用另一家企业的某些权利,如连锁店分店使用总店的名称等

2. 无形资产的特征

（1）具有资产的基本特征。由企业拥有或控制并能为其带来未来经济利益是无形资产作为一项资产的基本特征。

（2）不具有实物形态。无形资产是不具有实物形态的资产,通常表现为某种能为企业带来未来经济利益的权利,如非专利技术、土地使用权等。

（3）具有可辨认性。可辨认性一般是指资产能够从企业中分离或者划分出来,并能单独用于出售或转让等。但是,企业自创商誉及内部产生的品牌、报刊名等,无法与企业的整体资产分离而存在,不具有可辨认性,按现行企业会计准则规定不应确认为无形资产。可辨认性还可以是源自合同性权利或其他法定权利,无论这些权利是否可以从企业或其他权利和义务中转移或者分离。如一方通过与另一方签订特许权合同而获得的特许使用权,通过法律程序申请获得的商标权、专利权等。

三、无形资产的账户设置

无形资产的账户设置如表4-8所示。

表4-8 无形资产的账户设置

账户名称	账户性质	账户用途	账户结构	明细核算
无形资产	资产类	核算企业的无形资产成本	借方登记企业取得无形资产的成本，贷方登记企业处置无形资产时转出的账面余额，期末借方余额，反映企业期末无形资产的账面原值	通常按无形资产项目设置明细核算
累计摊销	资产类	核算企业对使用寿命有限的无形资产计提的累计摊销，该账户属于"无形资产"的调整账户	贷方登记企业计提的无形资产摊销，借方登记处置无形资产转出的累计摊销，期末贷方余额，反映企业无形资产的累计摊销额	通常按无形资产项目进行明细核算

任务实施

一、核算无形资产的取得

企业取得的无形资产应当按照成本进行初始计量。企业取得无形资产的主要方式有外购、自行研究开发等。取得的方式不同，其账务处理也有所差别。

1. 外购无形资产

外购无形资产的成本包括购买价款、相关税费以及直接归属于使该项资产达到预定用途所发生的其他支出。其中，相关税费不包括按照现行增值税制度规定，可以从销项税额中抵扣的增值税进项税额。外购无形资产，取得增值税专用发票的，按注明的增值税进项税额，借记"应交税费——应交增值税（进项税额）"科目；取得增值税普通发票的，按照注明的价税合计金额作为无形资产的成本，其进项税额不可抵扣。

【例4-16】2023年12月12日，上海智信公司购入一项专利权，增值税专用发票注明价款700 000元、增值税42 000元，款项以银行存款支付。上海智信公司核算结果：

借：无形资产——专利权　　　　　　　　　　　　　　　　　　700 000
　　应交税费——应交增值税（进项税额）　　　　　　　　　　　42 000
　　贷：银行存款——中国农业银行上海田林支行（005503）　　742 000

2. 自行研究开发无形资产

企业内部研究开发项目所发生的支出应分为研究阶段支出和开发阶段支出。

企业自行开发无形资产发生的研发支出，不满足资本化条件的，借记"研发支出——费用化支出"科目，满足资本化条件的，借记"研发支出——资本化支出"科目。

研究开发项目达到预定用途形成无形资产的，应当按照"研发支出——资本化支出"科目的余额，借记"无形资产"科目，贷记"研发支出——资本化支出"科目。期（月）末，应将"研发支出——费用化支出"科目归集的金额转入"管理费用"科目，借记"管理费用"科目，贷记"研发支出——费用化支出"科目。

【例4-17】上海智信公司自行开发一项技术，2023年12月10日，以银行存款支付开发支出800 000元，假定开发支出均符合资本化的确认条件，取得的增值税专用发票上注明的增值税税额为104 000元。2023年12月30日，开发活动结束，形成一项可达到预定使用状态的非专利技术。上海智信公司核算结果：

（1）2023年12月10日，确认符合资本化条件的研发支出：

借：研发支出——资本化支出　　　　　　　　　　　　　　800 000
　　应交税费——应交增值税（进项税额）　　　　　　　　104 000
　　　贷：银行存款——中国农业银行上海田林支行(005503)　904 000

（2）2023年12月30日，该技术研究完成形成无形资产：

借：无形资产　　　　　　　　　　　　　　　　　　　　　800 000
　　　贷：研发支出——资本化支出　　　　　　　　　　　800 000

二、核算无形资产的摊销

企业应当于取得无形资产时分析、判断其使用寿命，对使用寿命有限的无形资产应进行摊销。使用寿命不确定的无形资产不应摊销。

使用寿命有限的无形资产，其残值通常视为0。对于使用寿命有限的无形资产，企业应当按月进行摊销。自可供使用（即达到预定用途）当月起开始摊销，处置当月不再摊销。无形资产摊销方法有年限平均法（即直线法）、生产总量法等。企业选择的无形资产摊销方法，应当反映与该项无形资产有关的经济利益的预期消耗方式。无法可靠确定预期消耗方式的，应当采用年限平均法摊销。

企业管理用的无形资产，其摊销金额计入管理费用；出租的无形资产，其摊销金额计入其他业务成本；某项无形资产属于专门用于生产某种产品或其他资产的，其所包含的经济利益通过转入所生产的产品或其他资产中实现的，其摊销金额应当计入相关资产成本。例如，一项专门用于生产某种产品的专利技术，该无形资产的摊销金额应当计入制造该产品的制造费用。

【例4-18】2023年12月31日，上海智信公司采用直线法按月进行无形资产摊销，摊销金额为3 000元。上海智信公司核算结果：

借：管理费用 3 000
　　贷：累计摊销 3 000

【例4-19】2023年12月1日，上海智信公司将其一项非专利技术出租给上海威格公司，该非专利技术每月摊销额为1 000元。上海智信公司确认月租金为3 180元（含增值税180元），租金款未收。上海智信公司核算结果：

借：其他业务成本 1 000
　　贷：累计摊销 1 000
借：其他应收款 3 180
　　贷：其他业务收入 3 000
　　　　应交税费——应交增值税（销项税额） 180

三、核算无形资产的处置

企业出售无形资产属于日常经营活动，应当将取得的价款扣除该无形资产账面价值以及出售相关税费后的差额作为资产处置损益进行账务处理。

企业出售无形资产，应当按照实际收到或应收的金额等，借记"银行存款""其他应收款"等科目，按照已计提的累计摊销，借记"累计摊销"科目，按照实际支付相关费用的可抵扣进项税额，借记"应交税费——应交增值税（进项税额）"科目，按照实际支付的相关费用，贷记"银行存款"等科目，按无形资产账面余额，贷记"无形资产"科目，按照开具的增值税专用发票上注明的增值税销项税额，贷记"应交税费——应交增值税（销项税额）"科目，按照其差额，贷记或借记"资产处置损益"科目。

【例4-20】2023年12月18日，上海智信公司将其购买的一项专利权转让给乙公司，开具增值税专用发票，注明价款400 000元、增值税税额24 000元，全部款项424 000元已存入银行。该专利权的成本为500 000元，已摊销180 000元。上海智信公司核算结果：

借：银行存款——中国农业银行上海田林支行（005503） 424 000
　　累计摊销 180 000
　　贷：无形资产 500 000
　　　　应交税费——应交增值税（销项税额） 24 000
　　　　资产处置损益 80 000

业财融合与审核

企业发生无形资产取得和处置业务，通过财务核算与审核，达到业务与财务融合的目的。具体内容如表4-9所示。

表 4-9 无形资产取得和处置业务的业财融合与审核

业　　务	财　　务	审　　核
与供应商明确无形资产的具体内容、价格、交付方式等。签订合同,购买无形资产	根据购买合同和发票等凭证进行账务处理	审核验证无形资产的存在性和真实性,包括检查无形资产的权属证明文件,确保其来源合法,不存在权属纠纷
申请无形资产处置,企业需要对其无形资产进行记录和评估,以确定其价值、状态以及可能的处置方式	根据无形资产处置结果等凭证进行账务处理	(1) 审核无形资产是否归企业所有,权属是否清晰,是否存在权属纠纷或潜在的法律风险 (2) 因无形资产的价值通常难以准确量化,在无形资产处理前,需要进行专业的价值评估。审核人员需要审查评估方法是否合理、评估过程是否规范、评估结果是否准确可靠 (3) 因无形资产的处理方式可能包括转让、出售、许可使用等多种方式。审核人员需要审核处理方式是否符合法律法规和企业的相关规定,是否经过适当的审批程序,是否存在不当利益输送等问题

【课堂练习 4-2】

　　某企业为一般纳税人,于 2020 年 3 月 2 日,购入一项专利权,取得的增值税专用发票注明价款 120 000 元、增值税 7 200 元,款项已付,该专利权预计使用年限为 10 年,企业按直线法提月摊销额。2021 年 5 月 5 日,企业将该专利权出租,合同约定租期 2 年,开出的增值税专用发票注明月租金 1 500 元、增值税 90 元,租金按月收到。2023 年 5 月 5 日,企业收回后直接出售该专利权,开出的增值税专用发票注明价款 30 000 元、增值税 1 800 元,该专利权没有计提减值准备。上述涉及的收支款项均以银行存款及时结算。

　　要求:根据上述经济业务编制会计分录。(答案中的金额单位用元表示)

项目小结

　　本项目主要完成的任务是企业固定资产和无形资产的会计核算,一方面需要理解相关账务处理,另一方面要掌握固定资产、无形资产业务的相关计算。

项目测试

一、单选题

1. 下列各项中,不属于固定资产的特征的是(　　)。

A. 为出售而持有　　　　　　　　B. 为了生产商品而持有

C. 为了提供劳务而持有　　　　　D. 为了出租或经营管理而持有

2. 一般纳税人购入不需安装的生产经营用固定资产,支付的增值税进项税额应记入的科目是(　　)。

A."固定资产"　　B."应交税费"　　C."在建工程"　　D."营业外支出"

3. 下列关于盘盈盘亏的表述中,正确的是(　　)。

A. 存货盘盈记入"营业外收入"科目

B. 固定资产盘盈记入"营业外收入"科目

C. 固定资产出租收入记入"营业外收入"科目

D. 无法查明原因的现金溢余记入"营业外收入"科目

4. 企业的下列固定资产,按规定应计提折旧的是(　　)。

A. 未使用的设备　　　　　　　　B. 短期租入的设备

C. 单独计价入账的土地　　　　　D. 已提足折旧仍继续使用的设备

5. 甲公司为增值税一般纳税人,2023 年 12 月 31 日购入不需要安装的生产设备一台,当日投入使用。该设备价款为 360 万元,增值税税额为 46.80 万元,预计使用寿命为 5 年,预计净残值为零,采用年数总和法计提折旧。不考虑其他因素,2024 年该设备应计提的折旧额为(　　)万元。

A. 72　　　　　　B. 110　　　　　　C. 120　　　　　　D. 144

6. 企业财务部门使用的固定资产计提的折旧额应记入的会计科目是(　　)。

A."制造费用"　　B."销售费用"　　C."管理费用"　　D."财务费用"

7. 下列各项中,不能够确认为无形资产的是(　　)。

A. 商誉

B. 通过购买方式取得的土地使用权

C. 通过吸收投资方式取得的土地使用权

D. 通过购买方式取得的非专利技术

8. 企业自行研发并按法定程序申请取得无形资产之前,开发过程中发生的符合资本化的支出,最终应(　　)。

A. 计入当期损益　　　　　　　　B. 计入长期待摊费用

C. 计入无形资产成本　　　　　　D. 从管理费用中转入无形资产

9. 企业专设销售机构的无形资产摊销额应借记的会计科目是(　　)。

A."销售费用"　　　　　　　　　B."其他业务成本"

C."主营业务成本"　　　　　　　D."管理费用"

10. 下列各项中,企业自行研发无形资产发生的无法可靠区分研究开发阶段的支出,期末应转入的会计科目是(　　)。

A."制造费用"　　B."无形资产"　　C."管理费用"　　D."其他业务成本"

二、多选题

1. 下列各项中,属于固定资产特征的有( )。
   A. 单位价值比较大
   B. 使用寿命超过1个会计年度
   C. 为生产商品、提供劳务而持有
   D. 给企业带来的收益期超过1年

2. 下列各项中,应计入固定资产入账价值的有( )。
   A. 固定资产购入时支付的运费
   B. 固定资产改良过程中发生的材料费
   C. 固定资产日常修理期间发生的修理费
   D. 固定资产安装过程中发生的各种材料、工资等费用

3. 某固定资产预计使用年限为5年,企业对该资产进行计提折旧时,前3年需要考虑固定资产净残值的折旧方法有( )。
   A. 直线法
   B. 工作量法
   C. 年数总和法
   D. 双倍余额递减法

4. 企业结转固定资产清理净损益时,可能涉及的会计科目有( )。
   A. "营业外支出"
   B. "营业外收入"
   C. "资产处置损益"
   D. "长期待摊费用"

5. 下列各项中,应通过"固定资产清理"科目核算的有( )。
   A. 固定资产毁损净损失
   B. 固定资产更新改造支出
   C. 固定资产出售的账面价值
   D. 固定资产盘亏的账面价值

6. 下列各项中,属于无形资产特征的有( )。
   A. 具有可辨认性
   B. 不具有实物形态
   C. 不具有可辨认性
   D. 属于非货币性资产

7. 下列各项支出中,应计入无形资产成本的有( )。
   A. 购入专利权发生的支出
   B. 购入商标权发生的支出
   C. 取得土地使用权发生的支出
   D. 研发新技术在研究阶段发生的支出

8. 下列各项资产中,企业计提的减值损失在以后期间不得转回的有( )。
   A. 存货
   B. 无形资产
   C. 应收账款
   D. 固定资产

9. 下列各项中,制造企业计提无形资产摊销的账务处理表述正确的有( )。
   A. 出租的无形资产,其摊销额计入其他业务成本
   B. 财务部门使用的无形资产,其摊销额计入财务费用
   C. 行政管理部门使用的无形资产,其摊销额计入管理费用
   D. 生产产品使用的无形资产,其摊销额计入相关资产成本

10. 下列各项中,关于企业无形资产摊销的账务处理表述正确的有( )。
    A. 使用寿命有限的无形资产,处置当月继续摊销
    B. 出租的无形资产,其摊销金额计入其他业务成本

C. 使用寿命不确定的无形资产,按照估计寿命进行摊销

D. 使用寿命有限的无形资产,达到预定用途的当月起开始摊销

三、判断题

1. 企业当月新增加的固定资产,当月不计提折旧,自下月起计提折旧;当月减少的固定资产,当月仍计提折旧。（ ）

2. 企业行政管理部门发生的固定资产日常修理费用应当记入"生产成本"科目。（ ）

3. 企业财产清查中,发现账外固定资产设备一台,报经批准后,应冲减营业外支出。（ ）

4. 固定资产减值损失一经计提,以后会计期间不得转回。（ ）

5. 企业盘盈的固定资产,按照管理权限报经批准处理前,应先通过"待处理财产损溢"科目核算。（ ）

6. 无形资产是指企业拥有或者控制的没有实物形态的可辨认非货币性资产。（ ）

7. 企业自行研发无形资产,研究阶段的支出应费用化,期末一并计入当期损益。（ ）

8. 对于企业取得的无形资产和固定资产,均应当自可供使用当月起开始摊销或计提折旧,处置当月不再摊销或计提折旧。（ ）

9. 企业出售无形资产,应将取得的价款扣除无形资产账面价值及出售相关税费后的差额记入"资产处置损益"科目。（ ）

10. 企业确认的无形资产减值损失应计入信用减值损失。（ ）

四、计算题

甲企业为增值税一般纳税人,适用的增值税税率为13%,2022年3月1日购入一台需要安装的机器设备,取得的增值税专用发票上注明的金额为220万元、增值税税额为28.6万元,发生的运杂费为5万元;设备安装时领用企业的原材料一批,其账面成本为10万元,计税价格(等于公允价值)为12万元,取得时增值税为1.3万元,此外,发生其他支出8万元,该设备于2022年4月1日交付使用。该设备预计使用8年,预计净残值为3万元。

【要求】根据题干,完成以下小题。单位为万元,若除不尽,保留2位小数。

（1）计算该设备的入账价值。

（2）采用双倍余额递减法计算该设备2022年、2023年的折旧额。

（3）采用年数总和法计算该设备2022年、2023年的折旧额。

五、业务题

1. 恒通公司为增值税一般纳税人,增值税税率为13%,2021年购置了一套需要安装的设备,与该设备有关的业务如下:

（1）2021年9月30日,为购建该设备向工商银行专门借入资金1 000 000元,并存入银行。该借款期限为2年,年利率为9.6%,到期一次还本付息,不计复利。

（2）2021年9月30日,用上述借款购入待安装的设备,增值税专用发票上注明买价

800 000元、增值税税额104 000元(未认证)。另支付保险等其他杂费64 000元。该生产线交付本公司安装部门安装。

(3) 安装设备时,领用本公司产品一批。该批产品实际成本为107 200元。

(4) 应付安装工程人员工资146 000元。用银行存款支付其他安装费用(收到普通发票)58 800元。

(5) 2021年12月31日,安装工程结束,并随即投入生产车间使用。该生产线预计使用5年,预计净残值率为5%,采用双倍余额递减法计提折旧。

(6) 2022年12月10日,将该设备出售,开出增值税专用发票,价款为600 000元,增值税税额为78 000元,收到价款,存入银行。

【要求】

(1) 编制恒通公司2021年借款、购建生产线、年末计提利息、安装工程完工的会计分录。

(2) 编制恒通公司2022年每月计提折旧和年末计提利息的会计分录。

(3) 编制恒通公司2022年出售设备时的会计分录。

(注:"应交税费"科目应写出明细科目,答案中的金额单位以元表示。)

2. H公司为增值税一般纳税人,增值税税率为13%,自行研发一项专利技术M已进入开发阶段,2021—2023年期间与专利技术M相关业务如下:

(1) 2021年初,"研发支出——资本化支出(专利技术M)"科目余额为35万元。

(2) 2021年1~5月,发生开发支出120万元,其中耗用原材料30万元,应付职工薪酬45万元,以银行存款支付其他费用45万元。其中45万元支出不满足资本化。

(3) 2021年6月1日,开发活动结束,并按法律程序申请取得专利技术,以银行存款支付注册费用10万元,于当月投入管理部门使用。

(4) 该项专利技术法律规定有效期为10年,公司预计受益期限为12年,预计净残值为0,采用直线法按月摊销。

(5) 2021年12月1日,H公司将该专利技术出租,租期1年,租金总额为120万元(不含增值税)。月末收取当月租金存入银行。开具的增值税专用发票上注明的租金为10万元,增值税税额为0.6万元,在出租期间H公司不再使用该专利技术。

(6) 2022年12月1日,H公司收回该专利技术的使用权转为自用。

(7) 2023年3月,H公司研发的专利技术预计不能为企业带来经济利益,经批准予以转销。

【要求】

(1) 编制2021年研发专利技术的有关会计分录。

(2) 编制2021年专利技术摊销的会计分录。

(3) 编制2021年确认租金的会计分录。

(4) 编制2022年专利技术摊销的会计分录。

(5) 计算该专利技术至2022年年末累计摊销的金额。

(6) 编制该项专利技术2023年3月予以转销的会计分录。

（注：不考虑增值税以外的相关税费,"应交税费""研发支出"科目要求写出必要的明细科目,答案中的金额用万元表示。）

项目五 核算工资薪金业务

项目简介

本项目主要完成职工工资、福利费、"四险一金"、非货币性职工薪酬等所涉及经济业务的流程及账务处理。

项目导航

```
                    ┌── 核算职工工资、福利费业务
核算工资薪金业务 ──┼── 核算职工"四险一金"业务
                    └── 核算非货币性职工薪酬业务
```

案例导入

对于每一位劳动者而言，凭借自己的劳动成果获得报酬是一件开心的事。按月发工资的办法，早在先秦时期就已出现。不过那时所发的不是现金，而是实物，主要是粮食，被称为"禄"。夏商周时期的"禄"是按人口多少分配，相互之间差距不大。到了战国时期，"禄"的分配就有悬殊了。到汉代，"禄"改称为"俸"，仍发粮食，以"石"或"斛"为计算单位。到东汉殇帝延平年间，才把发粮食改为半谷半钱，月俸改为"月钱"，有详细、严格的按品位发放月钱的规定。唐代以后，薪俸才逐渐改为全部发现金。明代中叶，商品经济有了一定的发展，官俸改为薪金，当时称"月费"，继而改为"柴薪银"。"薪水"即由此演变而来，现在一般称为"工资"。中华人民共和国成立以后，我国经历了多次工资改革，工资制度日益完善，人民生活也日渐美好。

【想一想】工资的构成有哪些？

任务一　核算职工工资、福利费业务

学习目标

1. 了解企业职工、职工薪酬的范畴。
2. 理解职工工资、福利费的内容。
3. 理解核算职工工资、福利费的账户内容。
4. 能运用企业会计准则，对职工工资、福利费进行账务处理。

任务描述

上海智信公司根据《中华人民共和国劳动法》以及企业职工薪酬管理制度的规定，每月末计算职工薪酬并于次月初发放。公司根据相关原始凭证应进行怎样的账务处理呢？此任务将带你解决这些问题。

知识准备

一、职工薪酬业务

职工薪酬业务主要是指企业为获得职工提供的服务或解除劳动关系而给予的各种形式的报酬或补偿的相关活动。职工薪酬业务的流程包括如下六个方面：

（1）各部门提供员工出勤情况等基础资料。
（2）人力资源部核算工资。
（3）财务部审核工资。
（4）总经理签批。
（5）董事长签批。
（6）财务部委托银行代发工资。

企业职工薪酬业务流程图 5-1 所示。

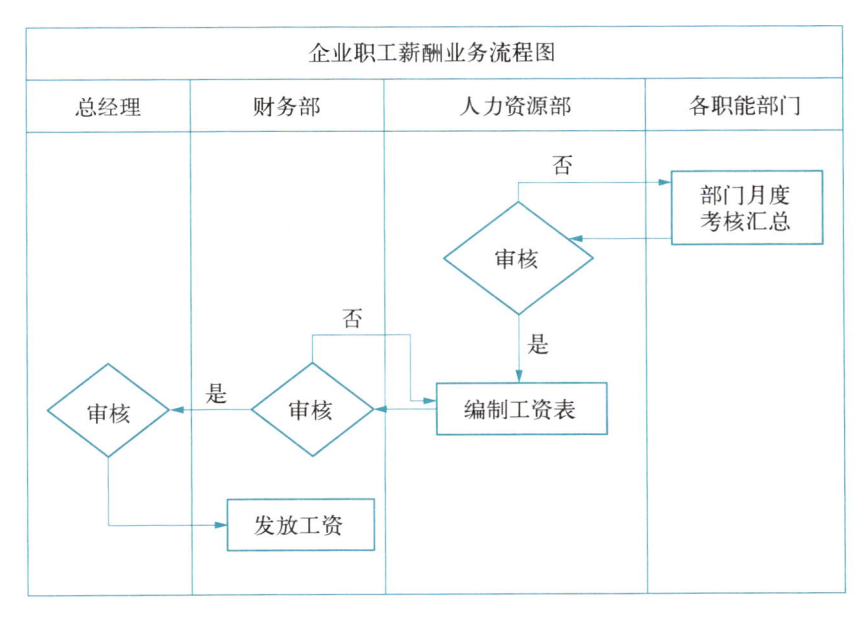

图 5-1　企业职工薪酬业务流程图

二、职工薪酬的内容

(一) 职工薪酬的含义

职工薪酬是指企业为获得职工提供的服务或解除劳动关系而给予的各种形式的报酬或补偿。职工薪酬包括短期薪酬、离职后福利、辞退福利和其他长期职工福利。

(二) 职工的范畴

职工的范畴主要包括以下方面：

(1) 与企业订立劳动合同的所有人员，含全职、兼职和临时职工。

(2) 未与企业订立劳动合同，但由企业正式任命的企业治理层和管理层人员(如董事会成员、监事会成员)。

(3) 在企业的计划和控制下，虽未与企业订立劳动合同或未由其正式任命，但向企业所提供服务与职工所提供服务类似的人员，也属于职工的范畴。这类职工包括通过企业与劳务中介公司签订用工合同而向企业提供服务的人员(如向安保公司聘请的保安人员)。

(三) 职工薪酬的组成部分

职工薪酬主要包括短期薪酬、离职后福利、辞退福利和其他长期福利，具体内容如表5-1所示。

表 5-1　职工薪酬的组成部分

类型	概念	具体内容
短期薪酬	企业在职工提供相关服务的年度报告期间结束后12个月内需要全部予以支付的职工薪酬,因解除与职工的劳动关系给予的补偿除外	① 职工工资、奖金、津贴和补贴 ② 职工福利费 ③ 医疗保险费、工伤保险费等社会保险费 ④ 住房公积金 ⑤ 工会经费和职工教育经费 ⑥ 短期带薪缺勤 ⑦ 短期利润分享计划 ⑧ 其他短期薪酬
离职后福利	企业为获得职工提供的服务而在职工退休或与企业解除劳动关系后,提供的各种形式的报酬和福利,短期薪酬和辞退福利除外	① 设定提存计划 ② 设定受益计划
辞退福利	企业在职工劳动合同到期之前解除与职工的劳动关系,或者为鼓励职工自愿接受裁减而给予职工的补偿	—
其他长期福利	除了短期薪酬、离职后福利、辞退福利的所有的职工薪酬	① 长期带薪缺勤 ② 长期残疾福利 ③ 长期利润分享计划等

温馨提示

企业提供给职工配偶、子女、受赡养人、已故员工遗属及其他受益人等的福利,属于职工薪酬;企业为职工缴纳的补充养老保险、商业保险费也属于职工薪酬。

三、职工薪酬的账户设置

企业通过"应付职工薪酬"科目核算职工薪酬的计提、结算、使用等情况,"应付职工薪酬"的账户设置如表 5-2 所示。

表 5-2　"应付职工薪酬"的账户设置

账户名称	账户性质	账户用途	账户结构	明细核算
应付职工薪酬	负债类	核算职工薪酬的计提、结算、使用等情况	贷方登记已分配计入有关成本费用项目的职工薪酬;借方登记实际发放的职工薪酬,包括扣还的款项等。期末贷方余额,反映企业应付未付的职工薪酬	按照"工资""职工福利费""非货币性福利""社会保险费""住房公积金""工会经费""职工教育经费""带薪缺勤""利润分享计划""设定提存计划""设定受益计划""辞退福利"等进行明细核算

任务实施

一、职工工资、奖金、津贴和补贴

职工工资、奖金、津贴和补贴是指按照构成工资总额的计时工资、计件工资、支付给职工的超额劳动报酬或增收节支的劳动报酬、为补偿职工特殊或额外的劳动消耗和因其他原因支付给职工的津贴，以及为保证职工工资水平不受物价影响支付给职工的物价补贴等。

实际工作中，企业一般在每月末根据工时记录、考勤记录等资料编制工资费用汇总表，计算出"应付工资"，再扣除各种代扣款项，得出"实发工资"，然后通过开户银行支付给职工。

上述业务涉及的主要原始凭证有：工资发放明细表、工资分配表、工时记录表、工资薪金所得个人所得税计算表、支付工资的银行结算凭证（如支票存根）等。

（一）确认应付职工薪酬

企业应当在职工为其提供服务的会计期间，将实际发生的职工工资、奖金、津贴和补贴等，根据职工受益对象，计入相关资产成本或当期损益，其中：生产车间生产工人薪酬计入生产成本、生产车间管理人员薪酬计入制造费用、行政管理人员薪酬计入管理费用、专设销售机构人员薪酬计入销售费用、从事研发活动人员薪酬计入研发支出、从事工程建设人员薪酬计入在建工程。具体账务处理如下：

借：生产成本
　　制造费用
　　管理费用
　　销售费用
　　研发支出
　　在建工程
　　贷：应付职工薪酬——工资

（二）扣还各种款项

企业帮职工代扣代缴的个人所得税、社会保险费、住房公积金，以及代垫各种款项，账务处理如下：

借：应付职工薪酬——工资
　　贷：应交税费——应交个人所得税
　　　　其他应收款——各种代垫款项
　　　　其他应付款——社会保险费（医疗保险）
　　　　　　　　　——设定提存计划（养老保险）
　　　　　　　　　——设定提存计划（失业保险）
　　　　　　　　　——住房公积金

（三）支付职工薪酬

企业支付职工薪酬时，账务处理如下：

借：应付职工薪酬——工资
　　贷：银行存款

【例 5-1】2023 年 12 月 31 日，上海智信公司分配本月工资费用：总经理办公室和监事会人员工资 80 000 元，财务部人员工资 125 000 元，行政人事部人员工资 95 000 元，生产部人员工资 545 000 元（其中管理人员工资 95 000 元），研发部人员工资 125 000 元（费用化支出），销售部（专设销售机构）人员工资 125 000 元，采购部和仓储部人员工资 125 000 元，总计 1 220 000 元。工资费用分配表如表 5-3 所示。

表 5-3　工资费用分配表

2023 年 12 月 31 日　　　　　　　　　　　　　　　　　　金额单位：元

应借科目		直接计入	分配计入			合计
			生产工时（工时）	分配率	分配金额	
生产成本	高精度智能显示器		4 000	90	360 000	360 000
	智能手表		1 000	90	90 000	90 000
制造费用		95 000				95 000
管理费用		425 000				425 000
销售费用		125 000				125 000
研发支出		125 000				125 000
合计		770 000			450 000	1 220 000

上海智信公司核算结果：

借：生产成本——高精度智能显示器　　　　　　　　　　　360 000
　　　　　　——智能手表　　　　　　　　　　　　　　　　90 000
　　制造费用　　　　　　　　　　　　　　　　　　　　　　95 000
　　管理费用　　　　　　　　　　　　　　　　　　　　　　425 000
　　销售费用　　　　　　　　　　　　　　　　　　　　　　125 000
　　研发支出——费用化支出　　　　　　　　　　　　　　　125 000
　　贷：应付职工薪酬——工资　　　　　　　　　　　　　1 220 000

【例 5-2】2023 年 12 月 10 日，上海智信公司支付 2023 年 11 月工资 858 757.5 元，并

代缴个人所得税 27 112.5 元。上海智信公司核算结果：

  借：应付职工薪酬——工资   858 757.5
    应交税费——应交个人所得税   27 112.5
    贷：银行存款——中国农业银行上海田林支行(005503)   885 870.0

二、职工福利费

职工福利费是指企业向职工提供的生活困难补助、丧葬补助费、抚恤费、职工异地安家费、防暑降温费等职工福利支出。

对于职工福利费，企业应当在实际发生时按照实际发生额，计入相关资产成本或当期损益。借记"生产成本""制造费用""管理费用""销售费用""研发支出""在建工程"等科目，贷记"应付职工薪酬——职工福利费"科目。实际支付时，借记"应付职工薪酬——职工福利费"科目，贷记"银行存款""库存现金"等科目。

【例5-3】 2023年12月10日，上海智信公司以现金支付本企业职工夏雨生活困难补助2 000元。上海智信公司核算结果：

  借：应付职工薪酬——职工福利费   2 000
    贷：库存现金   2 000

【例5-4】 2023年12月10日，上海智信公司以现金支票支付本企业人事经理任史异地安家费5 000元。上海智信公司核算结果：

  借：应付职工薪酬——职工福利费   5 000
    贷：银行存款——中国农业银行上海田林支行(005503)   5 000

【例5-5】 2023年12月31日，上海智信公司按照实际发生的金额计提职工福利费。上海智信公司核算结果：

  借：生产成本——高精度智能显示器   2 000
    管理费用   5 000
    贷：应付职工薪酬——职工福利费   7 000

三、工会经费和职工教育经费

工会经费和职工教育经费是指企业为了改善职工文化生活、为职工学习先进技术及提高文化水平和员工素质，用于开展工会活动和职工教育及职业技能培训等相关支出。

企业根据规定，按每月全部职工工资总额的2%向工会拨缴经费，主要用于为职工服务和工会活动。职工教育经费一般由企业按照每月工资总额的8%计提，主要用于职工接受岗位培训、继续教育等方面的支出。工会经费和职工教育经费均在企业成本费用中列支。

期末，计提工会经费和职工教育经费时，按照受益对象，将其计入相关资产成本或当期损益。借记"生产成本""制造费用""管理费用""销售费用""研发支出""在建工程"等科目，贷记"应付职工薪酬——工会经费""应付职工薪酬——职工教育经费"等科目。实际支付时，借记"应付职工薪酬——工会经费""应付职工薪酬——职工教育经费"等科目，贷记"银行存款""库存现金"等科目。

【例5-6】2023年12月31日，上海智信公司根据相关规定，分别按照工资的2%和8%计提工会经费和职工教育经费，如表5-4所示。

表5-4 计提工会经费和职工教育经费表

2023年12月 单位：元

应 借 科 目		应付工资	工会经费	职工教育经费	合　　计
生产成本	高精度智能显示器	360 000	7 200	28 800	36 000
	智能手表	90 000	1 800	7 200	9 000
制造费用		95 000	1 900	7 600	9 500
管理费用		425 000	8 500	34 000	42 500
销售费用		125 000	2 500	10 000	12 500
研发支出		125 000	2 500	10 000	12 500
合　　计		1 220 000	24 400	97 600	122 000

上海智信公司核算结果：

借：生产成本——高精度智能显示器　　　　　　　　　　　　36 000
　　　　　　——智能手表　　　　　　　　　　　　　　　　　9 000
　　制造费用　　　　　　　　　　　　　　　　　　　　　　　9 500
　　管理费用　　　　　　　　　　　　　　　　　　　　　　　42 500
　　销售费用　　　　　　　　　　　　　　　　　　　　　　　12 500
　　研发支出——费用化支出　　　　　　　　　　　　　　　　12 500
　　贷：应付职工薪酬——工会经费　　　　　　　　　　　　　24 400
　　　　　　　　　　——职工教育经费　　　　　　　　　　　97 600

【例5-7】2023年12月8日，职工盛婵外出参加技能培训，取得增值税专用发票，列示培训费用1 500元、增值税90元。以银行存款支付。

借：应付职工薪酬——职工教育经费　　　　　　　　　　　　1 500
　　应交税费——应交增值税(进项税额)　　　　　　　　　　　90
　　贷：银行存款——中国农业银行上海田林支行(005503)　　1 590

四、辞退福利

辞退福利是指企业在职工劳动合同到期之前解除与职工的劳动关系，或者为鼓励职工自愿接受裁减而给予职工的补偿。企业向员工提供辞退福利时,借记"管理费用"科目,贷记"应付职工薪酬——辞退福利"科目。同时,借记"应付职工薪酬——辞退福利"科目,贷记"银行存款"等科目。

【例5-8】2023年12月12日,上海智信公司因市场销售情况不佳,决定辞退2名员工,每人补偿100 000元。上海智信公司核算结果:

  借:管理费用   200 000
    贷:应付职工薪酬——辞退福利   200 000
  借:应付职工薪酬——辞退福利   200 000
    贷:银行存款——中国农业银行上海田林支行(005503) 200 000

五、短期带薪缺勤

短期带薪缺勤,是指职工虽然缺勤但企业仍有向其支付报酬的义务,包括年休假、病假、婚假、产假、丧假、探亲假等。短期带薪缺勤,分为累积带薪缺勤和非累积带薪缺勤两类,应分别进行账务处理。如果带薪缺勤属于长期带薪缺勤的,应当作为其他长期福利处理。短期带薪缺勤的具体处理方法如表5-5所示。

表5-5 短期带薪缺勤的具体处理方法

项 目	内 容	账 务 处 理	处 理 原 则
累积带薪缺勤	是指带薪权利可以结转下期的带薪缺勤,即如果本期的带薪缺勤权利没有用完可以在未来期间使用	确认累积带薪缺勤时: 借:管理费用等 贷:应付职工薪酬	企业应当在职工提供了服务从而增加了其未来享有的带薪缺勤权利时,确认与累积带薪缺勤相关的职工薪酬,并以累积未行使权利而增加的预期支付金额计量
非累积带薪缺勤	是指带薪权利不能结转下期的带薪缺勤,即如果当期带薪缺勤权利没有行使完,就予以取消,并且职工离开企业时也无权获得现金支付。例如:企业职工休婚假、产假、丧假、探亲假、病假期间的工资等	通常情况下,与非累积带薪缺勤相关的职工薪酬已经包含在企业每期向职工发放的工资等薪酬中,因此,不必额外作账务处理	企业应当在职工实际发生缺勤的会计期间确认与非累积带薪缺勤相关的职工薪酬

【例5-9】上海智信公司共有56名职工。从2023年1月1日起,企业实行累积带薪缺勤制度。该制度规定,每名职工每年可享受5个工作日带薪年休假,未使用的年休假只能向后结转一个公历年度,超过1年未行使的权利作废;职工休年休假时,首先使用当年可享受的权利,不足部分再从上年结转的带薪年休假余额中扣除,在职工离开企业时,对

未使用的累积带薪年休假无权获得现金支付。2023年12月31日,每名职工当年平均未使用带薪年休假为2天。根据过去的经验并预期该经验将继续适用,企业预计2024年有46名职工将享受不超过5天的带薪年休假,剩余10名财务部、行政人事部人员每人将平均享受6天带薪年休假,该企业每名职工每个工作日平均工资为800元。

2023年年末,上海智信公司应当将预计由于累积未使用的带薪年休假而导致预期将支付的工资确认为负债,根据预计2024年职工的年休假情况,只有10名人员会使用2023年的未使用带薪年休假1天（6－5）,而其他人员2023年累积未使用的带薪年休假都将失效,所以应计入管理费用的金额＝10×(6－5)×800＝8 000(元)。

借：管理费用　　　　　　　　　　　　　　　　　　　　　　　　8 000
　　贷：应付职工薪酬——带薪缺勤——短期带薪缺勤——累积带薪缺勤　8 000

业财融合与审核

企业发生职工薪酬(工资、福利费)相关业务,通过财务核算与审核,达到业务与财务融合的目的。具体内容如表5-6所示。

表5-6　职工薪酬(工资、福利费)业务的业财融合与审核

业　务	财　务	审　核
计提工资	编制工资表并进行工资的账务处理	(1) 审核工资的计提标准是否符合企业的制度规定以及相关法律法规 (2) 对于涉及多个部门或项目的工资计提,需要审核工资费用的分配是否合理,是否符合企业内部的费用分摊规则 (3) 审核工资计提时,需要检查相关凭证是否完整、合规。例如,工资计提单、考勤记录、业绩报告等文件是否齐全,并经过适当的审批流程
发放工资	根据银行回单进行账务处理	(1) 在发放工资前,需要核对接收工资的员工名单和工资计算结果,确保没有遗漏或错误,保障每位员工都能按时足额地收到工资 (2) 采用银行代发工资,需要审核企业提交的工资发放清单或电子数据是否准确无误,确保每一位员工的工资发放信息都是正确的
发放福利	根据发票等凭证进行账务处理	审核福利发放是否在企业预算范围之内,并且实际执行情况是否与预算计划相符。审核企业福利发放的合理性

【课堂练习5-1】

2023年7月,某棉纺企业发生有关交易或事项如下:

(1)企业"工资费用分配汇总表"中列示：产品生产人员工资为375 000元，车间管理人员工资为200 000元，行政管理人员工资为62 500元，专设的销售机构人员工资为75 000元，工程施工人员工资为125 000元，合计837 500元。

(2)结算本月应付工资837 500元，其中代扣个人所得税7 500元，代垫职工房租2 500元，职工个人承担养老保险67 000元、医疗保险16 750元、失业保险4 187.50元、住房公积金67 000元。

(3)财务经理报销探亲路费2 500元，以现金付讫。

要求：根据上述经济业务编制会计分录。（答案中的金额单位用元表示）

任务二　核算职工"四险一金"业务

学习目标

1. 熟悉企业"四险一金"的构成内容。
2. 掌握企业"四险一金"计提及缴纳的账务处理。
3. 能区分个人负担"三险一金"和企业负担"四险一金"账务处理的不同。

任务描述

上海智信公司如何计提"四险一金"，如何缴纳？根据相关原始凭证应进行怎样的账务处理呢？此任务将带你解决这些问题。

知识准备

一、企业"四险一金"业务

（一）企业"四险一金"的内容

企业的"四险一金"是指用人单位给予劳动者的保障性待遇的合称，包括养老保险、医疗保险（含生育保险）、失业保险、工伤保险和住房公积金。企业"四险一金"的构成如图5-2所示。

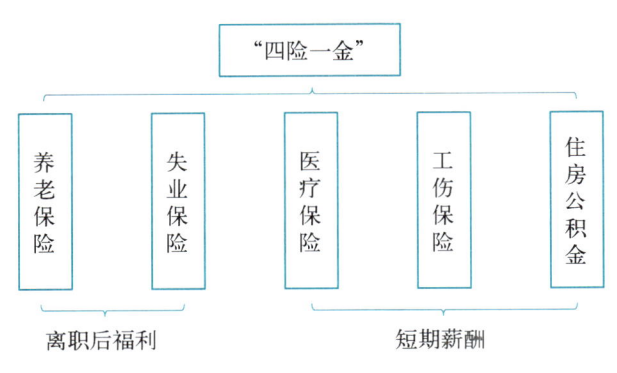

```
                    "四险一金"
         ┌──────┬──────┬──────┬──────┬──────┐
        养老   失业   医疗   工伤   住房
        保险   保险   保险   保险   公积金
         └──────┴──────┘ └──────┴──────┴──────┘
          离职后福利           短期薪酬
```

图 5-2 "四险一金"的构成

(二) 企业"四险一金"的计提比例

上海智信公司执行 2023 年上海社会保险费及住房公积金的缴纳标准。具体计提比例如表 5-7 所示。

表 5-7 "四险一金"的计提比例

分类	内容	单位缴纳比例	个人缴纳比例	作用	特点
四险	养老保险	20%	8%	累计交满 15 年，退休后终身享受养老金	可中断；单位和个人共同缴纳
	医疗保险	9%	2%	买药、门诊看病可报销50%以上，退休后享受医保待遇	中断 3 个月以上失效；单位和个人共同缴纳；其中：个人不用缴纳生育保险
	工伤保险	1%	0	工伤产生的医疗费用可报销，包括工作期间和上下班途中	个人不用缴纳
	失业保险	1.5%	0.5%	缴费满 1 年、非因本人意愿失业、已进行失业登记且有求职需求的可按照缴费年限领取失业金。主动辞职的不可领取	单位和个人共同缴纳
一金	住房公积金	10%	8%	租房、建房、买房、翻新房和装修房都可用	可中断；单位和个人共同缴纳，各承担一半

注：四险一金计提比例，每个地区各个年份都不同，具体情况需要咨询当地社保行政部门。

(三) "四险一金"的缴纳流程

1. 准备好新参保单位所需的资料

新参保单位所需的资料如下：

(1) 用人单位的营业执照、法人身份证明复印件、组织机构代码证复印件。
(2) 用人单位填写劳动和社会保障局认定的工伤保险费率审批表，并经过批准。
(3) 参保人员身份证复印件。
(4) 本人一张一寸照片。

2. 按照程序进行办理

新参保单位委派代表到服务大厅填写社会保险参保单位登记表，社会保险缴费个人登记表，加盖公章后办理参保手续。现在很多信息也可以直接在社保中心网上办理。

3. 新公司注册企业社保缴纳

新公司注册企业社保缴纳流程如图5-3所示。

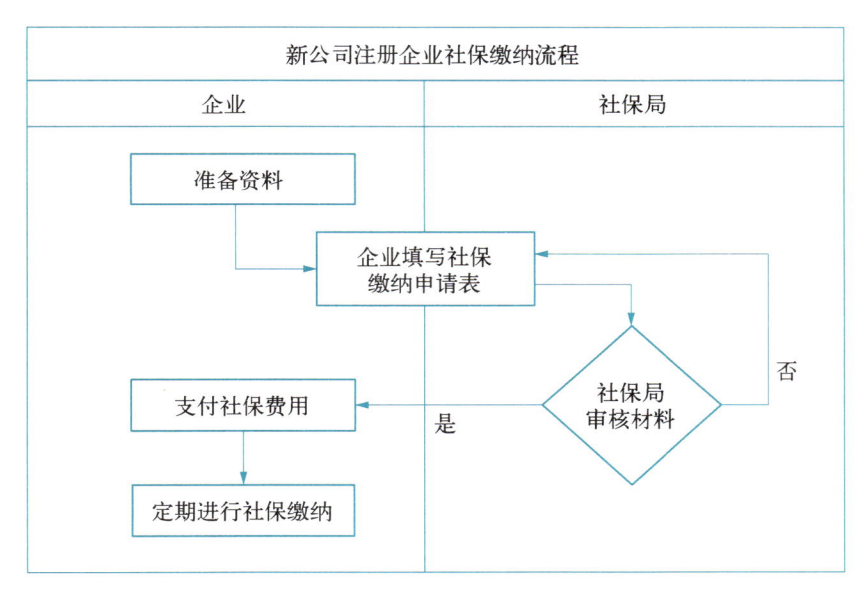

图5-3 新公司注册企业社保缴纳流程

二、企业"四险一金"的核算内容

企业"四险一金"的核算内容包括个人负担"三险一金"的计提、企业负担"四险一金"的计提，以及全部社保费用和住房公积金的缴纳。

任务实施

一、企业计提"四险一金"账务处理

个人负担"三险一金"部分，从职工工资中代扣，借记"应付职工薪酬——工资"科目，贷记"其他应付款"科目。

企业负担"四险一金"部分,根据受益对象,计入相关资产成本或当期损益,借记"生产成本""制造费用""管理费用""销售费用""研发支出""在建工程"等科目,贷记"应付职工薪酬——社会保险费""应付职工薪酬——设定提存计划""应付职工薪酬——住房公积金"等科目。

个人负担的"三险一金"一般在发放工资时,从工资中代扣。

【例5-10】2023年12月31日,上海智信公司代扣个人所得税、医药费、社会保险费和住房公积金,代扣金额明细如表5-8所示。

表5-8 代扣金额明细表　　　　　　　　　　　　　　　　单位:元

姓名	部门	岗位	应付工资	代扣医疗保险	代扣养老保险	代扣失业保险	代扣住房公积金	代扣个人所得税	代垫医药费	实发工资
李信	总经理办公室	总经理	50 000	1 000	4 000	250	4 000	3 547		37 203
……		……	……	……	……	……	……	……	……	……
锦里	财务部	财务经理	35 000	700	2 800	175	2 800	1 438		27 087
……		……	……	……	……	……	……	……	……	……
邢正	行政人事部	部门主任	30 000	600	2 400	150	2 400	1 233		23 217
……		……	……	……	……	……	……	……	……	……
蔡明	采购部	部门主任	35 000	700	2 800	175	2 800	1 438		27 087
……		……	……	……	……	……	……	……	……	……
盛婵	生产部	部门主任	35 000	700	2 800	175	2 800	1 438	500	26 587
涂相		产品经理1	30 000	600	2 400	150	2 400	1 233		23 217
……		……	……	……	……	……	……	……	……	……
颜强	研发部	部门主任	35 000	700	2 800	175	2 800	1 438		27 087
……		……	……	……	……	……	……	……	……	……
萧景琰	销售部	部门主任	35 000	700	2 800	175	2 800	1 438		27 087
……		……	……	……	……	……	……	……	……	……
合计			1 220 000	24 400	97 600	6 100	97 600	30 125	2 000	962 175

上海智信公司核算结果:

借：应付职工薪酬——工资	257 825
贷：应交税费——应交个人所得税	30 125
其他应收款——代垫医药费	2 000
其他应付款——社会保险费（医疗保险）	24 400
——设定提存计划（养老保险）	97 600
——设定提存计划（失业保险）	6 100
——住房公积金	97 600

【例 5-11】2023 年 12 月 31 日，上海智信公司按照规定的计提标准，计算企业应负担的"四险一金"。计算过程及结果如表 5-9 所示。

表 5-9　四 险 一 金

2023 年 12 月 31 日　　　　　　　　　　　　　　　　　　　　单位：元

应借科目	应付工资	医疗保险(9%)	工伤保险(1%)	养老保险(20%)	失业保险(1.5%)	住房公积金(10%)	合　计
生产成本——高精度智能显示器	360 000	32 400	3 600	72 000	5 400	36 000	149 400
生产成本——智能手表	90 000	8 100	900	18 000	1 350	9 000	37 350
制造费用	95 000	8 550	950	19 000	1 425	9 500	39 425
管理费用	425 000	38 250	4 250	85 000	6 375	42 500	176 375
销售费用	125 000	11 250	1 250	25 000	1 875	12 500	51 875
研发支出	125 000	11 250	1 250	25 000	1 875	12 500	51 875
合　计	1 220 000	109 800	12 200	244 000	18 300	122 000	506 300

上海智信公司核算结果：

借：生产成本——高精度智能显示器	149 400
——智能手表	37 350
制造费用	39 425
管理费用	176 375
销售费用	51 875
研发支出	51 875
贷：应付职工薪酬——社会保险费（医疗保险）	109 800
——社会保险费（工伤保险）	12 200
——设定提存计划（养老保险）	244 000
——设定提存计划（失业保险）	18 300
——住房公积金	122 000

二、企业缴纳"四险一金"的账务处理

企业缴纳"四险一金"时,借记"应付职工薪酬——社会保险费""应付职工薪酬——设定提存计划""应付职工薪酬——住房公积金""其他应付款"等科目,贷记"银行存款"科目。

【例 5-12】2023 年 12 月 10 日,上海智信公司向社会保险经办机构缴纳社会保险费,向住房公积金中心缴纳住房公积金。

上海智信公司核算结果:

借:应付职工薪酬——社会保险费(医疗保险)　　　　　　　　　98 820
　　　　　　　——社会保险费(工伤保险)　　　　　　　　　　10 980
　　　　　　　——设定提存计划(养老保险)　　　　　　　　　219 600
　　　　　　　——设定提存计划(失业保险)　　　　　　　　　16 470
　　　　　　　——住房公积金　　　　　　　　　　　　　　　109 800
　　其他应付款——社会保险费(医疗保险)　　　　　　　　　　21 960
　　　　　　　——设定提存计划(养老保险)　　　　　　　　　87 840
　　　　　　　——设定提存计划(失业保险)　　　　　　　　　5 490
　　　　　　　——住房公积金　　　　　　　　　　　　　　　87 840
　　贷:银行存款——中国农业银行上海田林支行(005503)　　　658 800

业财融合与审核

企业发生社会保险费及住房公积金相关业务,通过财务核算与审核,达到业务与财务融合的目的。具体内容如表 5-10 所示。

表 5-10　职工薪酬(社会保险费、住房公积金)业务的业财融合与审核

业　务	财　务	审　核
社会保险费计提与缴纳	根据社会保险费缴纳回单等凭证进行账务处理	审核社会保险费计提的基数是否准确,是否符合国家及地方社保政策的规定。社会保险费计提的比例是否符合国家及地方社保政策的规定
住房公积金计提与缴纳	根据住房公积金缴纳回单等凭证进行账务处理	审核住房公积金计提的基数是否准确,是否符合国家及地方住房公积金政策的规定。住房公积金计提的比例是否符合国家及地方政策的规定

【课堂练习 5-2】

2023年7月，某棉纺企业发生有关交易或事项如下：

（1）企业计提"四险一金"如表5-11所示。

表 5-11 计提四险一金

项　　目	车间生产部门	车间管理部门	行政管理部门	专设销售部门	施工部门	合　　计
养老保险	150 000	80 000	25 000	30 000	50 000	335 000
医疗保险	67 500	36 000	11 250	13 500	22 500	150 750
工伤保险	7 500	4 000	1 250	1 500	2 500	16 750
失业保险	11 250	6 000	1 875	2 250	3 750	25 125
住房公积金	75 000	40 000	12 500	15 000	25 000	167 500
合　　计	311 250	166 000	51 875	62 250	103 750	695 125

（2）通过银行分别向社会保险经办机构、住房公积金中心缴纳上述社会保险费及住房公积金。

要求：根据上述经济业务编制会计分录。（答案中的金额单位用元表示）

任务三　核算非货币性职工薪酬业务

学习目标

1. 熟悉非货币性职工薪酬的内容。
2. 理解核算非货币性福利相关账户内容。
3. 能够区分货币性福利和非货币性福利。
4. 能运用企业会计准则，对不同类型的非货币性职工薪酬进行账务处理。

任务描述

上海智信公司以自产产品或外购商品作为福利发放给职工、将自有或租赁资产无偿提供给职工使用,根据原始凭证应进行怎样的账务处理呢?此任务将带你解决这些问题。

知识准备

一、非货币性福利的范畴

非货币性福利是指企业以非货币性资产支付给职工的薪酬,主要包括以自产产品作为福利发放给职工,以外购商品作为福利发放给职工,将自有的资产或租赁资产无偿提供给职工使用等。

> **温馨提示**
>
> **非货币性福利业务的合规性**
>
> 企业发放福利过程中,应当注意的是:① 不能随意把"福利"来代替"工资"发放。② 非货币福利必须严控,不能随意发放。③ 国家投资的事业服务等非货币福利可以在严控的原则下发放,但不能有不公平交易。

二、非货币性职工薪酬的账户设置

企业应通过"应付职工薪酬——非货币性福利"科目核算非货币性职工薪酬,该科目属于负债类科目,贷方登记计提的非货币性福利,借方登记发放的非货币性福利。

任务实施

一、以自产产品作为福利发放给职工

企业以其自产产品作为非货币性福利发给职工的,应根据受益对象,按照该产品的含税公允价值计入相关资产成本或当期损益,同时确认职工薪酬,借记"生产成本""制造费用""管理费用""销售费用""研发支出""在建工程"等科目,贷记"应付职工薪酬——非货币性福利"科目。产品发放给职工时视同销售,应确认收入,借记"应付职工薪酬——非货币性福利"科目,贷记"主营业务收入""应交税费——应交增值税(销项税额)"等科目,同时结转商品成本,借记"主营业务成本"科目,贷记"库存商品"科目。

> **温馨提示**
>
> 以自产产品作为福利发放给职工如涉及消费税的,则还需借记"税金及附加"科目,贷记"应交税费——应交消费税"科目。

【例 5-13】 2023 年 12 月 25 日，上海智信公司以其生产的智能手表作为福利发放给工作满 10 年的 10 名职工，其中包括 4 名生产智能手表的工人、6 名管理人员。每只智能手表不含增值税的市场售价为 3 000 元，成本为 2 000 元，该智能手表适用的增值税税率为 13%。

上海智信公司核算结果：

借：生产成本——智能手表　　　　　　　　　　　　　　　　13 560
　　管理费用　　　　　　　　　　　　　　　　　　　　　　20 340
　　　贷：应付职工薪酬——非货币性福利　　　　　　　　　　33 900
借：应付职工薪酬——非货币性福利　　　　　　　　　　　　33 900
　　　贷：主营业务收入　　　　　　　　　　　　　　　　　30 000
　　　　　应交税费——应交增值税（销项税额）　　　　　　　3 900

同时，结转成本：

借：主营业务成本　　　　　　　　　　　　　　　　　　　　20 000
　　　贷：库存商品——智能手表　　　　　　　　　　　　　　20 000

> **温馨提示**
>
> 若企业以低于公允价值的价格出售商品给职工，其商品售价和其公允价值之间的差额也属于非货币性福利，该项非货币性福利也应当严格按照公允价值计算销项税额，不能将两者之间的差价认为是员工福利。以[例 5-13]为例，假如企业以 500 元的售价（远低于市场价格）低价出售给职工，则以差价计算非货币性福利。
>
> 非货币性福利=10×3 000×(1+13%)-10×500=28 900(元)
>
> 借：应付职工薪酬——非货币性福利　　　　　　　　　　　28 900
> 　　银行存款——中国农业银行上海田林支行(005503)　　　 5 000
> 　　　贷：主营业务收入　　　　　　　　　　　　　　　　30 000
> 　　　　　应交税费——应交增值税（销项税额）　　　　　　3 900

二、外购商品作为福利发放给职工

企业以购入商品作为福利发给职工的，应区分购买时有无明确目的，增值税专用发票是否经税务机关认证。不同情况的账务处理如表 5-12 所示。

表 5-12　以外购商品作为福利发给员工的账务处理

有明确目的作为非货币性福利发放	购入商品先入库,后改变用途发给职工
(1) 购买商品发放 借:应付职工薪酬——非货币性福利 　贷:银行存款 (2) 计入相关资产成本或当期损益,同时确认职工薪酬 借:生产成本 　制造费用 　管理费用 　销售费用 　贷:应付职工薪酬——非货币性福利	(1) 购买商品 借:库存商品 　应交税费——应交增值税(进项税额) 　贷:银行存款 (2) 商品改变用途,用于发放福利 借:应付职工薪酬——非货币性福利 　贷:库存商品 　　应交税费——应交增值税(进项税额转出) (3) 计入相关资产成本或当期损益,同时确认职工薪酬 借:生产成本 　制造费用 　管理费用 　销售费用 　贷:应付职工薪酬——非货币性福利

温馨提示

如企业购入商品意图未明确,增值税专用发票未经税务机关认证,则将增值税先记入"应交税费——待认证进项税额"科目借方,待发票认证后,再转入"应交税费——应交增值税(进项税额)"科目借方。

【例 5-14】2023 年 12 月 10 日,上海智信公司购入海鲜大礼包 56 份,作为节日福利发放给职工。海鲜大礼包的市场售价为每份 1 000 元,取得增值税专用发票注明的价款为 56 000 元、增值税进项税额为 7 280 元。公司总经理办公室 2 人、财务部 5 人、人事部 4 人、生产部 33 人(其中生产高精度智能显示器的工人 20 人,生产智能手表的工人 10 人)、专设销售机构 4 人、研发部 4 人、采购部 4 人,共计 56 人。

上海智信公司核算结果:

(1) 购买商品发放:

借:应付职工薪酬——非货币性福利　　　　　　　　　　　63 280
　　贷:银行存款——中国农业银行上海田林支行(005503)　63 280

(2) 计提职工薪酬:

借:生产成本——高精度智能显示器　　　　　　　　　　　22 600
　　　　　　——智能手表　　　　　　　　　　　　　　　11 300
　　制造费用　　　　　　　　　　　　　　　　　　　　　 3 390
　　管理费用　　　　　　　　　　　　　　　　　　　　　16 950
　　销售费用　　　　　　　　　　　　　　　　　　　　　 4 520

研发费用——费用化支出	4 520
贷：应付职工薪酬——非货币性福利	63 280

三、将自有的资产无偿提供给职工使用

企业将拥有的房屋、汽车等资产无偿提供给职工使用的，应当根据受益对象，将该资产的折旧计入相关资产成本或当期损益，同时确认职工薪酬，借记"生产成本""制造费用""管理费用""销售费用""研发支出""在建工程"等科目，贷记"应付职工薪酬——非货币性福利"科目。同时，借记"应付职工薪酬——非货币性福利"科目，贷记"累计折旧"科目。

【例 5-15】2023 年 12 月 13 日，上海智信公司为生产高精度智能显示器的工人提供免费住宿，该住宿的房屋月折旧额为 10 000 元。

上海智信公司核算结果：

借：生产成本——高精度智能显示器	10 000
贷：应付职工薪酬——非货币性福利	10 000
借：应付职工薪酬——非货币性福利	10 000
贷：累计折旧	10 000

四、租赁资产无偿地提供给职工使用

企业租赁住房等资产无偿提供给职工使用的，应当根据受益对象，将每期应付的租金计入相关资产成本或当期损益，同时确认职工薪酬，借记"生产成本""制造费用""管理费用""销售费用""研发支出""在建工程"等科目，贷记"应付职工薪酬——非货币性福利"科目。同时，借记"应付职工薪酬——非货币性福利"科目，贷记"银行存款""其他应付款"等科目。

【例 5-16】2023 年 12 月 14 日，上海智信公司为公司总经理、财务经理每人租赁一套公寓免费使用，每套公寓每月租金为 10 000 元，按月以银行存款支付。

上海智信公司核算结果：

借：管理费用	20 000
贷：应付职工薪酬——非货币性福利	20 000
借：应付职工薪酬——非货币性福利	20 000
贷：银行存款——中国农业银行上海田林支行(005503)	20 000

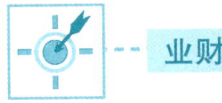

业财融合与审核

企业发生非货币性职工薪酬相关业务，通过财务核算与审核，达到业务与财务融合的目的。具体内容如表 5-13 所示。

表 5-13 非货币性职工薪酬业务的业财融合与审核

业　务	财　务	审　核
非货币性职工薪酬业务	根据企业的会计政策,选择适当的会计科目来记录非货币性职工薪酬,如"应付职工薪酬""管理费用"等科目	(1) 检查福利项目的发放是否符合企业规定和职工实际需求,避免浪费和不合理支出 (2) 审查非货币性职工薪酬的计价方法是否合理,是否符合市场价格或公允价值原则 (3) 评估企业在非货币性职工薪酬业务方面的内部控制是否健全有效,包括福利申请、审批、发放等环节的监督和管理

【课堂练习 5-3】

某纺织企业发生下列经济业务。

(1) 以其生产的服装作为福利发放给 10 名生产车间管理人员,每人一套,每套服装不含税售价为 350 元、成本为 280 元。

(2) 外购米、油等礼包作为节日福利发放给 100 名生产车间生产人员,每人一套,每套礼包不含税售价为 350 元。

(3) 计提供专设销售机构职工免费使用的 4 辆小汽车的折旧,每辆小汽车每月折旧费为 1 000 元。企业为 2 名高级管理人员,每人租赁一套公寓免费使用,每套月租金为 1 500 元,按月以银行存款支付。

(4) 为主管生产的经理、2 名生产人员和 2 名销售人员,共 5 名优秀员工免费提供由旅行社组织的"春节港澳双飞六日游",旅行社报价为 4 380 元/人,企业以银行存款支付旅游费。

要求:根据上述经济业务编制会计分录。(答案中的金额单位用元表示)

项目小结

本项目主要完成的任务是职工工资、福利费、"四险一金"、非货币性职工薪酬等的会计核算,一方面需要理解职工薪酬的构成内容、相关账户的设置,另一方面要掌握职工薪酬的会计核算。

项目测试

一、单选题

1. 下列各项中,不属于职工薪酬核算内容的是(　　)。

A. 物价补贴   B. 住房公积金
C. 职工因公出差的差旅费   D. 因解除与职工的劳动关系而给予的补偿

2. 下列各项中,不属于企业职工薪酬组成内容的是( )。

 A. 为职工代扣代缴的个人所得税

 B. 按国家规定标准提取的职工教育经费

 C. 为鼓励职工自愿接受裁减而给予职工的补偿

 D. 根据设定提存计划计提应向单独主体缴存的提存金

3. 下列有关离职后福利的说法中,不正确的是( )。

 A. 离职后福利计划包括设定提存计划、设定受益计划

 B. 设定受益计划是指设定提存计划以外的离职后福利计划

 C. 设定提存计划是指向独立的基金缴存固定费用后,企业不再承担进一步支付义务的离职后福利计划

 D. 离职后福利是指企业在职工提供相关服务的年度报告期间结束后12个月内需要全部予以支付的职工薪酬

4. 企业确认的辞退福利,应记入的会计科目是( )。

 A. "生产成本"   B. "管理费用"
 C. "制造费用"   D. "营业外支出"

5. 某纺织企业为增值税一般纳税人,适用的增值税税率为13%。该企业以其生产的服装作为福利发放给100名生产车间管理人员,每人一套,每套服装不含税售价为350元、成本为280元。不考虑其他因素,下列各项中,该企业关于非货币性福利的账务处理结果正确的是( )。

 A. 确认管理费用39 550元   B. 确认应付职工薪酬39 550元
 C. 确认主营业务收入39 550元   D. 确认增值税销项税额3 640元

6. 下列各项有关短期带薪缺勤的说法中,正确的是( )。

 A. 病假期间的工资属于累积带薪缺勤

 B. 确认非累积带薪缺勤时,借记"管理费用"等科目

 C. 短期带薪缺勤包括累积带薪缺勤和非累积带薪缺勤

 D. 企业对累积带薪缺勤和非累积带薪缺勤的账务处理相同

7. 甲企业根据"工资结算汇总表"结算本月车间生产工人职工工资总额482 000元,其中代扣职工房租40 000元,企业代垫职工家属医药费2 000元,实发工资420 000元。该企业账务处理中,不正确的是( )。

 A. 借:制造费用   482 000
   贷:应付职工薪酬——工资   482 000

 B. 借:应付职工薪酬——工资   40 000
   贷:其他应付款——职工房租   40 000

C. 借：应付职工薪酬——工资　　　　　　　　　　　　　　　　　　　　　2 000
　　　贷：其他应收款——代垫医药费　　　　　　　　　　　　　　　　　　　2 000
D. 借：应付职工薪酬——工资　　　　　　　　　　　　　　　　　　　　420 000
　　　贷：银行存款　　　　　　　　　　　　　　　　　　　　　　　　　420 000

8. 某企业结算本月应付职工薪酬,按税法规定应代扣代缴的职工个人所得税为6 000元,下列各项中,关于企业代扣个人所得税的账务处理正确的是(　　)。

A. 借：其他应付款　　　　　　　　　　　　　　　　　　　　　　　　　　6 000
　　　贷：应付职工薪酬　　　　　　　　　　　　　　　　　　　　　　　　6 000
B. 借：应付职工薪酬　　　　　　　　　　　　　　　　　　　　　　　　　6 000
　　　贷：其他应付款　　　　　　　　　　　　　　　　　　　　　　　　　6 000
C. 借：应付职工薪酬　　　　　　　　　　　　　　　　　　　　　　　　　6 000
　　　贷：应交税费——应交个人所得税　　　　　　　　　　　　　　　　　6 000
D. 借：应交税费——应交个人所得税　　　　　　　　　　　　　　　　　　6 000
　　　贷：应付职工薪酬　　　　　　　　　　　　　　　　　　　　　　　　6 000

9. 企业计提为管理人员提供免费使用汽车的折旧费,应借记的会计科目是(　　)。
A."制造费用"　　　B."营业外支出"　　　C."生产成本"　　　D."应付职工薪酬"

10. 下列各项中,关于企业以自产产品作为福利发放给职工的账务处理表述不正确的是(　　)。

A. 按产品的账面价值确认主营业务成本(成本价)
B. 按产品的公允价值确认主营业务收入(售价)
C. 按产品的账面价值加上增值税销项税额确认应付职工薪酬
D. 按产品的公允价值加上增值税销项税额确认应付职工薪酬

二、多选题

1. 职工薪酬中所称的职工至少应当包括(　　)。

A. 与企业订立了固定期限、无固定期限的劳动合同的所有人员
B. 与企业订立了以完成一定工作为期限的劳动合同的所有人员
C. 通过企业与劳务中介公司签订用工合同而向企业提供服务的人员
D. 未与企业订立劳动合同但由企业正式任命的人员,如所聘请的独立董事、外部监事等

2. 下列各项中,属于企业职工薪酬内容的有(　　)。

A. 应提供给已故职工遗属的福利
B. 向职工提供的异地安家费
C. 应支付给临时员工的短期薪酬
D. 因解除劳动关系而应给予职工的现金补偿

3. 下列各项中,属于短期薪酬的有(　　)。

A. 为职工报销因公差旅费 B. 为职工缴纳的医疗保险
C. 支付给职工的生活困难补助 D. 用于开展职工教育及职工技能培训的支出

4. 下列属于离职后福利的有(　　)。

   A. 设定受益计划

   B. 设定提存计划

   C. 长期利润分享计划

   D. 因鼓励职工主动与企业解除劳动合同而给予的补偿

5. 下列各项中,应通过"应付职工薪酬——非货币性福利"科目核算的有(　　)。

   A. 企业租赁住房供职工免费使用 B. 给生产工人提供的绩效奖金
   C. 企业把自产电视机发放给职工 D. 为高级管理人员提供汽车免费使用

6. 下列关于职工薪酬的表述中正确的有(　　)。

   A. 工会经费、职工教育经费属于短期薪酬

   B. 长期利润分享计划属于其他长期职工福利

   C. 我国企业职工的探亲假、病假期间等都属于累积带薪缺勤

   D. 养老保险、医疗保险、失业保险、工伤保险都属于短期薪酬

7. 下列各项职工薪酬中,计提时一般不影响当期损益的有(　　)。

   A. 生产人员的薪酬 B. 销售人员的薪酬
   C. 行政人员的薪酬 D. 在建工程人员的薪酬

8. 2023年10月1日,甲公司管理层决定停止某车间的生产任务,制订了一份辞退计划,规定拟辞退生产工人150人、总部管理人员15人,并于2024年1月1日执行。辞退补偿为生产工人每人2.5万元、总部管理人员每人45万元。该计划已获董事会批准,并已通知相关职工本人。不考虑其他因素,甲公司2023年正确的账务处理方法有(　　)。

   A. 借记"管理费用"科目675万元 B. 借记"生产成本"科目375万元
   C. 借记"管理费用"科目1 050万元 D. 贷记"应付职工薪酬"科目1 050万元

9. 下列各项中,关于企业非货币性职工薪酬的账务处理表述正确的有(　　)。

   A. 难以认定受益对象的非货币性福利,应当直接计入当期损益

   B. 企业租赁汽车供高级管理人员无偿使用,应当将每期应付的租金计入管理费用

   C. 企业将自有房屋无偿提供给生产工人居住,应当按照该住房的公允价值计入生产成本

   D. 企业以自产产品作为非货币性福利发放给销售人员,应当按照产品的实际成本计入销售费用

10. 下列各项中,企业应记入"应付职工薪酬"科目借方的有(　　)。

    A. 发放职工工资 B. 支付职工的培训费
    C. 缴存职工基本养老保险费 D. 确认因解除与职工劳动关系应给予的补偿

三、判断题

1. 企业因辞退员工而给予的补偿，应根据受益对象，分别计入当期损益或资产成本。（　　）

2. 企业为获得职工提供的服务而在职工退休或与企业解除劳动关系后，提供的各种形式的报酬和福利为辞退福利。（　　）

3. 租赁住房等资产供职工无偿使用的，应将所有受益对象每期应付的租金计入管理费用，并确认应付职工薪酬。（　　）

4. 某企业职工张某经批准获得探亲假6天，企业确认为非累积带薪缺勤，该企业应当在其休假期间确认与非累积带薪缺勤相关的职工薪酬。（　　）

5. 企业为职工缴纳的补充养老保险费，以及为职工购买的商业养老保险不属于企业提供的职工薪酬。（　　）

6. 企业在资产负债表日为换取职工在会计期间提供的服务而应向单独主体缴存的提存金，确认为其他应付款。（　　）

7. 企业计提由其负担的研发中心职工社会保险费和住房公积金，应借记的会计科目是管理费用。（　　）

四、业务题

1. 甲公司为增值税一般纳税人，适用的增值税税率为13%。2023年8月发生与职工薪酬有关的交易或事项如下：

   (1) 对行政销售部门使用的设备进行日常维修，应付企业内部维修人员工资360万元。

   (2) 建造一项工程，计提企业内部在建工程人员工资270万元，假定全部符合资本化条件。

   (3) 将50台自产产品作为福利分配给本公司销售人员。该批产品成本总额为120万元，市场售价总额为150万元（不含增值税）。

   (4) 公司将一批外购库存商品用于职工食堂补贴，该批商品购入时的总价款为100万元，发生的增值税进项税额为13万元，取得了增值税专用发票。

   (5) 月末，分配职工工资900万元，其中直接生产产品人员工资630万元，车间管理人员工资90万元，公司行政管理人员工资120万元，专设销售机构人员工资60万元。

   (6) 从应付公司职工王某的工资中，扣回上月代垫的应由其本人负担的医疗费0.16万元。

   (7) 以银行存款支付职工张某生活困难补助6万元。

   (8) 按规定计算代扣代缴职工个人所得税16万元。

   (9) 以银行存款缴纳职工养老保险费、失业保险费共计300万元。

   【要求】根据以上经济业务编制相关的会计分录。（写出"应付职工薪酬""应交税费"必要的明细科目，答案中的金额单位以万元表示）

2. 某棉纺企业为增值税一般纳税人，适用的增值税税率为13%，2023年7月该企业发生有关交易或事项如下：
(1) 计提供专设销售机构职工免费使用的 4 辆小汽车的折旧，每辆小汽车每月折旧费为 1 000 元。
(2) 企业为 2 名高级管理人员，每人租赁一套公寓免费使用，每套月租金为 1 500 元，按月以银行存款支付。
(3) 以自产的毛巾作为非货币性福利发放给生产工人，该批毛巾的市场售价总额为 80 000 元（不含增值税），成本总额为 55 000 元。
(4) 本月各部门工资计算分配结果如表 5-14 所示。

表 5-14　企业各部门工资分配表

2023 年 7 月　　　　　　　　　　　　　　　　　　　　　　　单位：元

部门	车间生产部门	车间管理部门	行政管理部门	销售部门	施工部门	合　计
工资	750 000	400 000	125 000	150 000	250 000	1 675 000

(5) 结算本月应付工资 1 675 000 元，其中代扣个人所得税 15 000 元，代垫职工房租 5 000 元，职工个人承担养老保险 134 000 元、医疗保险 33 500 元、失业保险 8 375 元、住房公积金 134 000 元，以银行存款发放工资。
(6) 本月计提企业四险一金如表 5-15 所示。

表 5-15　企业四险一金计提表

2023 年 7 月　　　　　　　　　　　　　　　　　　　　　　　单位：元

部　门	车间生产部门	车间管理部门	行政管理部门	销售部门	施工部门	合　计
养老保险（20%）	150 000	80 000	25 000	30 000	50 000	335 000
医疗保险（9%）	67 500	36 000	11 250	13 500	22 500	150 750
工伤保险（1%）	7 500	4 000	1 250	1 500	2 500	16 750
失业保险（1.5%）	11 250	6 000	1 875	2 250	3 750	25 125
住房公积金（10%）	75 000	40 000	12 500	15 000	25 000	167 500
合计（41.5%）	311 250	166 000	51 875	62 250	103 750	695 125

(7) 通过银行分别向社会保险经办机构、住房公积金中心缴纳本月社会保险费及住房公积金。

(8) 行政管理部门经理张明报销探亲路费1 500元，以现金付讫。

(9) 将生产用原材料用于食堂维修，该原材料成本为10 000元、增值税税额为1 300元。

项目六 核算与控制成本和费用业务

项目简介

本项目主要完成企业在经营过程中所涉及营业成本、税金及附加、期间费用等经济业务的账务处理和相应的成本费用控制。

项目导航

核算与控制成本和费用业务
- 核算与控制营业成本、税金及附加业务
- 核算与控制期间费用业务

案例导入

"处心积虑、移花接木"——咨询费造假带给我们的警示

北京市税务局对S公司进行检查时,发现S公司的应纳税所得额50万元,利润率不足1%,而行业平均的利润率在10%左右。税务局第一次检查了该公司的账簿、凭证后,并没有发现异常。第二次调查,税务局从该公司运营流程入手寻找线索,调取了该公司的收入合同、企业产值统计表、申报表等,分析了企业收入来源、类型,并未发现收入有异常。于是将重点放在了成本上,发现对于一年营业收入在6 000万元左右的公司,一年的咨询费竟然高达2 000万元,之后税务局发现该公司的咨询费发票为假发票。通过询证该咨询公司,发现该公司与其并未存在业务往来,检查人员通过对银行资金收支调查,发现该公司有一个隐秘账户,该部分资金通过隐秘账户流转到财务人员,然后再由财务人员提现。

检查人员通过外调查实,S公司所称接受外部咨询服务、通过银行账户支付咨询

费用等均为虚假信息。该公司通过虚构咨询业务,购买开票公司假发票,共虚列成本 2 000 余万元。面对检查人员提供的翔实证据,该公司最终承认了虚增成本,偷逃企业所得税的违法事实。税务局最终对该公司作出补缴税费、滞纳金及罚款合计 3 273 万元的处理决定。

【想一想】企业提供虚假财务信息,虚增费用,违反了哪些会计信息质量要求?一家企业在生产经营过程中,又该如何合法有效地控制各项成本费用?

任务一　核算与控制营业成本、税金及附加业务

学习目标

1. 了解企业营业成本的核算内容。
2. 了解企业税金及附加的核算内容。
3. 理解营业成本、税金及附加相关账户。
4. 能运用企业会计准则,对企业营业成本、税金及附加业务进行账务处理。

任务描述

上海智信公司经营集成电路芯片及有关电子产品的研发、加工、生产和销售业务,在销售产品后,需要计算产品的成本和相关税费,根据原始凭证应进行怎样的账务处理呢?此任务将带你解决这些问题。

知识准备

一、营业成本、税金及附加业务

（一）营业成本的内容

营业成本是企业为生产产品、提供劳务等发生的可归属于产品成本、劳务成本等的费用,包括主营业务成本和其他业务成本。

主营业务成本是指企业确认销售商品、提供劳务等经常性活动所发生的成本。企业

在确认销售商品、提供劳务等主营业务收入时,将已销售商品、已提供劳务的成本确认为主营业务成本。

其他业务成本是指企业确认的除主营业务活动以外的其他经营活动所发生的成本,包括销售材料的成本、出租固定资产的折旧额、出租无形资产的摊销额、出租包装物的成本或摊销额等实际成本。

(二)税金及附加的内容

企业税金及附加包括消费税、城市维护建设税、教育费附加、地方教育附加、资源税、房产税、环境保护税、城镇土地使用税、车船税、印花税等相关税费。税金及附加的具体内容如表6-1所示。

表6-1 税金及附加的具体内容

税费名称	具体内容
消费税	对特定的某些消费品和消费行为征收的一种间接税
城市维护建设税	以纳税人依法实际缴纳的增值税、消费税税额为计税依据所征收的一种税,主要目的是筹集城镇实施建设和维护资金
教育费附加	为加快发展地方教育事业,扩大地方教育经费的资金来源,对缴纳增值税、消费税的单位和个人征收的政府性基金
地方教育附加	是指省、自治区、直辖市人民政府根据《中华人民共和国教育法》和国务院的有关规定,开征的用于教育的政府性基金
资源税	对在中国领域或管辖的其他海域开发应税资源的单位和个人征收的一种税
房产税	以房产为征税对象,按照房产的计税价值或房产租金收入向产权所有人征收的一种税
环境保护税	为了保护和改善环境、减少污染物排放,推进生态文明建设而征收的一种税
城镇土地使用税	是国家在城市、县城、建制镇和工矿区范围内,对使用土地的单位和个人,以其实际占用的土地面积为计税依据,按照规定的税额计算征收的一种税
车船税	是按照法律规定对在中国境内的车辆、船舶,按照规定税目和税额计算征收的一种税
印花税	对经济活动和经济交往中书立、领受具有法律效力的凭证的行为征收的一种税

二、营业成本、税金及附加的账户设置

企业应设置主营业务成本、其他业务成本、税金及附加等账户,账户的设置如表6-2所示。

表 6-2 营业成本、税金及附加的账户设置

账户名称	账户性质	账户用途	账户结构	明细核算
主营业务成本	损益类	核算企业确认销售商品、提供服务等主营业务收入时应结转的成本	借方登记企业应结转的主营业务成本,贷方登记期末转入"本年利润"账户的主营业务成本,结转后该账户应无余额	按主营业务的种类进行明细核算
其他业务成本	损益类	核算企业确认的除主营业务活动以外的其他经营活动所形成的成本,包括出租固定资产的折旧额、出租无形资产的摊销额、出租包装物的成本或摊销额、销售材料的成本	借方登记企业应结转的其他业务成本,贷方登记期末转入"本年利润"账户的其他业务成本,结转后该账户应无余额	按其他业务的种类进行明细核算
税金及附加	损益类	核算企业经营活动发生的消费税、城市维护建设税、教育费附加、资源税、房产税、环境保护税、城镇土地使用税、车船税、印花税等相关税费	借方登记企业按规定计算确定的与经营活动相关的税费;贷方登记期末转入"本年利润"账户的税金及附加,结转后该账户应无余额	按税费的种类进行明细核算

三、营业成本、税金及附加的账务处理

(一) 确认主营业务成本

企业确认销售产品、提供服务等主营业务的成本时,应借记"主营业务成本"科目,贷记"库存商品""合同履约成本"等科目。

(二) 确认其他业务成本

企业确认其他业务成本时,应借记"其他业务成本"科目,贷记"原材料""周转材料""累计折旧""累计摊销""应付职工薪酬""银行存款"等科目。

(三) 确认税金及附加

企业按规定计算确定的与经营活动相关的消费税、城市维护建设税、资源税、教育费附加、房产税、城镇土地使用税、车船税等税费时,应借记"税金及附加"科目,贷记"应交税费"科目。

企业交纳的印花税,不会发生应付未付税款的情况,不需要预计应纳税金额,同时也不存在与税务机关结算或者清算的问题。因此,企业交纳的印花税不通过"应交税费"科目核算,于购买印花税票时,直接借记"税金及附加"科目,贷记"银行存款"科目。

任务实施

有关营业成本、税金及附加的核算与控制业务处理,将通过以下例题说明。

【例 6-1】2023 年 12 月 20 日,上海智信公司销售一批高精度智能显示器,增值税专用发票上注明的售价为 400 000 元、增值税税额为 52 000 元,东华有限责任公司收到该批商品并验收入库;当日收到客户支付的货款存入银行。该批商品成本为 300 000 元。该项业务属于在某一时点履行的履约义务并确认销售收入。上海智信公司核算结果:

(1) 结转成本:

借:主营业务成本　　　　　　　　　　　　　　　　　　　　　　　300 000
　　贷:库存商品——高精度智能显示器　　　　　　　　　　　　　　300 000

(2) 确认收入:

借:银行存款——中国农业银行上海田林支行(005503)　　　　　　452 000
　　贷:主营业务收入　　　　　　　　　　　　　　　　　　　　　　400 000
　　　　应交税费——应交增值税(销项税额)　　　　　　　　　　　　52 000

【例 6-2】2023 年 12 月 30 日,上海智信公司确认材料销售成本,其中 xsq 晶圆 10 片,单位成本为 5 000 元;xsq 半导体材料 60 套,单位成本为 200 元。该 xsq 晶圆、xsq 半导体材料的不含税销售单价分别为 5 200 元和 190 元、价税款已于 12 月 20 日收存银行。上海智信公司核算结果:

(1) 结转成本:

借:其他业务成本　　　　　　　　　　　　　　　　　　　　　　　62 000
　　贷:原材料——xsq 晶圆　　　　　　　　　　　　　　　　　　　50 000
　　　　　　——xsq 半导体　　　　　　　　　　　　　　　　　　　12 000

(2) 确认收入:

借:银行存款——中国农业银行上海田林支行(005503)　　　　　　71 642
　　贷:其他业务收入　　　　　　　　　　　　　　　　　　　　　　63 400
　　　　应交税费——应交增值税(销项税额)　　　　　　　　　　　　8 242

【例 6-3】2023 年 12 月 31 日,上海智信公司确认转让无形资产使用权的无形资产月摊销额 5 000 元,确认不含税的月使用费收入为 8 000 元,增值税 480 元,价税款已收存银行。上海智信公司核算结果:

(1) 计提摊销额:

借:其他业务成本　　　　　　　　　　　　　　　　　　　　　　　5 000
　　贷:累计摊销　　　　　　　　　　　　　　　　　　　　　　　　5 000

(2) 确认收入:

借：银行存款——中国农业银行上海田林支行(005503)   8 480
    贷：其他业务收入   8 000
        应交税费——应交增值税(销项税额)   480

【例 6-4】 2023 年 12 月 31 日，上海智信公司当月销项税额减去进项税额加上进项税额转出的金额为 604 145.57 元，企业以银行存款缴纳该项增值税。上海智信公司核算结果：

借：应交税费——应交增值税(已交税金)   604 145.57
    贷：银行存款   604 145.57

【例 6-5】 2023 年 12 月 31 日，上海智信公司按当月实际缴纳的增值税 604 145.57 元，计提城市维护建设税及教育费附加。上海智信公司核算结果：

(1) 城市维护建设税＝604 145.57×7%＝42 290.19(元)

    教育费附加＝604 145.57×3%＝18 124.37(元)

    地方教育附加＝604 145.57×2%＝12 082.91(元)

(2) 核算结果：

借：税金及附加   72 497.47
    贷：应交税费——应交城市维护建设税   42 290.19
        ——应交教育费附加   18 124.37
        ——应交地方教育附加   12 082.91

【例 6-6】 2023 年 12 月 31 日，上海智信公司以银行存款缴纳当月的城市维护建设税和教育费附加。上海智信公司核算结果：

借：应交税费——应交城市维护建设税   42 290.19
        ——应交教育费附加   18 124.37
        ——应交地方教育附加   12 082.91
    贷：银行存款   72 497.47

> **温馨提示**
>
> 城市维护建设税、教育费附加的计算方法。
>
> (1) 城市维护建设税是以纳税人依法实际缴纳的增值税、消费税税额为计税依据。
>
> (2) 应交城市维护建设税＝(实际缴纳增值税税额加上实际缴纳消费税税额)×适用税率。
>
> (3) 城市维护建设税税率如下：① 纳税人所在地在市区的，税率为 7%。② 纳税人所在地在县城、城镇的，税率为 5%。③ 纳税人所在地不在市区、县城或者乡镇的，税率为 1%。
>
> (4) 教育费附加、地方教育附加是以各单位和个人实际缴纳的增值税、消费税的税额之和为计征依据，附加率分别为 3%、2%，与增值税、消费税同时计算缴纳。

【例 6-7】 2023 年 12 月 31 日,上海智信公司房产的原值为 50 000 000 元,房产税税率为 1.2%,按规定房产税的扣除比例为 30%。上海智信公司核算结果:

(1) 房产税 = 50 000 000 × (1 − 30%) × 1.2% = 420 000(元)

(2) 上海智信公司核算结果:

借：税金及附加　　　　　　　　　　　　　　　　　　　　　　420 000
　　贷：应交税费——应交房产税　　　　　　　　　　　　　　　　420 000

业财融合与审核

企业发生营业成本、税金及附加等相关业务,通过财务核算与审核,达到业务与财务融合的目的。具体内容如表 6-3 所示。

表 6-3　营业成本、税金及附加业务的业财融合与审核

业　务	财　务	审　核
营业成本的确认与计量	根据出库单、发票等凭证进行账务处理	(1) 查明营业成本是否与营业收入相配比,即营业成本的确认是否与营业收入的确认相匹配,确保收入和成本的确认在时间和金额上的一致性 (2) 检查是否存在只记收入不记成本,或只记成本不记收入的情况
税金及附加的确认与计量	对确认的税金及附加发生额进行账务处理,期末结转至本年利润科目	(1) 各项税费的税率、计税依据是否准确,是否存在用错税率或计税依据的情况 (2) 审核企业缴纳税费时,应关注税款所属期限、实际缴纳期限是否正确,缴纳的税额是否与计提数一致

【课堂练习 6-1】

某公司 2023 年 12 月发生下列经济业务。

(1) 确认商品销售成本 150 000 元。

(2) 确认原材料销售成本 30 000 元。

(3) 确认应交房产税 70 000 元。

(4) 确认出租无形资产摊销额 4 000 元。

要求:根据上述经济业务编制会计分录。(答案中的金额单位用元表示)

任务二　核算与控制期间费用业务

学习目标

1. 了解企业期间费用的核算内容。
2. 理解核算期间费用相关账户内容。
3. 掌握控制期间费用的主要内容。
4. 能运用企业会计准则，对企业经营活动期间发生的销售费用、管理费用、财务费用进行账务处理。

任务描述

上海智信公司在生产经营过程中，可能发生销售费用、管理费用和财务费用。那么企业对发生的费用应怎样核算呢？此任务将带你解决这些问题。

知识准备

一、期间费用的内容

期间费用是指企业日常活动发生的不能计入特定核算对象的成本，而应计入发生当期损益的费用，包括销售费用、管理费用和财务费用。

期间费用是企业日常活动中所发生的经济利益的流出，通常不计入特定的成本核算对象，这是因为期间费用是企业为组织和管理整个经营活动所发生的费用，与可以确定特定成本核算对象的材料采购、产成品生产等没有直接关系，因而于发生时直接计入当期损益。

（一）销售费用

销售费用是指企业销售商品和材料、提供服务的过程中发生的各种费用，包括企业在销售商品过程中发生的保险费、包装费、展览费、广告费、商品维修费、预计产品质量保证损失、运输费、装卸费等，以及为销售本企业商品而专设的销售机构（含销售网点、售后服务网点等）的职工薪酬、业务费、折旧费等经营费用。企业发生的与专设销售机构相关的固定资产修理费用等后续支出也属于销售费用。销售费用是与企业销售商品活动有关的费用,但不包括销售商品本身的成本,该成本属于主营业务成本。

(二) 管理费用

管理费用是指企业为组织和管理生产经营发生的各种费用,包括企业在筹建期间发生的开办费、董事会和行政管理部门在企业的经营管理中发生的以及应由企业统一负担的公司经费(包括行政管理部门职工薪酬、物料消耗、低值易耗品摊销、办公费和差旅费等)、行政管理部门负担的工会经费、董事会费(包括董事会成员津贴、会议费和差旅费等)、聘请中介机构费、咨询费(含顾问费)、诉讼费、业务招待费、技术转让费、研究费用等。企业行政管理部门发生的固定资产修理费用等后续支出,也作为管理费用核算。

(三) 财务费用

财务费用是指企业为筹集生产经营所需资金等而发生的筹资费用,包括利息支出(减利息收入)、汇兑损益及相关的手续费等。

二、期间费用的核算内容

期间费用的核算内容包括核算销售费用、管理费用和财务费用。

费用应按照权责发生制确认,凡应属于本期发生的费用,不论其款项是否支付,均确认为本期费用;反之,不属于本期发生的费用,即使其款项已在本期支付,也不确认为本期费用。

期间费用包含以下两种情况:一是企业发生的不符合或者不再符合资产确认条件的支出,应当在发生时确认为费用,计入当期损益。二是企业发生的交易或者事项导致其承担了一项负债,而又不确认为一项资产的,应当在发生时确认为费用计入当期损益。

企业应建立完善的内部控制体系,对期间费用的核算过程进行监督和检查,确保财务成果的准确性和可靠性。企业核算与控制期间费用的流程主要包括以下几个步骤:一是财务部门制定相关成本费用标准。二是总经理审批标准,审批通过后各部门按照标准开展生产活动。三是各部门汇总并上报财务部本部门发生的各项成本和费用等。四是财务部门对成本费用进行汇总与核算,并核算税金及附加。五是财务部将财务数据报总经理审批,审批通过后财务部整理并存档。在整个核算过程中,各个部门之间需要保持密切的沟通与协作,确保数据的准确性和一致性。需要注意,不同企业的核算流程可能因业务规模、行业特性等因素而有所不同。企业核算与控制期间费用的流程如图 6-1 所示。

三、期间费用的账户设置

期间费用的账户设置如表 6-4 所示。

核算与控制期间费用的流程

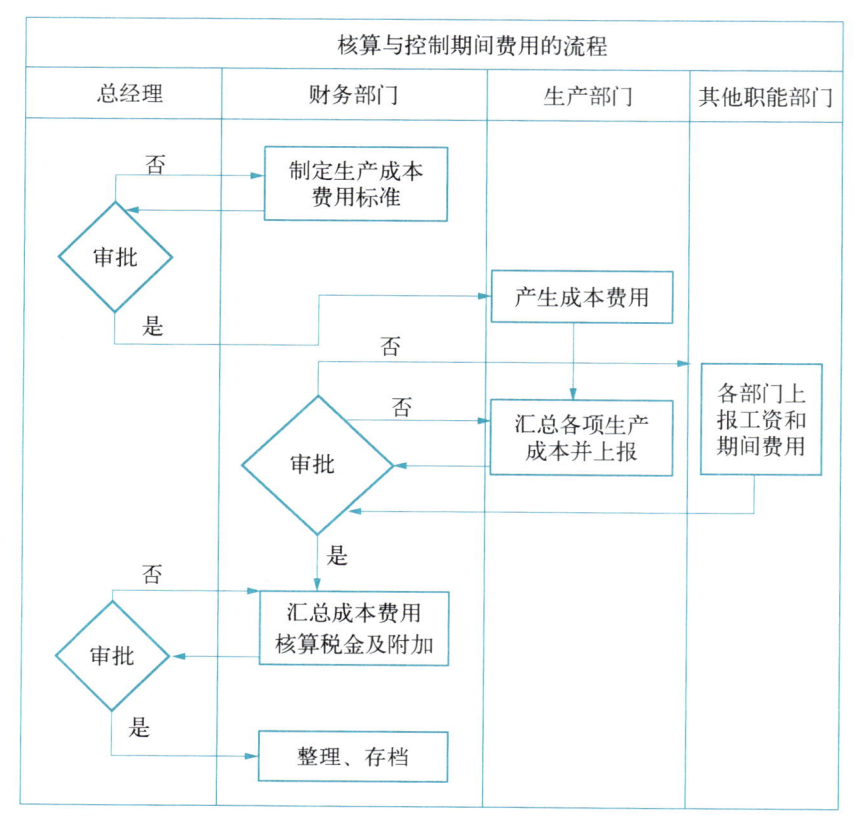

总经理	财务部门	生产部门	其他职能部门
审批（否→制定生产成本费用标准；是↓）	制定生产成本费用标准	产生成本费用	各部门上报工资和期间费用
审批（否→汇总各项生产成本并上报；是↓）	汇总各项生产成本并上报		
审批（否→汇总成本费用 核算税金及附加；是↓）	汇总成本费用 核算税金及附加		
	整理、存档		

图 6-1 核算与控制期间费用的流程

表 6-4 期间费用的账户设置

账户名称	账户性质	账户用途	账户结构	明细核算
销售费用	损益类	核算销售费用的发生和结转情况	借方登记企业发生的各项销售费用，贷方登记期末转入"本年利润"账户的销售费用，结转后该账户应无余额	按费用项目进行明细核算
管理费用	损益类	核算管理费用的发生和结转情况	借方登记企业发生的各项管理费用，贷方登记期末转入"本年利润"账户的管理费用，结转后该账户应无余额	按费用项目进行明细核算
财务费用	损益类	核算财务费用的发生和结转情况	借方登记企业发生的各项财务费用，贷方登记期末转入"本年利润"账户的财务费用，结转后该账户应无余额	按费用项目进行明细核算

任务实施

一、核算销售费用

企业发生各项销售费用时,应按实际发生的金额,借记"销售费用"科目,贷记"银行存款""累计折旧"等科目。

【例6-8】2023年12月10日,上海智信公司为宣传产品,以银行存款支付广告费,取得的增值税专用发票上注明的价款为50 000元、增值税税额为3 000元。上海智信公司核算结果:

借:销售费用——广告费　　　　　　　　　　　　　　　50 000
　　应交税费——应交增值税(进项税额)　　　　　　　　　3 000
　　贷:银行存款——中国农业银行上海田林支行(005503)　53 000

【例6-9】2023年12月13日,上海智信公司销售产品一批,取得的增值税专用发票上注明的运输费为70 000元、增值税税额为6 300元,取得的增值税普通发票上注明的装卸费价税合计为30 000元,上述款项均以银行存款支付。上海智信公司核算结果:

借:销售费用——运输费　　　　　　　　　　　　　　　70 000
　　　　　　——装卸费　　　　　　　　　　　　　　　30 000
　　应交税费——应交增值税(进项税额)　　　　　　　　　6 300
　　贷:银行存款——中国农业银行上海田林支行(005503)　106 300

【例6-10】2023年12月1日,上海智信公司计提专设销售机构办公设备折旧费1 000元。上海智信公司核算结果:

借:销售费用——折旧费　　　　　　　　　　　　　　　1 000
　　贷:累计折旧　　　　　　　　　　　　　　　　　　　1 000

二、核算管理费用

企业发生各项管理费用时,应按实际发生的金额,借记"管理费用"科目,贷记"银行存款""累计折旧"等科目。

【例6-11】2023年12月20日,上海智信公司用银行存款支付接待客户的住宿费和餐费,取得的增值税专用发票上注明的住宿费为20 000元、增值税税额为1 200元,取得的增值税普通发票上注明的餐费为10 000元、增值税税额为600元。上海智信公司核算结果:

借:管理费用——业务招待费　　　　　　　　　　　　　30 600
　　应交税费——应交增值税(进项税额)　　　　　　　　　1 200
　　贷:银行存款——中国农业银行上海田林支行(005503)　31 800

【例 6-12】2023 年 12 月 12 日,上海智信公司采购部职员张涛报销差旅费 7 000 元,退回现金 3 000 元。上海智信公司核算结果:

  借:管理费用——差旅费   7 000
    库存现金   3 000
    贷:其他应收款——张涛   10 000

【例 6-13】2023 年 12 月 31 日,上海智信公司以银行存款支付本月发生的水费,取得的增值税专用发票注明的价款为 48 000 元、增值税税额为 4 320 元。其中:生产车间负担 34 000 元,行政管理部门负担 9 000 元,销售部门负担 2 000 元,研发部门负担 3 000 元。上海智信公司核算结果:

  借:制造费用   34 000
    管理费用   9 000
    销售费用   2 000
    研发支出——费用化支出   3 000
    应交税费——应交增值税(进项税额)   4 320
    贷:预付账款——上海市自来水公司   52 320

【例 6-14】2023 年 12 月 31 日,上海智信公司以银行存款支付本月发生的电费,取得的增值税专用发票注明的价款为 142 000 元、增值税税额为 18 460 元。其中:生产车间负担 112 000 元,行政管理部门负担 17 000 元,销售部门负担 8 000 元,研发部门负担 5 000 元。上海智信公司核算结果:

  借:制造费用   112 000
    管理费用   17 000
    销售费用   8 000
    研发支出——费用化支出   5 000
    应交税费——应交增值税(进项税额)   18 460
    贷:预付账款——国网上海市电力公司   160 460

【例 6-15】2023 年 12 月 31 日,上海智信公司将本月发生的研发支出中的费用化支出 201 895 元转入管理费用。上海智信公司核算结果:

  借:管理费用——研究费用   201 895
    贷:研发支出——费用化支出   201 895

三、核算财务费用

  企业发生各项财务费用时,应按实际发生的金额,借记"财务费用"科目,贷记"银行存款""应付利息"等科目。

  【例 6-16】2023 年 12 月 6 日,上海智信公司以银行存款支付银行承兑汇票手续费 80 元。上海智信公司核算结果:

借：财务费用——手续费　　　　　　　　　　　　　　　　　　　　　　80
　　贷：银行存款——中国农业银行上海田林支行(005503)　　　　　　80

【例 6-17】 2023 年 12 月 22 日,收到开户银行转来活期存款利息清单 300 元。上海智信公司核算结果：

借：银行存款——中国农业银行上海田林支行(005503)　　　　　　300
　　贷：财务费用——利息收入　　　　　　　　　　　　　　　　　　300

四、控制期间费用

(一) 控制期间费用的手段

1. 预算管理

企业应根据自身的经营特点和财务状况制定合理的期间费用预算方案。

2. 优化采购管理

企业应该选择稳定且信誉良好的供应商,获取合理的采购价格,并通过谈判、比较等方式降低采购费用,提高采购效率。

3. 人力资源管理

企业应合理控制人员数量、职工薪酬和用工方式,提高用工效率,减少人员流动,降低用工成本。

4. 应用数字技术

企业应合理利用数字技术,如 ERP 系统、财务软件等,帮助实现信息共享,提高生产计划、销售管理等流程的效率,减少人工成本。

(二) 控制期间费用的方法

1. 销售费用的控制方法

企业需要配比销售贡献,采用预算控制、审核控制和利益贡献报表来进行控制。销售费用是企业变动性较强的一类费用,它可能受到市场、销售策略等多种因素的影响。因此,销售预算和销售贡献配比比较重要,销售预算要贴近客户、市场情况,同时需要考虑市场前景等因素,以使预算更加客观、合理。采用审核控制来评估预算执行的情况,如果偏离预算太多则要及时调整。利益贡献报表可以清晰反映出营销过程中的具体业务收入和支出情况,便于销售经理统筹管理,制定更优的销售策略,为企业带来更大的利益。

2. 管理费用的控制方法

企业应采取预算控制、审核控制和流程控制等手段管控管理费用。由于管理费用更多的是一种固定成本,企业管理者需要在年度预算制定的初期就要设立管理费用的预算,把有关费用的标准定出来,以此达成统一目标。审核控制需要对企业内部的预算进行反复的分析、评估企业偏离制定目标的情况,如果偏差较大就需要调整企业原定预算,以使费用控制更加准确。流程控制需要建立一套科学的管理流程,尽可能节约办公用品等资源的耗费。

3. 财务费用的控制方法

企业需要结合资金成本和投资利润率综合研究财务费用的控制。财务费用主要包括资金的筹集成本和资金的使用成本，企业管理者需要根据企业的实际情况制定合理的财务费用预算，合理安排现金流，通过稳妥的财务规划来控制财务费用的支出。

总的来说，期间费用的控制对于企业的经营管理至关重要，企业要明确所控制的期间费用的内容和特征，针对不同类型的费用制定相应的管控方法，通过精细的、科学的管理来实现期间费用的有效控制。

业财融合与审核

企业发生销售费用、管理费用、财务费用等相关业务，通过财务核算与审核，达到业务与财务融合的目的。具体内容如表6-5所示。

表6-5 期间费用业务的业财融合与审核

业　务	财　务	审　核
销售费用的确认与计量	根据发票、报销单等凭证进行账务处理	(1) 核实销售费用的开支是否仅限于销售活动相关的直接费用，确保没有将不应计入销售费用的项目，如业务招待费、代垫运杂费等错误地列入其中 (2) 审查销售费用在产品或业务之间的分配是否合理，是否符合企业的销售策略和预算规划
管理费用的确认与计量	根据发票、报销单等凭证进行账务处理	(1) 审核相关凭证单据是否有领导签章，以确保费用的真实性、合规性 (2) 审核各个具体项目金额的大小是否合理。重点关注那些变化凸显的费用项目，查明其变化的原因
财务费用的确认与计量	根据银行回单等凭证进行账务处理	(1) 审核利息费用的计算是否准确，是否按照借款合同和相关协议约定的利率和支付周期进行 (2) 检查是否存在异常的利息支出情况，例如利率明显高于市场水平或支付周期与约定不符，可能存在潜在的风险或违规行为

【课堂练习6-2】

某公司2023年12月发生下列经济业务。

(1) 采购员出差归来报销差旅费1 880元(高铁票，增值税税率为9%)，交回剩余现金120元。

(2) 签发转账支票支付广告费 8 000 元(含税,增值税税率为 6%)。

(3) 用现金 900 元支付销售商品的运输劳务费。

(4) 签发转账支票 1 500 元支付咨询机构技术服务费(含税,增值税税率为 6%)。

(5) 接银行通知,已从企业存款户中扣收银行手续费 1 000 元(含税,增值税税率为 6%)。

要求:根据上述经济业务编制会计分录。(答案中的金额单位用元表示)

项目小结

完成企业发生的营业成本、税金及附加、期间费用核算工作是基础,而加强对企业营业成本、税金及附加、期间费用的控制,达到降本增效才是关键所在。

项 目 测 试

一、单选题

1. 企业应记入"财务费用"科目的是( )。
   A. 商业折扣　　　　　　　　　　B. 费用化利息支出
   C. 销售退回　　　　　　　　　　D. 销售折让

2. 下列各项中,不属于费用的项目是( )。
   A. 董事会费　　　　　　　　　　B. 劳动保险费
   C. 销售人员工资　　　　　　　　D. 车间管理人员工资

3. 企业的罚没支出属于( )。
   A. 管理费用　　B. 营业外支出　　C. 主营业务成本　　D. 其他业务成本

4. 某企业为增值税一般纳税人,2023 年应交的各种税金如下:增值税 350 万元,消费税 150 万元,城市维护建设税 35 万元,土地使用税 10 万元,房产税 10 万元,车船税 5 万元,土地增值税 3 万元,所得税 250 万元。上述各项税金应计入税金及附加的金额为( )万元。
   A. 213　　　　　B. 350　　　　　C. 463　　　　　D. 500

5. 关于"销售费用"科目的表述,不正确的是( )。
   A. 属于损益类科目
   B. 借方登记本期发生的各项销售费用
   C. 期末有借方余额
   D. 贷方登记期末结转"本年利润"的销售费用

6. 不记入"税金及附加"科目的是（　　）。
   A. 增值税　　　　B. 消费税　　　　C. 印花税　　　　D. 城市维护建设税

7. 专设销售机构发生的办公费用,应当计入（　　）。
   A. 管理费用　　　B. 销售费用　　　C. 财务费用　　　D. 营业外支出

8. WW公司为增值税一般纳税人。2023年应交各种税费为：增值税50万元,消费税150万元,城市维护建设税14万元,房产税10万元,车船税5万元。上述各项税费应计入税金及附加的金额为（　　）万元。
   A. 29　　　　　　B. 50　　　　　　C. 179　　　　　　D. 200

9. 下列各项中,不应计入销售费用的是（　　）。
   A. 广告费和展览费　　　　　　　　B. 销售商品发生的代垫运输费
   C. 销售商品发生的运输费　　　　　D. 售后服务网点工作人员的工资

10. 下列各项中,作为当期营业利润扣除项目的是（　　）。
    A. 增值税　　　　B. 广告费　　　　C. 罚款支出　　　D. 所得税费用

二、多选题

1. 下列各项中,可以计入利润表"税金及附加"项目的有（　　）。
   A. 增值税　　　　　　　　　　　　B. 消费税
   C. 教育费附加　　　　　　　　　　D. 城市维护建设税

2. 下列各项中,影响营业利润的项目有（　　）。
   A. 支付的广告费　　　　　　　　　B. 银行存款的利息收入
   C. 收到的罚没收入　　　　　　　　D. 发生的业务招待费

3. 下列各项中,应计入管理费用的有（　　）。
   A. 车船税　　　　　　　　　　　　B. 财产保险费
   C. 业务招待费　　　　　　　　　　D. 筹建期间的开办费

4. 下列各项中,属于营业外支出核算内容的项目有（　　）。
   A. 罚款支出　　　　　　　　　　　B. 非常损失
   C. 固定资产盘亏　　　　　　　　　D. 公益性捐赠支出

5. 下列各项中,属于财务费用的项目有（　　）。
   A. 利息收入　　　　　　　　　　　B. 利息支出
   C. 商业折扣　　　　　　　　　　　D. 金融机构手续费

6. 下列各项中,属于管理费用的项目有（　　）。
   A. 展览费　　　　B. 技术转让费　　C. 产品包装费　　D. 财产保险费

7. 下列各项中,企业应通过"其他业务成本"科目核算的有（　　）。
   A. 预计的产品质量保证损失　　　　B. 销售原材料所结转的实际成本
   C. 行政管理部门发生的固定资产修理费　D. 短期出租固定资产的折旧费

8. 下列各项中,需要记入"销售费用"科目中的有（　　）。

A. 产品促销费用　　　　　　　　　B. 预计产品质量保证损失
C. 销售部门的计算机日常维修费用　　D. 购入存货过程中发生的运输费用

三、判断题

1. 企业为拓展销售市场而发生的业务招待费，应计入销售费用。　　　　　（　　）
2. 企业生产过程发生的所有支出均构成企业的费用。　　　　　　　　　　（　　）
3. 费用和损失是指企业在日常活动中发生的、会导致所有者权益减少与向所有者分配利润无关的经济利益的总流出。　　　　　　　　　　　　　　　　　　（　　）
4. 企业取得的收入和发生费用，最终会导致所有者权益发生变化。　　　　（　　）
5. 费用在转入"本年利润"后，期末无余额。　　　　　　　　　　　　　　（　　）
6. 管理费用是企业为筹集生产经营资金而发生的费用。　　　　　　　　　（　　）
7. 企业向银行或其他金融机构借入的各种款项所发生的利息均应计入财务费用。
　　　　　　　　　　　　　　　　　　　　　　　　　　　　　　　　　（　　）
8. 利润表中"营业成本"项目，反映企业销售产品和提供劳务等主要经营业务的各项销售费用和实际成本。　　　　　　　　　　　　　　　　　　　　　　　　（　　）
9. 某企业从银行借入 3 年期的借款，用于固定资产的建造，期间发生的借款利息应记入"财务费用"科目。　　　　　　　　　　　　　　　　　　　　　　　　　（　　）
10. 管理费用科目可按照管理费用的费用项目进行明细核算。　　　　　　（　　）

四、计算题

AB 公司为增值税一般纳税人，2022 年 12 月初"应交税费——未交增值税"科目借方余额为 100 500 元，适用的城市维护建设税税率为 7%、教育费附加征收比率为 3%。12 月有关业务和事项如下：

(1) 发生的增值税销项税额为 525 200 元，增值税进项税额为 195 050 元，增值税进项税额转出为 29 900 元。
(2) 销售应税消费品应交的消费税为 180 000 元，支付受托方代收代缴的消费税为 16 000 元，产品收回后用于继续生产应税消费品。
(3) 应缴纳的房产税为 60 000 元、车船税为 15 000 元、城镇土地使用税为 45 000 元。
(4) 假设本月应纳税费均已如数缴纳。

【要求】根据上述资料，计算 12 月的下列项目金额。
(1) 应交的增值税税额和实际缴纳的增值税税额。
(2) 应交的消费税税额。
(3) 应交的城市维护建设税和教育费附加。
(4) "税金及附加"的发生额。

五、业务题

上元公司为增值税一般纳税企业，适用的增值税税率为 13%，适用的所得税税率为 25%。商品销售价格中均不含增值税额；商品销售成本按发生的经济业务逐项结转。销售商品及提供劳务均为其主营业务。资产销售(出售)均为正常的商业交易,采用公允的交易价格结算。除非特别指明,所售资产均未计提减值准备。

上元公司2023年12月发生的部分经济业务及相关资料如下:

(1) 1日,向A公司销售一批商品,增值税专用发票上注明销售价格为500万元,增值税税率为13%,消费税税率为10%。提货单和增值税专用发票已交A公司,款项尚未收取。为及时收回货款,给予A公司的现金折扣条件如下:2/10,1/20,n/30(假定计算现金折扣时不考虑增值税)。该批商品的实际成本为350万元。

(2) 9日,收到A公司支付的货款存入银行。

(3) 22日,销售包装材料一批,价款为60万元,该材料发出成本为50万元。款项已收入银行。

(4) 上元公司期末计提本金为10 000万元的长期借款利息,该借款为2022年1月1日借入的2年期借款,该借款分期付息、到期还本,年利率为6%,按月计提利息,该借款利息不符合资本化条件。

(5) 上元公司作为福利为20名高管人员配备汽车每人一辆,每辆汽车每月计提的折旧额为0.5万元。

【要求】编制上元公司上述经济业务相关的会计分录。("应交税费"科目要求写出明细科目及专栏名称)

项目七 核算财务成果

项目简介

本项目主要是在理解企业财务成果形成过程中所涉及的经济业务,并在此基础上掌握财务成果的账务处理。

项目导航

核算财务成果
- 核算营业外收入、营业外支出业务
- 核算所得税费用业务
- 核算利润形成及分配业务

案例导入

"瑞幸咖啡"造假事件

2019年4月,瑞幸咖啡在美国纳斯达克证券交易所上市,成为中国咖啡行业的一匹黑马。然而,在2020年4月初,有机构发布了一份名为"瑞幸咖啡财务造假"的报告,指控瑞幸咖啡存在虚增销售额、利润等问题。随后经过调查,证实了这些指控的真实性,并导致了瑞幸咖啡股价暴跌。

2020年5月19日,美国证券交易委员会(SEC)正式对瑞幸咖啡提起诉讼,并公布了相关细节。根据SEC的指控和调查结果显示:自2019年第二季度至2019年第四季度期间,瑞幸咖啡通过虚构交易和人工创造销售收入等方式大量夸大公司业绩数据。

2020年7月31日,财政部表示,已经完成对瑞幸咖啡公司境内运营主体会计信息质量检查。在检查中发现,自2019年4月起至2019年末,瑞幸咖啡通过虚构商品券业务增加交易额22.46亿元(人民币,下同),虚增收入21.19亿元(占对外披露收入51.5亿元的41.16%），虚增成本费用12.11亿元，虚增利润9.08亿元。2020年9月18日，国家市场监督管理总局及上海、北京市市场监管部门，对瑞幸咖啡（中国）有限公司、瑞幸咖啡（北京）有限公司等公司作出行政处罚决定。2021年4月，美股投资者在中国上海起诉瑞幸咖啡，法院正式立案。

【想一想】企业该如何营造诚信文化与培养财务人员的会计职业道德？

任务一　核算营业外收入、营业外支出业务

学习目标

1. 了解营业外收入的含义、核算内容。
2. 了解营业外支出的含义、核算内容。
3. 能运用企业会计准则，对企业营业外收支业务进行账务处理。

任务描述

上海智信公司经营集成电路芯片及有关电子产品的研发、加工、生产和销售业务，在生产经营过程中，往往发生与企业无关的收入或支出，根据原始凭证应进行怎样的账务处理呢？此任务将带你解决这些问题。

知识准备

企业财务成果的核算需要多个部门的协作完成。各部门根据其职能和特点，参与核算的不同环节，确保核算的准确性和完整性。企业财务成果核算主要包括以下几个流程：首先，各职能部门记录营业外收入与支出的业务活动，并将相关的原始凭证传递给财务部门。财务部门审核无误后，确认营业外收入和营业外支出。其次，财务部门根据有关税法规定和相关财务数据，计算营业利润、利润总额、所得税费用和净利润。最后，企业管理层根据企业的情况制定利润分配方案，财务部门根据方案进行账务处理，分配完成后财务部门编制相关的财务报表和报告。企业核算财务成果的流程如图7-1所示。

项目七 核算财务成果

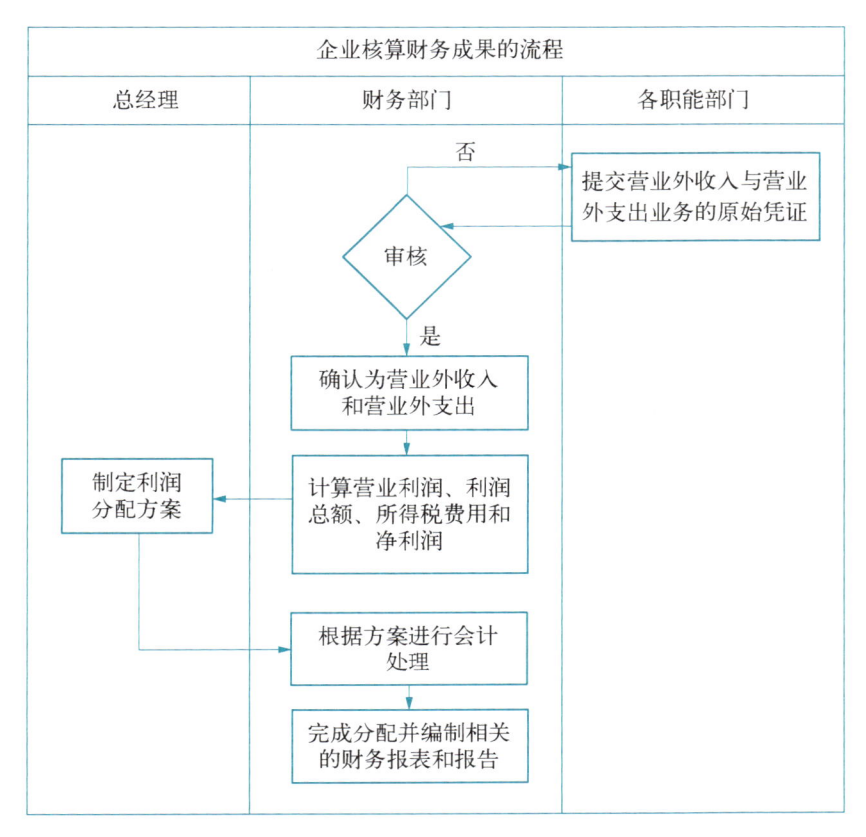

图 7-1 企业核算财务成果流程图

一、认知营业外收支业务

(一) 营业外收入业务

营业外收入是指企业确认的与其日常活动无直接关系的各项利得。

营业外收入并不是由企业经营资金耗费所产生的,实际上是经济利益的净流入,不需要与有关的费用进行配比。营业外收入主要包括非流动资产毁损报废收益、与企业日常活动无关的政府补助、盘盈利得、捐赠利得等。营业外收入的明细项目及具体内容如表7-1 所示。

表 7-1 营业外收入的明细项目及具体内容

明 细 项 目	具 体 内 容
非流动资产毁损报废收益	是指因自然灾害等发生毁损、已丧失使用功能而报废非流动资产所产生的清理收益
与企业日常活动无关的政府补助	是指企业从政府无偿取得货币性资产或非货币性资产,且与企业日常活动无关的利得

191

续　表

明　细　项　目	具　体　内　容
盘盈利得	是指企业对现金等资产清查盘点时发生盘盈，报经批准后计入营业外收入的金额
捐赠利得	是指企业接受捐赠产生的利得

（二）营业外支出业务

营业外支出是指企业发生的与其日常活动无直接关系的各项损失，主要包括非流动资产毁损报废损失、捐赠支出、盘亏损失、非常损失、罚款支出等。营业外支出的明细项目及具体内容如表7-2所示。

表7-2　营业外支出的明细项目及具体内容

明　细　项　目	具　体　内　容
非流动资产毁损报废损失	是指因自然灾害等发生毁损、已丧失使用功能而报废非流动资产所产生的清理损失
捐赠支出	是指企业对外进行捐赠发生的支出
盘亏损失	是指企业对于财产清查盘点中盘亏的资产，查明原因并报经批准后计入营业外支出的损失
非常损失	是指企业对于因客观原因（如自然灾害等）造成的损失，扣除保险公司赔偿后应计入营业外支出的净损失
罚款支出	是指企业支付的行政罚款、税务罚款，以及其他违反法律法规、合同协议等而支付的罚款、违约金、赔偿金等支出

二、营业外收支的核算内容与账户设置

1. 核算内容

营业外收支的核算内容包括确认营业外收入和营业外支出业务、结转营业外收入和营业外支出业务。

2. 账户设置

营业外收支的账户设置如表7-3所示。

表7-3　营业外收支的账户设置

账户名称	账户性质	账户用途	账户结构	明细核算
营业外收入	损益类	核算营业外收入的取得及结转情况	贷方登记确认的营业外收入，借方登记期末将"营业外收入"转入"本年利润"账户的金额，结转后该账户无余额	按照营业外收入项目进行明细核算

续 表

账户名称	账户性质	账户用途	账户结构	明细核算
营业外支出	损益类	核算营业外支出的发生及结转情况	借方登记确认的营业外支出,贷方登记期末将"营业外支出"转入"本年利润"账户的金额,结转后该账户无余额	按照营业外支出项目进行明细核算

任务实施

一、核算营业外收入业务

1. 确认营业外收入

企业确认营业外收入时,应借记"固定资产清理""银行存款"等科目,贷记"营业外收入"科目。

【例 7-1】2023 年 12 月 1 日,上海智信公司将固定资产报废的净收益 2 750 元转作营业外收入。上海智信公司核算结果:

借:固定资产清理　　　　　　　　　　　　　　　　　　　2 750
　　贷:营业外收入　　　　　　　　　　　　　　　　　　　　　2 750

【例 7-2】2023 年 12 月 19 日,上海智信公司在现金清查中盘盈 250 元。12 月 31 日,按管理权限报经批准后转入营业外收入。上海智信公司核算结果:

(1) 12 月 19 日盘盈时:

借:库存现金　　　　　　　　　　　　　　　　　　　　　　250
　　贷:待处理财产损溢——待处理流动资产损溢　　　　　　　　250

(2) 12 月 31 日处理盘盈时:

借:待处理财产损溢——待处理流动资产损溢　　　　　　　　250
　　贷:营业外收入　　　　　　　　　　　　　　　　　　　　　　250

【例 7-3】2023 年 12 月 14 日,上海智信公司收到捐赠款 424 520 元。上海智信公司核算结果:

借:银行存款　　　　　　　　　　　　　　　　　　　　　　424 520
　　贷:营业外收入　　　　　　　　　　　　　　　　　　　　　　424 520

2. 结转营业外收入

企业结转营业外收入时,应借记"营业外收入"科目,贷记"本年利润"科目。

二、核算营业外支出业务

1. 确认营业外支出

企业确认营业外支出时,应借记"营业外支出"科目,贷记"固定资产清理""银行存款"等科目。

【例 7-4】2023 年 12 月 31 日,上海智信公司结转毁损报废设备净损失 50 000 元。上海智信公司核算结果:

借:营业外支出　　　　　　　　　　　　　　　　　　　　　50 000
　　贷:固定资产清理　　　　　　　　　　　　　　　　　　　50 000

【例 7-5】2023 年 12 月 7 日,上海智信公司将自产高精度智能显示器一批通过赈灾委员会向地震灾区捐赠,该批产品的实际成本为 450 000 元,市场不含税售价为 600 000 元,开具的增值税专用发票上注明的增值税税额为 78 000 元。上海智信公司核算结果:

借:营业外支出　　　　　　　　　　　　　　　　　　　　　528 000
　　贷:库存商品——高精度智能显示器　　　　　　　　　　　450 000
　　　　应交税费——应交增值税(销项税额)　　　　　　　　　78 000

【例 7-6】2023 年 12 月 7 日,上海智信公司以银行存款支付赔偿金,取得增值税普通发票注明的金额为 1 000 元。上海智信公司核算结果:

借:营业外支出　　　　　　　　　　　　　　　　　　　　　1 000
　　贷:银行存款——中国农业银行上海田林支行(005503)　　　1 000

2. 结转营业外支出

期末,企业结转营业外支出时,应借记"本年利润"科目,贷记"营业外支出"科目。

业财融合与审核

企业发生营业外收支业务,通过财务核算与审核,达到业务与财务融合的目的。其具体内容如表 7-4 所示。

表 7-4　营业外收支业务的业财融合与审核

业　务	财　务	审　核
营业外收支的确认与计量	企业根据发票、银行回单等凭证对营业外收支的金额进行账务处理。期末将营业外收支余额分别转入"本年利润"账户的贷方和借方	(1) 检查营业外收入与支出的来源是否真实可靠,确保没有虚列、多记或少记的情况 (2) 验证各项费用的真实性,确保所有费用都实际发生,并有充分的凭证支持,如发票、合同等 (3) 分析营业外收入的金额和比例是否合理,是否与企业经营规模和市场环境相符

续 表

业　　务	财　　务	审　　核
		（4）审查营业外支出的合理性，检查是否存在异常的大额支出或不必要的开支

【课堂练习 7-1】

2023 年 12 月，某企业发生下列经济业务。

（1）盘盈现金 150 元，按管理权限报经批准后转入营业外收入。

（2）以银行存款支付违约金，取得普通发票注明的金额为 5 000 元。

要求：根据上述经济业务编制会计分录。

任务二　核算所得税费用业务

学习目标

1. 了解企业所得税费用的含义。
2. 了解纳税调整增加额、纳税调整减少额的具体内容。
3. 掌握应纳税所得额的计算方法。
4. 掌握应纳所得税额的计算方法。
5. 能运用企业会计准则，对企业所得税费用进行账务处理。

任务描述

上海智信公司 2023 年度实现利润总额 11 375 850.65 元，假设不存在纳税调整，该如何计算公司的应纳税所得额及应纳所得税额？此任务将带你解决这些问题。

知识准备

一、所得税费用概述

企业的所得税费用包括当期所得税和递延所得税两部分，其中，当期所得税是指当期应交所得税。递延所得税包括递延所得税资产和递延所得税负债。递延所得税资产是指以未来期间很可能取得用来抵扣可抵扣暂时性差异的应纳税所得额为限确认的一项资产。递延所得税负债是指根据应纳税暂时性差异计算的未来期间应付所得税的金额。

应交所得税是指企业按照《中华人民共和国企业所得税法》(以下简称《企业所得税法》)规定计算确定的针对当期发生的交易和事项,应缴纳给税务部门的所得税金额,即当期应交所得税。

应纳税所得额是在企业税前会计利润(即利润总额)的基础上调整确定的,计算公式为:

应纳税所得额＝税前会计利润＋纳税调整增加额－纳税调整减少额

纳税调整增加额是指《企业所得税法》规定允许扣除项目中,企业已计入当期费用但超过税法规定扣除标准的金额,以及企业已计入当期损失但《企业所得税法》规定不允许扣除项目的金额。

纳税调整增加的具体内容如表7-5所示。

表7-5 纳税调整增加的具体内容

项目名称	项目比例	具体内容
职工福利费	14%	超过《企业所得税法》规定标准的职工福利费
工会经费	2%	超过《企业所得税法》规定标准的工会经费
职工教育经费	8%	超过《企业所得税法》规定标准的职工教育经费
业务招待费	60%、5‰	发生额的60%扣除,但最高不得超过当年营业收入的5‰
公益性捐赠支出	12%	年度利润总额12%以内
广告费和业务宣传费	15%	当年收入的15%以内
税收滞纳金、罚金、罚款	0	全部金额计入纳税调增范围

纳税调整减少额是指按《企业所得税法》规定允许弥补的亏损和准予免税的项目。纳税调整减少的具体内容如表7-6所示。

表7-6 纳税调整减少的具体内容

项目名称	具体内容
企业亏损	企业前5年内未弥补亏损
利息、股息、红利	国债利息收入以及符合条件的居民企业之间的股息、红利等权益性投资收益

二、所得税费用的核算内容与账户设置

1. 核算内容

所得税费用的核算内容包括应交所得税额的计算和账务处理。

2. 账户设置

所得税费用的账户设置如表7-7所示。

表7-7 所得税费用的账户设置

账户名称	账户性质	账户用途	账户结构	明细核算
所得税费用	损益类	核算企业所得税费用的确认及其结转情况	借方登记确认的所得税费用,贷方登记期末将"所得税费用"转入"本年利润"账户的金额,结转后该账户无余额	不需要进行明细核算

三、所得税费用的账务处理

根据企业会计准则的规定,企业计算确定的当期所得税和递延所得税之和,即为应从当期利润总额中扣除的所得税费用。所得税费用的计算公式如下:

$$所得税费用＝当期所得税＋递延所得税$$

其中:

$$递延所得税＝(递延所得税负债的期末余额－递延所得税负债的期初余额)－$$
$$(递延所得税资产的期末余额－递延所得税资产的期初余额)$$

本书不涉及递延所得税资产、递延所得税负债业务,即:所得税费用＝当期应交所得税。

所得税费用的核算如下:

借:所得税费用
　　贷:应交税费——应交所得税

任务实施

【例7-7】假设上海智信公司2022会计年度利润总额(税前会计利润)为16 840 000元,适用的所得税税率为25%。假定企业全年无纳税调整因素。要求:① 计算该公司应交所得税额。② 对所得税费用进行账务处理。

(1) 计算结果:

当期应交所得税额＝16 840 000×25%＝4 210 000(元)

（2）所得税费用核算结果：

借：所得税费用　　　　　　　　　　　　　　　　　　　　　　　　4 210 000
　　贷：应交税费——应交所得税　　　　　　　　　　　　　　　　　4 210 000

业财融合与审核

企业发生所得税费用业务，通过财务核算与审核，达到业务与财务融合的目的。其具体内容如表7-8所示。

表7-8　所得税费用业务的业财融合与审核

业　务	财　务	审　核
所得税费用的确认与计量	企业需要计算并提取所得税费用，期末结转至"本年利润"账户的借方	（1）审核应税收入与不征税收入和免税收入的划分是否正确 （2）审核税前扣除凭证，确保所有扣除项目都有合法、有效的税前扣除凭证支持，也是确保税前扣除合规性的关键

【课堂练习7-2】

某企业2023年年初有2 000 000元的未弥补亏损（其中有1 200 000元亏损已经超过5年），2023年度企业实现利润总额（税前会计利润）为5 800 000元，其中包括本年实现的国债利息收入150 000元，企业适用的所得税税率为25%。

要求：

（1）计算该企业纳税调整减少额、应纳税所得额、应交所得税额。

（2）对所得税费用进行账务处理。

任务三　核算利润形成及分配业务

学习目标

1. 掌握营业利润、利润总额、净利润（税后利润）的组成项目。
2. 能熟练进行利润总额（税前利润）计算与税前利润账务处理。

3. 能熟练进行净利润（税后利润）的分配规定和分配顺序，净利润（税后利润）的计算与账务处理。

4. 能熟练进行提取盈余公积、向投资者分配利润的账务处理。

5. 能熟练进行结转利润分配各明细账户的账务处理。

任务描述

2023年年底，上海智信公司需要将2023年度全年各损益类账户的余额结转到"本年利润"账户。应如何进行财务处理呢？此任务将带你解决这些问题。

知识准备

一、利润形成业务

（一）利润的构成

利润包括收入减去费用后的净额，直接计入当期利润的利得和损失等。利得是指由企业非日常活动所形成的、会导致所有者权益增加的、与所有者投入资本无关的经济利益的流入。损失是指由企业非日常活动所发生的、会导致所有者权益减少的、与向所有者分配利润无关的经济利益的流出。

1. 营业利润

按照利润表的列报要求，营业利润的计算公式与构成内容如下：

营业利润＝营业收入－营业成本－税金及附加－销售费用－管理费用－研发费用－
　　　　　财务费用＋其他收益＋投资收益（－投资损失）＋净敞口套期收益
　　　　　（－净敞口套期损失）＋公允价值变动收益（－公允价值变动损失）－
　　　　　信用减值损失－资产减值损失＋资产处置收益（－资产处置损失）

影响营业利润构成的各项目的具体内容如表7－9所示（税金及附加及期间费用三项前面已详细介绍，不再赘述）。

表7－9　影响营业利润构成的各项目的具体内容

项　　目	内　　容	构　　成
营业收入	是指企业经营业务所实现的收入总额	主营业务收入和其他业务收入

续　表

项　　目	内　　　　容	构　　成
营业成本	是指企业经营业务所发生的实际成本总额	主营业务成本和其他业务成本
研发费用	是指企业计入管理费用的进行研究与开发过程中发生的费用化支出,以及计入管理费用的自行开发无形资产的摊销	研究费用和开发费用
其他收益	主要是指与企业日常活动相关,除了冲减相关成本费用的政府补助,以及其他应计入其他收益的内容	—
投资收益(或损失)	是指企业以各种方式对外投资所取得的收益(或损失)	—
公允价值变动收益(或损失)	是指企业交易性金融资产等公允价值变动形成的应计入当期损益的利得(或损失)	—
信用减值损失	是指企业计提各项金融资产信用减值准备所确认的信用损失	—
资产减值损失	是指企业计提有关资产减值准备所形成的损失	—
资产处置收益（或损失）	反映企业出售固定资产、在建工程、无形资产等而产生的处置利得或损失	—

2. 利润总额

利润总额的计算公式如下:

$$利润总额＝营业利润＋营业外收入－营业外支出$$

3. 净利润

净利润的计算公式如下:

$$净利润＝利润总额－所得税费用$$

(二) 本年利润的结转方法

会计期末,企业结转本年利润的方法有表结法和账结法两种,具体如表7-10所示。

表7-10　本年利润的结转方法

结转方法	表　结　法	账　结　法
操作流程	各损益类科目每月月末只需结计出本月发生额和月末累计余额,不结转到"本年利润"科目,只有在年末时才将全年累计余额结转入"本年利润"科目。但每月月末要将损益类科目的本月发生额合计数填入利润表的本月数栏,同时将本月月末累计余额填入利润表的本年累计数栏,通过利润表计算反映各期的利润(或亏损)	每月月末均需编制转账凭证,将在账上结计出的各损益类科目的余额结转入"本年利润"科目。结转后"本年利润"科目的本月余额反映当月实现的利润或发生的亏损,"本年利润"科目的本年余额反映本年累计实现的利润或发生的亏损

续 表

结转方法	表 结 法	账 结 法
优缺点	年中损益类科目无须结转入"本年利润"科目,从而减少了转账环节和工作量,同时并不影响利润表的编制及有关损益指标的利用	在各月均可通过"本年利润"科目提供当月及本年累计的利润(或亏损)额,但增加了转账环节和工作量

二、利润分配业务

(一) 利润的分配

利润的分配主要是指企业的净利润(税后利润)分配。利润分配的实质就是确定给投资者分红与企业留用利润的比例。

企业根据国家有关规定和企业章程、投资者协议等,对企业当年可供分配的利润进行分配。可供分配的利润的计算公式如下:

可供分配的利润＝当年实现的净利润(－净亏损)＋年初未分配利润
(－年初未弥补亏损)＋其他转入

利润分配的顺序依次是:① 提取法定盈余公积。② 提取任意盈余公积。③ 向投资者分配利润。

(二) 提取法定盈余公积

按照我国《公司法》有关规定,公司制企业应按照净利润(减弥补以前年度亏损)的10%提取法定盈余公积。非公司制企业法定盈余公积的提取比例可超过净利润的10%。法定盈余公积累计额已达注册资本的50%时可以不再提取。值得注意的是,如果以前年度未分配利润有盈余(即年初未分配利润余额为正数),在计算提取法定盈余公积的基数时,不应包括企业年初未分配利润;如果以前年度有未弥补的亏损(即年初未分配利润余额为负数),应先弥补以前年度亏损再提取盈余公积。法定盈余公积转增资本时,所留存的该项公积金不得少于转增前公司注册资本的25%。

(三) 提取任意盈余公积

公司制企业可根据股东会或股东大会的决议提取任意盈余公积。非公司制企业经类似权力机构批准,也可提取任意盈余公积。

(四) 未分配利润及其分配

未分配利润是指企业实现的净利润经过弥补亏损、提取盈余公积和向投资者分配利润后留存在企业的、历年结存的利润。相对于所有者权益的其他部分来说,企业对于未分配利润的使用有较大的自主权。

三、利润形成及分配业务的核算内容与账户设置

1. 核算内容

利润形成及分配业务的核算内容主要包括以下方面:

(1) 收入、收益与利得的结转；费用、成本与损失的结转；净利润（亏损）的结转。

(2) 弥补亏损；计提盈余公积；向投资者分配利润。

2. 账户设置

利润形成及分配业务的账户设置如表7-11所示。

表7-11 利润形成及分配业务的账户设置

账户名称	账户性质	账户用途	账户结构	明细核算
本年利润	所有者权益类	核算企业本年度实现的净利润（或发生的净亏损）	借方登记企业转入的费用、成本与损失等科目余额；贷方登记企业转入的收入、收益与利得等科目余额。结转后"本年利润"账户如为贷方余额，表示当年实现的净利润；如为借方余额，表示当年发生的净亏损。年度终了，企业还应将"本年利润"的本年累计余额转入"利润分配——未分配利润"账户，结转后，"本年利润"账户应无余额	一般不进行明细核算
利润分配	所有者权益类	核算企业利润的分配或亏损的弥补和历年分配利润或弥补亏损后的积存余额	借方登记已分配的利润或转入的亏损数额；贷方登记转入的净利润（或净亏损）。期末借方余额反映企业未弥补的亏损数额；期末贷方余额反映企业未分配的利润数额	按照"提取法定盈余公积""提取任意盈余公积""应付现金股利或利润""盈余公积补亏""未分配利润"等设置明细账进行明细核算
盈余公积	所有者权益类	核算企业盈余公积的形成和使用情况	贷方登记按规定提取的盈余公积数额，借方登记用盈余公积弥补亏损和转增资本的实际数额；期末余额一般在贷方，反映企业盈余公积的结余数额	按照"法定盈余公积""任意盈余公积"等设置明细账进行明细核算
应付股利	负债类	核算企业分配的现金股利或利润	借方登记实际支付的现金股利或利润；贷方登记应支付给各投资者的现金股利或利润。期末余额一般在贷方，反映应付而未付的现金股利或利润	应当按投资者进行明细核算

四、利润形成及分配业务的账务处理

利润形成及分配业务的账务处理如表7-12所示。

表 7-12　利润形成及分配业务的账务处理

业　务	账　务　处　理
结转收入、收益与利得	借记"主营业务收入""其他业务收入""营业外收入""投资收益"等科目，贷记"本年利润"科目
结转费用、成本与损失	借记"本年利润"科目，贷记"主营业务成本""其他业务成本""税金及附加""销售费用""管理费用""财务费用""信用减值损失""营业外支出""所得税费用"等科目
结转净利润	借记"本年利润"科目，贷记"利润分配——未分配利润"科目
结转净亏损	借记"利润分配——未分配利润"科目，贷记"本年利润"科目
利润分配	借记"利润分配"科目，贷记"盈余公积""应付股利"等科目
年终结转"利润分配"科目所属其他明细科目的余额	借记"利润分配——未分配利润"科目，贷记"利润分配——提取法定盈余公积/提取任意盈余公积/应付现金股利或利润"等明细科目

任务实施

【例 7-8】2023 年 12 月 31 日，上海智信公司将 12 月有关损益类科目的余额转入"本年利润"科目。上海智信公司 12 月损益类科目发生额如表 7-13 所示。

表 7-13　2023 年 12 月损益类科目发生额　　　　　　　　　　单位：元

科 目 名 称	借 方 发 生 额	贷 方 发 生 额
主营业务收入	200 000.00	19 968 250.00
其他业务收入		102 900.00
其他收益		
投资收益		
营业外收入		429 820.00
主营业务成本	14 830 000.00	150 000.00
其他业务成本	85 544.00	
税金及附加	492 497.47	
销售费用	531 895.00	

203

续　表

科 目 名 称	借方发生额	贷方发生额
管理费用	1 260 660.00	
财务费用	15 907.36	15 733.98
营业外支出	1 108 880.00	
资产处置损益		380 000.00
信用减值损失	999 669.50	

上海智信公司核算结果：

（1）结转收入、收益与利得：

借：主营业务收入　　　　　　　　　　　　　　　　　19 768 250
　　其他业务收入　　　　　　　　　　　　　　　　　　　102 900
　　营业外收入　　　　　　　　　　　　　　　　　　　　429 820
　　资产处置损益　　　　　　　　　　　　　　　　　　　380 000
　　贷：本年利润　　　　　　　　　　　　　　　　　20 680 970

（2）结转费用、成本与损失：

借：本年利润　　　　　　　　　　　　　　　　　　19 159 319.35
　　贷：主营业务成本　　　　　　　　　　　　　　14 680 000.00
　　　　其他业务成本　　　　　　　　　　　　　　　　85 544.00
　　　　税金及附加　　　　　　　　　　　　　　　　　492 497.47
　　　　销售费用　　　　　　　　　　　　　　　　　　531 895.00
　　　　管理费用　　　　　　　　　　　　　　　　　1 260 660.00
　　　　财务费用　　　　　　　　　　　　　　　　　　　　173.38
　　　　营业外支出　　　　　　　　　　　　　　　　1 108 880.00
　　　　信用减值损失　　　　　　　　　　　　　　　　999 669.50

【例7-9】2023年12月31日，上海智信公司计算2023年度应纳税所得额和应纳所得税额并进行账务处理。假定公司2023年无纳税调整事项，且1~11月的累计税前利润为9 854 200元。上海智信公司核算结果：

（1）应纳税所得额=9 854 200+1 521 650.65=11 375 850.65(元)

（2）应纳所得税额=11 375 850.65×25%=2 843 962.66(元)

借：所得税费用　　　　　　　　　　　　　　　　　　2 843 962.66
　　贷：应交税费——应交企业所得税　　　　　　　　2 843 962.66

（3）结转所得税费用：

借：本年利润 2 843 962.66
　　贷：所得税费用 2 843 962.66

【例7-10】2023年12月31日，上海智信公司结转全年净利润。上海智信公司核算结果：

（1）全年净利润＝11 375 850.65－2 843 962.66＝8 531 887.99(元)

（2）结转净利润：

借：本年利润 8 531 887.99
　　贷：利润分配——未分配利润 8 531 887.99

【例7-11】上海智信公司2023年实现净利润8 531 887.99元，年初不存在未弥补亏损，企业计提法定盈余公积的比例是10%，计提任意盈余公积的比例是5%。上海智信公司核算结果：

借：利润分配——提取法定盈余公积 853 188.80
　　　　　　——提取任意盈余公积 426 594.40
　　贷：盈余公积——法定盈余公积 853 188.80
　　　　　　　　——任意盈余公积 426 594.40

【例7-12】上海智信公司2023年向投资者分配利润4 800 000元。其中：应付智信集团股份有限公司股利3 840 000元，应付上海易电子公司股利960 000元。上海智信公司核算结果：

借：利润分配——应付现金股利或利润 4 800 000
　　贷：应付股利——智信集团股份有限公司 3 840 000
　　　　　　　　——上海易电子公司 960 000

【例7-13】上海智信公司2023年末，结转"未分配利润"明细科目之外的"利润分配"科目所属其他明细科目的余额。上海智信公司核算结果：

借：利润分配——未分配利润 6 079 783.20
　　贷：利润分配——提取法定盈余公积 853 188.80
　　　　　　　　——提取任意盈余公积 426 594.40
　　　　　　　　——应付现金股利或利润 4 800 000.00

业财融合与审核

企业发生利润分配及结转业务，通过财务核算与审核，达到业务与财务融合的目的。具体内容如表7-14所示。

表 7-14 利润分配及结转业务的业财融合与审核

业　务	财　务	审　核
提取盈余公积	企业根据国家法律规定或股东会的决议,提取法定盈余公积或任意盈余公积,并进行账务处理	检查盈余公积的提取是否符合规定,是否经过批准,提取手续是否完备
向股东分配利润	企业根据确定的利润分配方案进行相应的账务处理	审核是否按照公司章程的规定进行利润分配,是否遵循无利不分原则
结转未分配利润	企业完成利润分配后,将"利润分配"科目所属的其他明细科目的余额,转入"利润分配——未分配利润"明细科目	(1) 核查企业的营业利润构成是否准确,利润留存部分是否合理,核定的监管税率是否合法 (2) 核查企业利润和销售收入总额中是否存在漏报或漏报应纳税额 (3) 检查企业留存利润与利润总额的比例是否准确

【课堂练习 7-3】

光明公司 2023 年"利润分配——未分配利润"科目年初贷方余额 180 万元,按 10% 提取法定盈余公积,企业所得税税率为 25%。2023—2024 年的有关资料如下:

1. 2023 年实现净利润 200 万元,提取法定盈余公积后,宣告派发现金股利 60 万元。

2. 2024 年发生亏损 50 万元。

3. 经股东大会决定,决定用 50 万元盈余公积弥补亏损。

要求:

(1) 编制 2023 年结转净利润的分录。

(2) 编制 2023 年提取法定盈余公积的分录。

(3) 编制 2023 年派发现金股利的分录。

(4) 编制 2023 年年末"利润分配"结平的分录。

(5) 编制 2024 年发生亏损的分录。

(6) 编制盈余公积补亏的分录。

项目小结

本项目主要完成的任务是企业财务成果的会计核算,在理解企业财务成果形成过程的基础上,掌握相关账户设置,同时能够熟练进行财务成果相关指标的计算。

项目测试

一、单选题

1. 下列各项中,报经批准后计入营业外支出的是( )。
   A. 结转售出材料的成本　　　　　　B. 自然灾害导致的原材料损失
   C. 管理原因导致的原材料盘亏　　　D. 采购原材料运输途中合理损耗

2. 下列各项中,不影响营业利润的是( )。
   A. 现金盘盈　　　　　　　　　　　B. 计提坏账准备
   C. 计提固定资产减值准备　　　　　D. 出售原材料的净损失

3. 企业处理罚没支出时,应记入( )科目。
   A."管理费用"　B."营业外支出"　C."其他业务成本"　D."主营业务成本"

4. 某企业营业利润为110万元,管理费用为15万元,投资收益为30万元,营业外收支净额为30万元,则该企业本期利润总额为( )万元。
   A. 80　　　　　B. 140　　　　　C. 155　　　　　D. 170

5. 某公司因雷电造成损失共计250万元,其中流动资产100万元,非流动资产150万元,获得保险公司赔偿80万元,不考虑其他因素,则计入营业外支出的金额为( )万元。
   A. 100　　　　　B. 150　　　　　C. 170　　　　　D. 250

6. 某企业本期营业收入1 000万元,营业成本800万元,管理费用20万元,销售费用35万元,资产减值损失40万元,投资收益45万元,营业外收入15万元,营业外支出10万元,所得税费用32万元。假定不考虑其他因素,该企业本期营业利润为( )万元。
   A. 123　　　　　B. 150　　　　　C. 155　　　　　D. 200

7. 某企业2023年度利润总额为315万元;经查,国债利息收入为15万元;违约罚款10万元。假定该企业无其他纳税调整项目,适用的所得税税率为25%。该企业2023年所得税费用为( )万元。
   A. 75　　　　　B. 77.50　　　　C. 78.50　　　　D. 81.50

8. 2023年度某企业实现利润总额250万元,应纳税所得额200万元,适用的所得税税率为25%,则该企业当年的净利润为( )万元。
   A. 50　　　　　B. 62.50　　　　C. 187.50　　　D. 200

9. 某企业2023年度的利润总额为910万元,其中包括本年收到的国债利息收入10万元;税法规定当期可以扣除的业务招待费标准为200万元,实际发生的业务招待费为300万元,企业所得税税率为25%。该企业2023年应交的所得税为( )万元。
   A. 222.50　　　B. 225　　　　　C. 250　　　　　D. 275

10. 某企业年初未分配利润贷方余额60万元,本年实现净利润200万元,按净利润10%

提取法定盈余公积,按5%提取任意盈余公积,向投资者分配利润80万元,则该企业年末未分配利润为( )万元。

A. 70　　　　　　B. 130　　　　　　C. 140　　　　　　D. 150

二、多选题

1. 下列各项中,应计入营业外收入的有( )。

   A. 盘盈的固定资产

   B. 盘亏的固定资产

   C. 企业接受原材料捐赠的利得

   D. 因债权单位撤销而无法支付的应付款项

2. 下列各项中,应计入营业外支出的有( )。

   A. 罚款支出　　　　　　　　　　B. 公益性捐赠支出

   C. 出售无形资产净损失　　　　　D. 出售交易性金融资产净损失

3. 下列各项中,影响企业当期营业利润的有( )。

   A. 处置房屋的净损失　　　　　　B. 经营出租设备的折旧费

   C. 向灾区捐赠商品的成本　　　　D. 火灾导致原材料毁损的净损失

4. 下列各项中,不应计入营业外收入的有( )。

   A. 出售多余原材料的净收益　　　B. 出售无形资产的净收益

   C. 无法查明原因的现金溢余　　　D. 出售固定资产的净收益

5. 下列各项,影响企业营业利润的项目有( )。

   A. 劳务收入　　　　　　　　　　B. 出售包装物收入

   C. 计提资产减值损失　　　　　　D. 计提信用减值损失

6. 下列各项中,不应确认为营业外收入的有( )。

   A. 存货盘盈　　　　　　　　　　B. 固定资产出租收入

   C. 出售无形资产净收益　　　　　D. 报废固定资产的净收益

7. 期末应结转到"本年利润"科目的有( )。

   A. 营业利润　　　B. 投资收益　　　C. 营业外支出　　　D. 营业外收入

8. 年末应无余额的科目有( )。

   A. "投资收益"　　B. "利润分配"　　C. "营业外收入"　　D. "主营业务收入"

9. 下列各项中,可以计入利润表"税金及附加"项目的有( )。

   A. 增值税　　　　B. 消费税　　　　C. 房产税　　　　D. 土地增值税

10. 下列各项中,属于纳税调整额项目的有( )。

    A. 捐赠利得　　　　　　　　　　B. 税收滞纳金

    C. 国债利息收入　　　　　　　　D. 超过税法规定标准的业务招待费支出

三、判断题

1. 表结法下,每月月末均需编制转账凭证,将在账上结计出的各损益类科目的余额转入

"本年利润"科目。   （   ）
2. 不论是否存在纳税调整因素,企业本期所得税费用与本期应交所得税相等。（   ）
3. 股东确认分配的股票股利应该通过"应付股利"科目核算。   （   ）
4. 损失在转入"本年利润"科目后,期末无余额。   （   ）
5. 企业的盈余公积达到注册资本的50%时,可不再提取。   （   ）
6. 企业应纳所得税额等于本年度利润总额乘以适用的所得税税率。   （   ）
7. "本年利润"科目年末应无余额。   （   ）
8. 企业年度终了,结转净利润时,应借记"利润分配——未分配利润"科目,贷记"本年利润"科目。   （   ）
9. "本年利润"属于所有者权益类科目。   （   ）
10. "本年利润"和"利润分配"科目月末一般都没有余额。   （   ）

四、计算题

甲公司2023年年初"利润分配——未分配利润"科目借方余额为50万元(其中20万元已超过税前弥补期),2023年年末结账前,甲公司有关损益类科目余额如下：主营业务收入1 500万元；主营业务成本1 000万元；税金及附加160万元；其他业务收入100万元；其他业务成本60万元；营业外收入18万元；营业外支出20万元(其中非公益捐赠支出5万元)；投资收益15万元(其中国债利息收入5万元)；销售费用70万元；管理费用60万元(其中业务招待费超支20万元)；财务费用40万元。

要求：
(1) 计算利润总额及应纳税所得额。
(2) 计算企业所得税,企业所得税税率为25%,并计算净利润。
(3) 计算应提法定盈余公积,计提比例为10%。
(4) 按当年净利润的30%向投资者分配利润。
(5) 计算年末未分配利润。

五、业务题

星河公司为增值税一般纳税人,销售产品适用的增值税税率为13%,装修服务适用的增值税税率为9%,企业所得税税率为25%,产品售价中不包含增值税。销售产品和提供劳务均为星河公司的主营业务,成本于月末一次性结转。2022年12月发生相关经济业务如下：

(1) 3日,向甲公司销售产品一批,开具的增值税专用发票上注明的价款为100 000元、增值税税额为13 000元,产品成本为80 000元,产品已发出；销售合同规定现金折扣条件为"2/20,n/30",假定计算现金折扣不考虑增值税。基于对客户的了解,预计该客户20天内付款的概率为80%,20天后付款的概率为20%。对于现金折扣,星河公司认为按照最可能发生金额能够更好地预测其有权获得的对价金额。12月20日,收到客户支付的货款。

(2) 8日,向乙公司销售产品一批,开具的增值税专用发票上注明的价款为200 000元、增值税税额为26 000元,该批产品的成本为120 000元,产品已发出,款项已收到并存入银行,开出增值税专用发票。销售前,该批产品已计提了20 000元的存货跌价准备。

(3) 15日,销售产品时领用单独计价的包装物一批,随同产品出售。星河公司开具的增值税专用发票上注明的包装物价款为20 000元、增值税税额为2 600元;全部款项已收到并存入银行,包装物的实际成本为10 000元。

(4) 18日,与丙公司签订销售协议向其销售一批产品,丙公司当日预付货款135 600元。20日,星河公司发出产品,该批产品实际成本为90 000元。销售协议约定,售价为120 000元,相关增值税税额为15 600万元。

(5) 20日,与丁公司签订为期3个月的装修合同,合同总价款为700 000元。截至12月31日,已经预收合同款500 000元,实际发生服务成本300 000元(均为装修人员薪酬),估计为完成该合同还将发生服务成本200 000元,星河公司按实际发生的成本占估计总成本的比例确定合同履约进度。

(6) 22日,对生产车间N设备进行日常修理,从仓库领用维修材料5 000元;另支付修理费20 000元,增值税专用发票上注明的增值税税额为2 600元,全部款项以银行存款支付。

(7) 26日,以银行存款支付税收滞纳金30 000元,支付违约金20 000元。

(8) 31日,以银行存款支付印花税6 000元。

(9) 31日,计算确定本月应交城市维护建设税7 000元,教育费附加3 000元,车船税1 000元。

(10) 31日,结转存货销售成本以及劳务成本。

(11) 31日,结转损益类账户。

(12) 31日,计算并结转所得税费用。

(13) 31日,结转净利润。

【要求】编制星河公司上述经济业务的会计分录。(注:"应交税费"应写出明细科目,答案中的金额单位以元表示)

项目八 编制财务报表

项目简介

财务报告是企业对外提供的反映企业某一特定日期财务状况和某一会计期间经营成果、现金流量等会计信息的文件,一般应当包括资产负债表、利润表、现金流量表及所有者权益变动表等报表及附注。会计报表以日常核算为依据,是会计核算的最终产品,它向财务报告使用者提供了真实、公允的信息,用于落实和考核企业领导人经济责任的履行情况,并有助于包括所有者在内的报表使用者作出经济决策。本项目主要是完成资产负债表和利润表的编制工作。

项目导航

```
                ┌── 编制资产负债表
编制财务报表 ───┤
                └── 编制利润表
```

案例导入

数据要素于 2024 年元旦起将正式计入资产负债表

为规范企业数据资源相关账务处理,强化相关会计信息披露,我国财政部制定印发了《企业数据资源相关会计处理暂行规定》(图 8-1,以下简称《暂行规定》),自 2024 年 1 月 1 日起施行。

《暂行规定》在企业实操上作了具体要求,企业在编制资产负债表时,应当根据重要性原则并结合本企业的实际情况,在"存货"项目下增设"其中:数据资源"项目,反映资产负债表日确认为存货的数据资源的期末账面价值;在"无形资产"项目下增

211

> **关于印发《企业数据资源相关会计处理暂行规定》的通知**
>
> 财会〔2023〕11号
>
> 国务院有关部委、有关直属机构，各省、自治区、直辖市、计划单列市财政厅（局），新疆生产建设兵团财政局，财政部各地监管局，有关单位：
>
> 为规范企业数据资源相关会计处理，强化相关会计信息披露，根据《中华人民共和国会计法》和相关企业会计准则，我们制定了《企业数据资源相关会计处理暂行规定》，现予印发，请遵照执行。
>
> 图8-1 《暂行规定》公告界面
>
> 设"其中：数据资源"项目，反映资产负债表日确认为无形资产的数据资源的期末账面价值；在"开发支出"项目下增设"其中：数据资源"项目，反映资产负债表日正在进行数据资源研究开发项目满足资本化条件的支出金额。
>
> 【想一想】数据资源计入资产负债表意味着什么？数字时代的我们该如何提升自身的数字素养与技能呢？

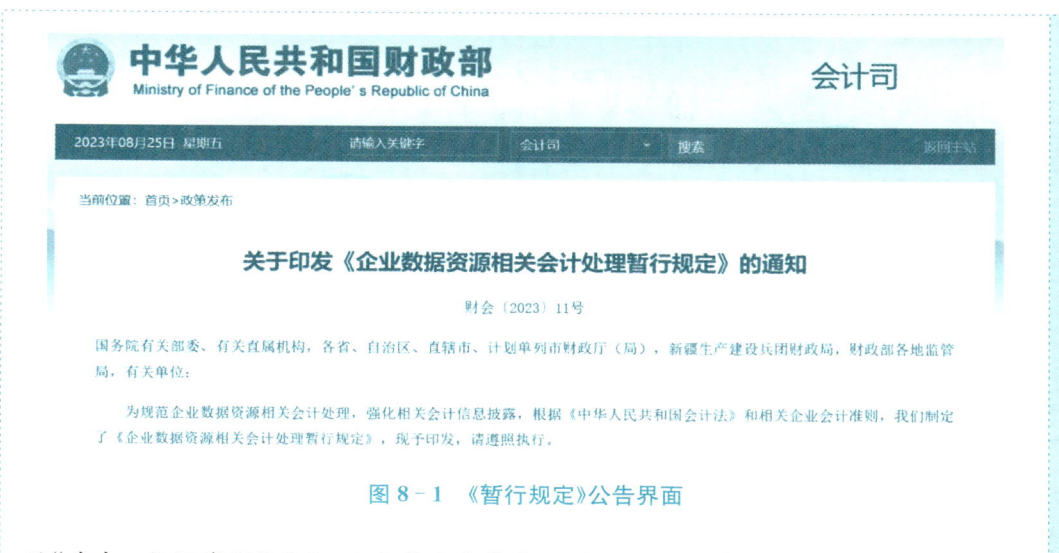

任务一 编制资产负债表

学习目标

1. 认知财务报告。
2. 了解编制报表前的准备工作。
3. 掌握资产负债表的概念。
4. 熟悉资产负债表的格式与内容。
5. 了解资产负债表的作用。
6. 能运用企业会计准则，编制资产负债表。

任务描述

上海智信公司需要编制2023年12月31日的资产负债表，那么资产负债表的结构是怎样的？资产负债表的数据又是从哪里来的？资产负债表里的项目又是如何填列的？此任务将带你解决这些问题。

知识准备

一、认知财务报告

（一）财务报告的概念与意义

1. 财务报告的概念

财务报告是指企业对外提供的反映企业某一特定日期的财务状况和某一会计期间的经营成果、现金流量等会计信息的文件。

2. 财务报告的意义

（1）财务报告是企业投资者、债权人等作出投资或信贷决策的重要依据。

（2）财务报告是经济社会诚信的重要内容和基石。

（3）财务报告能够提升企业治理和经营管理水平，促进资本市场和市场经济健康可持续发展。

（二）财务报告体系及其构成

1. 财务报告体系

财务报告包括财务报表和其他应当在财务报告中披露的相关信息和资料。财务报表是财务报告的主体和核心内容，其他应当在财务报告中披露的相关信息和资料是对财务报表的补充和说明，共同构成财务报告体系。

财务报表，又称财务会计报表，是指对企业财务状况、经营成果和现金流量的结构性表述。一套完整的财务报表至少应当包括"四表一注"，即资产负债表、利润表、现金流量表、所有者权益变动表和附注，并且这些组成部分在列报上具有同等的重要程度，企业不得强调某张报表或某些报表（或附注）较其他报表（或附注）更为重要。附注是对在资产负债表、利润表、现金流量表和所有者权益变动表等报表中列示项目的文字描述或明细资料，以及对未能在这些报表中列示项目的说明等。

2. 财务报告的分类

财务报告的分类如表 8-1 所示。

表 8-1　财务报告的分类

划分标准	分类
编报内容	资产负债表
	利润表
	现金流量表

续 表

划 分 标 准	分 类
编报内容	所有者权益变动表
	附注
编报期间	年度报告
	中期报告
编制主体	个别财务报表
	合并财务报表

（三）财务报告编制要求

财务报告应当依据国家统一会计制度要求，根据登记完整、核对无误的会计账簿记录和其他有关资料编制，做到数字真实、计算准确、内容完整、说明清楚。具体要求如表8-2所示。

表8-2 财务报告编制的具体要求

项 目	具 体 要 求
依据各项会计准则确认和计量的结果编制财务报表	企业应当根据实际发生的交易和事项，遵循会计基本准则和各项具体会计准则及解释的规定进行确认和计量，并在此基础上编制财务报表
列报基础	企业应当以持续经营为基础编制财务报表
权责发生制	除了现金流量表按照收付实现制编制，企业应当按照权责发生制编制其他财务报表。在采用权责发生制会计的情况下，当项目符合基本准则中财务报表要素的定义和确认标准时，企业就应当确认相应的资产、负债、所有者权益、收入和费用，并在财务报表中加以反映
列报的一致性	财务报表项目的列报应当在各个会计期间保持一致，不得随意变更。例如，财务报表中的项目名称和财务报表项目的分类、排列顺序等方面都应保持一致
依据重要性原则单独或汇总列报项目	重要性是判断财务报表项目是否单独列报的重要标准。重要性是指在合理预期下，如果财务报表某项目的省略或错报会影响使用者据此作出经济决策，则该项目就具有重要性。企业在进行重要性判断时，应当根据所处环境，从项目的性质和金额大小两方面予以判断
总额列报	财务报表项目应当以总额列报，资产和负债、收入和费用、直接计入当期利润的利得项目和损失项目的金额不能相互抵销，即不得以净额列报，但另有规定的除外
比较信息的列报	企业在列报当期财务报表时，至少应当提供所有列报项目上一个可比会计期间的比较数据，以及与理解当期财务报表相关的说明，提高信息在会计期间的可比性

续 表

项 目	具 体 要 求
表首的列报要求	财务报表通常与其他信息（如企业年度报告等）一起公布，企业应当将按照企业会计准则编制的财务报告与一起公布的同一文件中的其他信息相区分

二、编制财务报表前的准备工作

为确保财务报表的质量，编制财务报表前必须做好充分的准备工作，一般包括核实资产、清理债务、复核成本、内部调账、试算平衡及结账。具体内容如表8-3所示。

表8-3 编制财务报表前的准备工作

任务名称	具 体 步 骤
核实资产	① 清点现金和应收票据。② 核对银行存款，编制银行存款余额调节表。③ 函证核对应收账款、预付账款、其他应收款。④ 清查各项存货。⑤ 检查各项投资的回收及收益情况。⑥ 清查核对各项在建工程、固定资产等
清理债务	① 检查企业账面债务金额是否正确。② 编制往来款项对账单，发函询证对方单位、核对债务金额是否一致。③ 及时清理支付债务
复核成本	① 复核成本核算对象。② 复核成本核算项目。③ 检查成本和费用的明细账金额。④ 复核各种产品的生产量。⑤ 复核归集和分配的生产费用。⑥ 复核产品成本的计算结果
内部调账	① 计提坏账准备。② 摊销待摊费用。③ 计提固定资产折旧。④ 摊销无形资产。⑤ 转销"待处理财产损溢"科目的余额。⑥ 预提利息和费用
试算平衡	① 期末把全部账户应记录的经济业务都登记入账，并且计算出各个账户本期借方发生额、贷方发生额以及期末余额。② 编制总分类账户本期发生额及余额表。③ 检查全部账户本期借方发生额合计与全部账户本期贷方发生额合计是否相等。④ 全部账户借方期末余额合计与全部账户贷方期末余额合计是否相等
结 账	① 结清各种损益类账户，据以计算确定本期利润。② 结出各资产、负债和所有者权益账户的本期发生额合计和期末余额

编制财务报表是企业多个部门共同完成的结果。各部门在编制财务报表的主要步骤有：① 相关职能部门根据发生的业务提供相关原始单据和数据，如销售、采购、生产等部门向财务部门提供相关信息，以便财务部门能够准确编制财务报表。② 财务人员收集并整理所有与经济业务相关的原始单据，如收据、发票等。③ 财务人员将收集到的会计数据准确、完整地录入到财务软件系统中，并进行核对和审查，确保数据的正确性和合规性。④ 根据会计准则和法规，对录入的会计数据进行处理和调整，如计提折旧、计算应交税费等，以确保数据符合财务报告要求，最终生成资产负债表、利润表、现金流量表等各类财务

报表。⑤ 财务主管对编制完成的财务报表进行审核,确保数据的真实性、准确性和合规性。⑥ 按照相关法律法规的要求,财务部门将编制好的财务报表报送给相关部门,并披露给外部用户,如股东、投资者、监管机构等。企业编制财务报表的流程如图8-2所示。

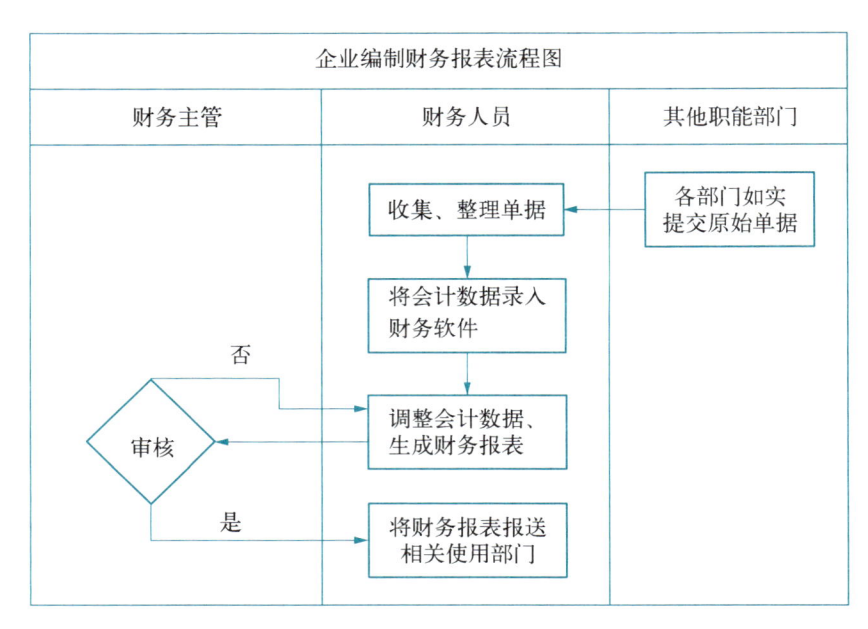

图 8-2　企业编制财务报表流程图

三、资产负债表的概念

资产负债表是反映企业在某一特定日期的财务状况的报表,是对企业特定日期的资产、负债和所有者权益的结构性表述。它反映企业在某一特定日期所拥有或控制的经济资源、所承担的现时义务和所有者对净资产的要求权。

其中,特定日期分别指会计期间中会计年度的年末及中期的月末、季末和半年末(如6月30日)等;财务状况是指企业经营活动及其结果在某一特定日期的资金结构状况及其表现,表明企业取得资金的方式与来路以及这些资金的使用状态与去向。

资产负债表属于企业的静态报表,数据均为时点数。

四、资产负债表的格式与内容

资产负债表是根据"资产=负债+所有者权益"这一平衡公式,按照各具体项目的性质和功能作为分类标准,依次将某一特定日期的资产、负债、所有者权益的具体项目予以适当的排列编制而成。

资产负债表主要由表首、表体两部分组成。表首部分应列明报表名称、编制单位名称、资产负债表日、报表编号和计量单位;表体部分是资产负债表的主体,列示了用以说明企业财务状况的各个项目。资产负债表的表体格式一般有两种:报告式资产负债表和账户式资产负债表。报告式资产负债表是上下结构,上半部分列示资产各项目,下半部分列示负债和所有者权益各项目。账户式资产负债表是左右结构,左边列示资产各项目,反映全部资产的分布及存在状态;右边列示负债和所有者权益各项目,反映全部负债和所有者权益的内容及构成情况。资产各项目的合计金额等于负债和所有者权益各项目的合计金额。

我国企业的资产负债表采用账户式结构,分为左右两方,左方为资产项目,大体按资产的流动性强弱排列,流动性强的资产如"货币资金""交易性金融资产"等排在前面,流动性弱的资产如"长期股权投资""固定资产"等排在后面。右方为负债和所有者权益项目,一般按要求清偿期限长短的先后顺序排列,"短期借款""应付票据""应付账款"等需要在1年内或者长于1年的一个正常营业周期内偿还的流动负债排在前面,"长期借款"等在1年以上才需偿还的非流动负债排在中间,在企业清算之前不需要偿还的所有者权益项目排在后面,表明负债具有优先偿还的要求权,所有者权益对负债具有担保责任。

资产负债表(账户式)的基本格式和内容如表8-4所示。

表8-4 资产负债表

编制单位:　　　　　　　　　　　　　　年　　月　　日

会企01表
单位:元

资　　产	期末余额	上年年末余额	负债和所有者权益（或股东权益）	期末余额	上年年末余额
流动资产:			流动负债:		
货币资金			短期借款		
交易性金融资产			交易性金融负债		
衍生金融资产			衍生金融负债		
应收票据			应付票据		
应收账款			应付账款		
应收款项融资			预收款项		
预付款项			合同负债		
其他应收款			应付职工薪酬		
存货			应交税费		
合同资产			其他应付款		
持有待售资产			持有待售负债		
一年内到期的非流动资产			一年内到期的非流动负债		

续　表

资　产	期末余额	上年年末余额	负债和所有者权益（或股东权益）	期末余额	上年年末余额
其他流动资产			其他流动负债		
流动资产合计			流动负债合计		
非流动资产：			非流动负债：		
债权投资			长期借款		
其他债权投资			应付债券		
长期应收款			其中：优先股		
长期股权投资			永续债		
其他权益工具投资			租赁负债		
其他非流动金融资产			长期应付款		
投资性房地产			预计负债		
固定资产			递延收益		
在建工程			递延所得税负债		
生产性生物资产			其他非流动负债		
油气资产			非流动负债合计		
使用权资产			负债合计		
无形资产			所有者权益(或股东权益)：		
开发支出			实收资本（或股本）		
商誉			其他权益工具		
长期待摊费用			其中：优先股		
递延所得税资产			永续债		
其他非流动资产			资本公积		
非流动资产合计			减：库存股		
			其他综合收益		
			盈余公积		
			未分配利润		

续 表

资　　产	期末余额	上年年末余额	负债和所有者权益（或股东权益）	期末余额	上年年末余额
			所有者权益（或股东权益）合计		
资产总计			负债和所有者权益（或股东权益）总计		

> **温馨提示**
>
> 资产负债表中所列示的是项目名称，不是会计科目或者账户名称。

五、资产负债表的作用

资产负债表所提供的会计信息，对于各种不同的报表使用者都具有十分重要的作用。资产负债表可以提供企业在某一日期的资产总额、负债总额和所有者权益总额及各自的构成情况，便于报表使用者了解企业的经济资源及其分布情况，了解企业偿债能力和财务弹性，以及企业资本结构、资本保值和增值情况等，并据以评价和预测经营绩效，为作出经济决策提供依据。

六、资产负债表项目的填列方法

资产负债表各项目均需填列"期末余额"和"上年年末余额"两栏。

（一）"上年年末余额"的填列

资产负债表的"上年年末余额"栏内各项数字，应根据上年年末资产负债表的"期末余额"栏内所列数字填列。如果上年度资产负债表规定的各个项目的名称和内容与本年度不相一致，应按照本年度的规定对上年年末资产负债表各项目的名称和数字进行调整，填入本年资产负债表"上年年末余额"栏内。

（二）"期末余额"的填列

资产负债表的"期末余额"栏主要有以下几种填列方法。

1. 根据总账科目余额填列

例如，"短期借款""资本公积""盈余公积"等项目，根据"短期借款""资本公积""盈余公积"各总账科目的余额直接填列；有些项目则需根据几个总账科目的期末余额计算填列，如"货币资金"项目，需根据"库存现金""银行存款""其他货币资金"三个总账科目的期末余额的合计数填列，又如"其他应收款"项目，需根据"应收利息""应收股利""其他应收款"三个总账科目的期末余额的合计数，减去"坏账准备"科目中相关坏账准备期末余额后的金额填列。

【例 8-1】 2023 年 12 月 1 日,上海智信公司向银行借入期限为 6 个月的借款 600 000 元。

上海智信公司 2023 年 12 月 31 日的资产负债表中"短期借款"项目的列报金额为 600 000 元。

【例 8-2】 上海智信公司 2023 年 12 月 31 日结账后,"库存现金"科目余额为 48 850 元,"银行存款"科目余额为 758 481.14 元,"其他货币资金"科目余额为 30 000 元。

上海智信公司 2023 年 12 月 31 日的资产负债表中"货币资金"项目的列报金额为 837 331.14 元(48 850+758 481.14+30 000)。

2. 根据明细账科目余额计算填列

例如,"应付账款"项目,需根据"应付账款"和"预付账款"两个科目所属的相关明细科目的期末贷方余额计算填列;"预收款项"项目,需根据"应收账款"科目和"预收账款"科目所属相关明细科目的期末贷方金额计算填列;"开发支出"项目,需要根据"研发支出"科目所属的"资本化支出"明细科目期末余额计算填列。

【例 8-3】 上海智信公司 2023 年 12 月 31 日结账后,有关往来总账科目和明细科目的期末余额如表 8-5 所示。

表 8-5 有关总账科目和明细科目的期末余额

2023 年 12 月 31 日　　　　　　　　　　　　　　　　　单位:元

资 产 科 目	借或贷	余　　额	负 债 科 目	借或贷	余　　额
应收账款	借	21 193 390	应付账款	贷	151 360
应收账款——上海中芯科技有限公司	借	972 890	应付账款——天丰包装制造	贷	81 360
应收账款——上海大友公司	借	1 536 000	应付账款——山东封装制品加工有限公司	贷	70 000
应收账款——昆山合生光学电子有限公司	借	4 068 000	预收账款——上海中芯科技有限公司	贷	10 000
应收账款——北京电子制品开发有限公司	借	6 667 000			
应收账款——东华有限责任公司	借	3 429 500			
应收账款——浙江未来光电仪器有限公司	借	4 520 000			
预付账款	借	24 220			

续　表

资产科目	借或贷	余　额	负债科目	借或贷	余　额
预付账款——国网上海市电力公司	借	19 540			
预付账款——上海市自来水公司	借	7 680			
预付账款——湖南光学成像制品有限公司	借	30 000			
预付账款——浙江金鹏电子科技集团公司	贷	33 000			
坏账准备——应收账款	贷	1 059 669.50			

上海智信公司 2023 年 12 月 31 日的资产负债表中各项目的列报金额分别如下：

"应收账款"项目金额＝972 890＋1 536 000＋4 068 000＋6 667 000＋3 429 500＋
4 520 000－1 059 669.50＝20 133 720.50(元)

"预付款项"项目金额＝19 540＋7 680＋30 000＝57 220(元)

"应付账款"项目金额＝81 360＋70 000＋33 000＝184 360(元)

"预收款项"项目金额＝10 000(元)

> **温馨提示**
>
> "未分配利润"项目一般是根据"本年利润""利润分配"两个总账科目的期末余额的合计数填列，但在年末时需要根据"利润分配"科目所属的"未分配利润"明细科目期末余额计算填列。因为年度终了时，需将本年实现的净利润结转到"利润分配——未分配利润"科目中，"本年利润"科目年末无余额，同时将本年"利润分配"其他明细科目的数额也结转到"利润分配——未分配利润"明细科目中，最终只剩下"未分配利润"这一个明细科目。

3. 根据总账科目和明细账科目余额分析计算填列

例如，"长期借款"项目，需要根据"长期借款"总账科目余额扣除"长期借款"科目所属明细科目中将在 1 年内到期且企业不能自主地将清偿义务展期的长期借款后的金额计算填列；"长期待摊费用"项目，需根据"长期待摊费用"科目的期末余额减去将于 1 年内(含 1 年)摊销的数额后的金额填列。

【例 8-4】假定上海智信公司 2023 年 12 月 31 日"长期借款"科目余额为 2 000 000 元，其中从银行借入的 600 000 元借款将于一年内到期，且不具有自主展期清偿的权利。

上海智信公司 2023 年 12 月 31 日的资产负债表中"长期借款"项目的列报金额为 1 400 000 元（2 000 000－600 000）。

> **温馨提示**
>
> 企业预计自资产负债表日起一年内到期的非流动负债,如本例中将于一年内偿还的长期借款 600 000 元,应列报于"一年内到期的非流动负债"项目,属于有关明细账科目余额分析计算填列。

4. 根据有关科目余额减去其备抵科目余额后的净额填列

例如,资产负债表中"应收票据""应收账款""长期股权投资""在建工程"等项目,需根据"应收票据""应收账款""长期股权投资""在建工程"等科目的期末余额减去"坏账准备""长期股权投资减值准备""在建工程减值准备"等备抵科目余额后的净额填列;"固定资产"项目,需根据"固定资产"科目的期末余额减去"累计折旧""固定资产减值准备"等备抵科目的期末余额,以及"固定资产清理"科目期末余额后的净额填列;"无形资产"项目,需根据"无形资产"科目的期末余额减去"累计摊销""无形资产减值准备"等备抵科目余额后的净额填列。

5. 综合运用上述填列方法分析填列

例如,资产负债表中的"存货"项目,需根据"原材料""库存商品""委托加工物资""周转材料""材料采购""在途物资""发出商品""材料成本差异"等总账科目期末余额的分析汇总数,减去"存货跌价准备"科目余额后的净额填列。

【例 8-5】上海智信公司 2023 年 12 月 31 日结账后,有关存货类科目的期末余额如表 8-6 所示。

表 8-6 有关存货类科目的期末余额

2023 年 12 月 31 日　　　　　　　　　　　　　　　　　　　　单位:元

存货类科目	借或贷	余　　额
材料采购	借	80 000
原材料	借	1 292 000
周转材料	借	12 100
材料成本差异	借	7 660
库存商品	借	8 501 000
发出商品	借	1 200 000
生产成本	借	3 078 125

上海智信公司 2023 年 12 月 31 日的资产负债表中"存货"项目的列报金额为 14 170 885 元(80 000＋1 292 000＋12 100＋7 660＋8 501 000＋1 200 000＋3 078 125)。

(三) 资产负债表各主要项目的具体填列方法

1. 资产项目的填列方法

资产负债表中主要资产项目的填列方法如表 8-7 所示。

表 8-7 资产项目的填列方法

序号	项目名称	具 体 内 容	填 列 方 法
(1)	货币资金	反映企业库存现金、银行存款、其他货币资金合计数	根据"库存现金""银行存款""其他货币资金"科目期末余额的合计数填列
(2)	交易性金融资产	反映资产负债表日企业分类为以公允价值计量且其变动计入当期损益的金融资产,以及企业持有的指定为以公允价值计量且其变动计入当期损益的金融资产的期末账面价值	根据"交易性金融资产"科目的相关明细科目期末余额分析填列
(3)	应收票据	反映资产负债表日以摊余成本计量的,企业因销售商品、提供服务等收到的商业汇票,包括银行承兑汇票和商业承兑汇票	根据"应收票据"科目的期末余额,减去"坏账准备"科目中相关坏账准备期末余额后的金额分析填列
(4)	应收账款	反映资产负债表日以摊余成本计量的,企业因销售商品、提供服务等经营活动应收取的款项	根据"应收账款"科目和"预收账款"科目所属相关明细科目的期末借方余额合计数,减去"坏账准备"科目中相关坏账准备期末余额后的金额分析填列
(5)	应收款项融资	反映资产负债表日以公允价值计量且其变动计入其他综合收益的应收票据和应收账款等	
(6)	预付款项	反映企业按照购货合同规定预付给供应单位的款项等	根据"预付账款"科目和"应付账款"科目所属相关明细科目的期末借方余额合计数,减去"坏账准备"科目中相关坏账准备期末余额后的净额填列
(7)	其他应收款	反映企业在应收票据、应收账款、预付账款等经营活动以外的其他各种应收、暂付的款项	根据"应收利息""应收股利""其他应收款"科目的期末余额合计数,减去"坏账准备"科目中相关坏账准备期末余额后的金额填列
(8)	存货	反映企业期末在库、在途和在加工中的各种存货的可变现净值或成本(成本与可变现净值孰低)。存货包括各种材料、商品、在产品、半成品、包装物、低值易耗品、发出商品等	根据"材料采购""原材料""库存商品""周转材料""委托加工物资""发出商品""生产成本""材料成本差异"等总账科目期末余额的分析汇总数,减去"存货跌价准备"科目期末余额后的净额填列

续　表

序号	项目名称	具　体　内　容	填　列　方　法
(9)	合同资产	反映企业按照《企业会计准则第14号——收入》(2017)的相关规定,根据本企业履行履约义务与客户付款之间的关系在资产负债表中列示的合同资产	根据"合同资产"科目的相关明细科目期末余额分析填列,同一合同下的合同资产和合同负债应当以净额列示,其中净额为借方余额的,应当根据其流动性在"合同资产"或"其他非流动资产"项目中填列,已计提减值准备的,还应以减去"合同资产减值准备"科目中相关的期末余额后的金额填列;其中净额为贷方余额的,应当根据其流动性在"合同负债"或"其他非流动负债"项目中填列
(10)	持有待售资产	反映资产负债表日划分为持有待售类别的非流动资产及划分为持有待售类别的处置组中的流动资产和非流动资产的期末账面价值	根据"持有待售资产"科目的期末余额,减去"持有待售资产减值准备"科目的期末余额后的金额填列
(11)	一年内到期的非流动资产	反映企业预计自资产负债表日起1年内(含1年)变现的非流动资产	根据有关科目的期末余额分析填列
(12)	债权投资	反映资产负债表日企业以摊余成本计量的长期债权投资的期末账面价值	根据"债权投资"科目的相关明细科目期末余额,减去"债权投资减值准备"科目中相关减值准备的期末余额后的金额分析填列
(13)	其他债权投资	反映资产负债表日企业分类为以公允价值计量且其变动计入其他综合收益的长期债权投资的期末账面价值	根据"其他债权投资"科目的相关明细科目期末余额分析填列
(14)	长期应收款	反映企业租赁产生的应收款项和采用递延方式分期收款、实质上具有融资性质的销售商品和提供劳务等经营活动产生的应收款项	根据"长期应收款"科目的期末余额,减去相应的"未实现融资收益"科目和"坏账准备"科目所属相关明细科目期末余额后的金额填列
(15)	长期股权投资	反映投资方对被投资单位实施控制、重大影响的权益性投资,以及对其合营企业的权益性投资	根据"长期股权投资"科目的期末余额,减去"长期股权投资减值准备"科目的期末余额后的净额填列
(16)	其他权益工具投资	反映资产负债表日企业指定为以公允价值计量且其变动计入其他综合收益的非交易性权益工具投资的期末账面价值	根据"其他权益工具投资"科目的期末余额填列
(17)	固定资产	反映资产负债表日企业固定资产的期末账面价值和企业尚未清理完毕的固定资产清理净损益	根据"固定资产"科目的期末余额,减去"累计折旧"和"固定资产减值准备"科目的期末余额后的金额,以及"固定资产清理"科目的期末余额填列

续 表

序号	项目名称	具 体 内 容	填 列 方 法
(18)	在建工程	反映资产负债表日企业尚未达到预定可使用状态的在建工程的期末账面价值和企业为在建工程准备的各种物资的期末账面价值	根据"在建工程"科目的期末余额,减去"在建工程减值准备"科目的期末余额后的金额,以及"工程物资"科目的期末余额,减去"工程物资减值准备"科目的期末余额后的金额填列
(19)	使用权资产	反映资产负债表日承租人企业持有的使用权资产的期末账面价值	根据"使用权资产"科目的期末余额,减去"使用权资产累计折旧"和"使用权资产减值准备"科目的期末余额后的金额填列
(20)	无形资产	反映企业持有的专利权、非专利技术、商标权、著作权、土地使用权等无形资产的成本减去累计摊销和减值准备后的净值	根据"无形资产"科目的期末余额,减去"累计摊销"和"无形资产减值准备"科目期末余额后的净额填列
(21)	开发支出	反映企业开发无形资产过程中能够资本化形成无形资产成本的支出部分	根据"研发支出"科目所属的"资本化支出"明细科目期末余额填列
(22)	长期待摊费用	反映企业已经发生但应由本期和以后各期负担的分摊期限在 1 年以上的各项费用	根据"长期待摊费用"科目的期末余额,减去将于 1 年内(含 1 年)摊销的数额后的金额分析填列
(23)	递延所得税资产	反映企业根据所得税准则确认的可抵扣暂时性差异产生的所得税资产	根据"递延所得税资产"科目的期末余额填列
(24)	其他非流动资产	反映企业上述非流动资产以外的其他非流动资产	根据有关科目的期末余额填列

2. 负债项目的填列方法

资产负债表中主要负债项目的填列方法如表 8-8 所示。

表 8-8　负债项目的填列方法

序号	项目名称	具 体 内 容	填 列 方 法
(1)	短期借款	反映企业向银行或其他金融机构等借入的期限在 1 年以内(含 1 年)的各种借款	根据"短期借款"科目的期末余额填列
(2)	交易性金融负债	反映企业资产负债表日承担的交易性金融负债,以及企业持有的直接指定为以公允价值计量且其变动计入当期损益的金融负债的期末账面价值	根据"交易性金融负债"科目的相关明细科目期末余额填列

续 表

序号	项目名称	具 体 内 容	填 列 方 法
（3）	应付票据	反映资产负债表日以摊余成本计量的，企业因购买材料、商品和接受服务等开出、承兑的商业汇票，包括银行承兑汇票和商业承兑汇票	根据"应付票据"科目的期末余额填列
（4）	应付账款	反映资产负债表日以摊余成本计量的，企业因购买材料、商品和接受服务等经营活动应支付的款项	根据"应付账款"和"预付账款"科目所属的相关明细科目的期末贷方余额合计数填列
（5）	预收款项	反映企业按照合同规定预收的款项	根据"预收账款"和"应收账款"科目所属各明细科目的期末贷方余额合计数填列
（6）	合同负债	反映企业已收或应收客户对价而应向客户转让商品的义务	根据本企业履行履约义务与客户付款之间的关系在资产负债表中列示的合同负债
（7）	应付职工薪酬	反映企业为获得职工提供的服务或解除劳动关系而给予的各种形式的报酬或补偿	根据"应付职工薪酬"科目所属各明细科目的期末贷方余额分析填列
（8）	应交税费	反映企业按照税法规定计算应交纳的各种税费，包括增值税、消费税、城市维护建设税、教育费附加、企业所得税、资源税、土地增值税、房产税、城镇土地使用税、车船税、环境保护税等。企业代扣代缴的个人所得税，也通过本项目列示。企业所交纳的税金不需要预计应交数的，如印花税、耕地占用税等，不在本项目列示	根据"应交税费"科目的期末贷方余额填列。需要说明的是，"应交税费"科目下的"应交增值税""未交增值税""待抵扣进项税额""待认证进项税额""增值税留抵税额"等明细科目期末借方余额应根据情况，在资产负债表中的"其他流动资产"或"其他非流动资产"项目列示；"应交税费——待转销项税额"等科目期末贷方余额应根据情况，在资产负债表中的"其他流动负债"或"其他非流动负债"项目列示；"应交税费"科目下的"未交增值税""简易计税""转让金融商品应交增值税""代扣代交增值税"等科目期末贷方余额应在资产负债表中的"应交税费"项目列示
（9）	其他应付款	反映企业在应付票据、应付账款、预收账款、应付职工薪酬、应交税费等经营活动以外的其他各项应付、暂收的款项	根据"应付利息""应付股利""其他应付款"科目的期末余额合计数填列
（10）	持有待售负债	反映资产负债表日处置组中与划分为持有待售类别的资产直接相关的负债的期末账面价值	根据"持有待售负债"科目的期末余额填列

续 表

序号	项目名称	具 体 内 容	填 列 方 法
(11)	一年内到期的非流动负债	反映企业非流动负债中将于资产负债表日后1年内(含1年)到期部分的金额,如将于1年内偿还的长期借款	根据有关科目的期末余额分析填列
(12)	长期借款	反映企业向银行或其他金融机构借入的期限在1年以上(不含1年)的各项借款	根据"长期借款"科目的期末余额,扣除"长期借款"科目所属明细科目中将在资产负债表日起1年内到期且企业不能自主地将清偿义务展期的长期借款后的金额计算填列
(13)	应付债券	反映企业为筹集长期资金而发行的债券本金及应付的利息	根据"应付债券"科目的期末余额分析填列
(14)	租赁负债	反映资产负债表日承租人企业尚未支付的租赁付款额的期末账面价值	根据"租赁负债"科目的期末余额填列。自资产负债表日起1年内到期应予以清偿的租赁负债的期末账面价值,在"一年内到期的非流动负债"项目反映
(15)	长期应付款	反映企业在长期借款、应付债券、租赁负债等以外的其他各种长期应付款项的期末账面价值	根据"长期应付款"科目的期末余额,减去相关的"未确认融资费用"科目的期末余额后的金额,以及"专项应付款"科目的期末余额填列
(16)	预计负债	反映企业根据或有事项等相关准则确认的各项预计负债	根据"预计负债"科目的期末余额填列
(17)	递延收益	反映尚待确认的收入或收益	根据"递延收益"科目的期末余额填列
(18)	递延所得税负债	反映企业根据所得税准则确认的应纳税暂时性差异产生的所得税负债	根据"递延所得税负债"科目的期末余额填列
(19)	其他非流动负债	反映企业以上非流动负债以外的其他非流动负债	根据有关科目期末余额,减去将于1年内(含1年)到期偿还数后的余额分析填列

3. 所有者权益项目的填列方法

资产负债表中主要所有者权益项目的填列方法如表8-9所示。

表8-9 所有者权益项目的填列方法

序号	项目名称	具 体 内 容	填 列 方 法
(1)	实收资本(或股本)	反映企业各投资者实际投入的资本(或股本)总额	根据"实收资本(或股本)"科目的期末余额填列

续　表

序号	项目名称	具 体 内 容	填 列 方 法
（2）	其他权益工具	反映资产负债表日企业发行在外除普通股以外分类为权益工具的期末账面价值	设置"优先股"和"永续债"两个项目，分别反映企业发行的分类为权益工具的优先股和永续债的账面价值
（3）	资本公积	反映企业收到投资者出资超出其在注册资本或股本中所占的份额以及直接计入所有者权益的利得或损失等	根据"资本公积"科目的期末余额填列
（4）	其他综合收益	反映企业其他综合收益的期末余额	根据"其他综合收益"科目的期末余额填列
（5）	专项储备	反映高危行业企业按国家规定提取的安全生产费的期末账面价值	根据"专项储备"科目的期末余额填列
（6）	盈余公积	反映企业盈余公积的期末余额	根据"盈余公积"科目的期末余额填列
（7）	未分配利润	反映企业尚未分配的利润	根据"本年利润"科目和"利润分配"科目的余额计算填列。未弥补的亏损在本项目内以"—"号填列

任务实施

【例 8-6】上海智信公司 2023 年 12 月 31 日总分类账的期末余额，如表 8-10 所示。

表 8-10　总分类账的期末余额

2023 年 12 月 31 日　　　　　　　　　　　　　　　　　　　　　　单位：元

科　　目	期末借方余额	期末贷方余额
库存现金	48 850.00	
银行存款	758 481.14	
其他货币资金	30 000.00	
应收票据	339 000.00	
应收账款	21 193 390.00	
预付账款	24 220.00	
其他应收款	61 180.00	
坏账准备		1 059 669.50

续　表

科　　目	期末借方余额	期末贷方余额
发出商品	1 200 000.00	
材料采购	80 000.00	
原材料	1 292 000.00	
周转材料	12 100.00	
材料成本差异	7 660.00	
库存商品	8 501 000.00	
生产成本	3 078 125.00	
固定资产	73 385 905.15	
累计折旧		12 348 019.18
无形资产	1 777 825.86	
累计摊销		9 000.00
短期借款		600 000.00
应付票据		800 000.00
应付账款		151 360.00
预收账款		10 000.00
应付职工薪酬		1 906 975.00
应交税费		3 298 047.66
合同负债		66 000.00
应付利息		14 700.00
应付股利		4 800 000.00
其他应付款		225 700.00
长期借款		2 000 000.00
实收资本		51 000 000.00
盈余公积		9 591 523.20
利润分配		23 908 742.61
合　　计	111 789 737.20	111 789 737.20

承[例 8-1]至[例 8-5]，并根据上述总分类科目期末余额，编制上海智信公司 2023 年 12 月 31 日资产负债表，如表 8-11 所示（这里仅展示本年资产负债表项目的填报结果，上年年末余额省略）。

表 8-11 资产负债表

编制单位：上海智信公司　　　　　　2023 年 12 月 31 日　　　　　　　　单位：元

会企 01 表

资　　产	期末余额	上年年末余额（略）	负债和所有者权益（或股东权益）	期末余额	上年年末余额（略）
流动资产：			流动负债：		
货币资金	837 331.14		短期借款	600 000.00	
交易性金融资产			交易性金融负债		
衍生金融资产			衍生金融负债		
应收票据	339 000.00		应付票据	800 000.00	
应收账款	20 133 720.50		应付账款	184 360.00	
应收款项融资			预收款项	10 000.00	
预付款项	57 220.00		合同负债	66 000.00	
其他应收款	61 180.00		应付职工薪酬	1 906 975.00	
存货	14 170 885.00		应交税费	3 298 047.66	
合同资产			其他应付款	5 040 400.00	
持有待售资产			持有待售负债		
一年内到期的非流动资产			一年内到期的非流动负债		
其他流动资产			其他流动负债		
流动资产合计	35 599 336.64		流动负债合计	11 905 782.66	
非流动资产：			非流动负债：		
债权投资			长期借款	2 000 000.00	
其他债权投资			应付债券		
长期应收款			其中：优先股		
长期股权投资			永续债		

续　表

资　　产	期末余额	上年年末余额（略）	负债和所有者权益（或股东权益）	期末余额	上年年末余额（略）
其他权益工具投资			长期应付款		
其他非流动金融资产			预计负债		
投资性房地产			递延收益		
固定资产	61 037 885.97		递延所得税负债		
在建工程			其他非流动负债		
生产性生物资产			非流动负债合计	2 000 000.00	
油气资产			负债合计	13 905 782.66	
使用权资产			所有者权益（或股东权益）：		
无形资产	1 768 825.86		实收资本（或股本）	51 000 000.00	
开发支出			其他权益工具		
商誉			其中：优先股		
长期待摊费用			永续债		
递延所得税资产			资本公积		
其他非流动资产			减：库存股		
非流动资产合计	62 806 711.83		其他综合收益		
			盈余公积	9 591 523.20	
			未分配利润	23 908 742.61	
			所有者权益（或股东权益）合计	84 500 265.81	
资产总计	98 406 048.47		负债和所有者权益（或股东权益）总计	98 406 048.47	

业财融合与审核

企业编制资产负债表，通过财务核算与审核，达到业务与财务融合的目的。其具体内容如表 8-12 所示。

表 8-12 编制资产负债表的业财融合与审核

业　务	财　务	审　核
编制资产负债表	企业根据总账账户或明细账账户的期末余额,按照企业会计准则编制资产负债表	(1) 审核编制报表的基础是否正确 (2) 审核编制报表的项目是否完整 (3) 审核报表各项目的金额填写是否正确

【课堂练习 8-1】

兴欣公司 2023 年 11 月的试算平衡表如表 8-13 所示。

表 8-13　试算平衡表

2023 年 11 月 30 日　　　　　　　　　　　　　　　单位:元

会计科目	本期发生额 借方	本期发生额 贷方	期末余额 借方	期末余额 贷方
库存现金	800	920	550	
银行存款	210 500	188 000	69 200	
应收账款	40 000	35 000	23 500	
坏账准备		2 175		4 500
原材料	55 500	37 000	45 000	
库存商品	88 055	35 000	61 000	
材料成本差异	3 000	2 700		2 000
存货跌价准备				1 700
固定资产	187 240		479 000	
累计折旧		3 000		87 000
固定资产清理		5 000		6 000
短期借款		62 000		62 000
应付账款	23 800	48 000		22 400
预收账款	5 500	14 000		8 000

续　表

会计科目	本期发生额 借方	本期发生额 贷方	期末余额 借方	期末余额 贷方
长期借款		100 000		100 000
实收资本				300 000
盈余公积		1 600		4 650
本年利润	40 000	120 000		80 000
主营业务收入	120 000	120 000		
主营业务成本	35 000	35 000		
管理费用	4 000	4 000		
销售费用	1 000	1 000		
合　计	814 395	814 395	678 250	678 250

补充资料：

（1）"长期借款"期末余额中将于 1 年内到期归还的长期借款金额为 53 000 元。

（2）"应收账款"有关明细账期末余额情况为：A 公司借方余额 30 000 元；B 公司贷方余额 6 500 元。

（3）"应付账款"有关明细账期末余额情况为：C 公司借方余额 7 500 元；D 公司贷方余额 29 900 元。

（4）"预收账款"有关明细账期末余额情况为：E 公司贷方余额 8 000 元。

要求：请根据上述资料，计算兴欣公司 2023 年 11 月 30 日资产负债表中的部分项目金额，并填入表 8-14 中。

表 8-14　资产负债表部分项目金额　　　　　　　　　单位：元

项　目	金　额	项　目	金　额
货币资金		短期借款	
应收账款		应付账款	
预付款项		预收款项	
存货		流动负债合计	

续 表

项　　目	金　　额	项　　目	金　　额
流动资产合计		长期借款	
固定资产		负债合计	
非流动资产合计		所有者权益合计	
资产合计		负债和所有者权益合计	

任务二　编制利润表

学习目标

1. 掌握利润表的概念。
2. 熟悉利润表的格式与内容。
3. 了解利润表的作用。
4. 能运用企业会计准则，编制利润表。

任务描述

利润表主要反映企业收入、费用和利润三方面的情况，往往受到报表使用者的广泛关注，它能够提供哪些利润信息？各项目的金额又是如何计算的？此任务将带你解决这些问题。

知识准备

一、利润表的概念

利润表又称损益表，是反映企业在一定会计期间的经营成果的会计报表。利润表属于动态报表，数据为时期数（如某月份、某季度、某年度），它主要反映收入、费用和利润三方面的内容，是根据"收入－费用＝利润"这一平衡公式，按照各具体项目的性质和功能作为分类标准，依次将某一会计期间的收入、费用和利润的具体项目进行适当的排列编制而成。

二、利润表的格式与内容

利润表一般由表首和表体两部分组成。表首部分应列明报表名称、编制单位名称、编制日期、报表编号和货币计量单位；表体部分是利润表的主体，列示了形成经营成果的各个项目和计算过程及其本期金额和上期金额。

表体部分有单步式和多步式两种，根据现行会计制度的规定，我国企业一般使用多步式的表体结构，通过对当期的收入、费用、支出项目按性质加以归类，按利润形成的主要环节列示一些中间性利润指标，分步计算当期净损益，以便财务报表使用者理解企业经营成果的不同来源。

利润表（多步式）的基本格式和内容如表8-15所示。

表 8-15 利 润 表

会企02表

编制单位： ＿＿＿年＿＿＿月 单位：元

项　　　　目	本期金额	上期金额
一、营业收入		
减：营业成本		
税金及附加		
销售费用		
管理费用		
研发费用		
财务费用		
其中：利息费用		
利息收入		
加：其他收益		
投资收益（损失以"－"号填列）		
其中：对联营企业和合营企业的投资收益		
净敞口套期收益（损失以"－"号填列）		

续　表

项　　　目	本期金额	上期金额
公允价值变动收益（损失以"－"号填列）		
资产减值损失（损失以"－"号填列）		
信用减值损失（损失以"－"号填列）		
资产处置收益（损失以"－"号填列）		
二、营业利润（亏损以"－"号填列）		
加：营业外收入		
减：营业外支出		
三、利润总额（亏损总额以"－"号填列）		
减：所得税费用		
四、净利润（净亏损以"－"号填列）		
（一）持续经营净利润（净亏损以"－"号填列）		
（二）终止经营净利润（净亏损以"－"号填列）		
五、其他综合收益的税后净额		
（一）不能重分类进损益的其他综合收益		
1.重新计量设定受益计划变动额		
2.权益法下不能转损益的其他综合收益		
3.其他权益工具投资公允价值变动		
4.企业自身信用风险公允价值变动		
（二）将重分类进损益的其他综合收益		
1.权益法下可转损益的其他综合收益		
2.其他债权投资公允价值变动		
3.金融资产重分类计入其他综合收益的金额		
4.其他债权投资信用减值准备		
5.现金流量套期储备		
6.外币财务报表折算差额		
六、综合收益总额		

续　表

项　　目	本期金额	上期金额
七、每股收益：		
（一）基本每股收益		
（二）稀释每股收益		

三、利润表的作用

利润表的主要作用是帮助使用者分析判断企业净利润的质量及其风险，评价企业经营管理效率，有助于使用者预测企业净利润的持续性，从而作出正确的决策。具体包括：

（1）利润表可以反映企业在一定会计期间的收入实现情况，如实现的营业收入、取得的投资收益、发生的公允价值变动损益及营业外收入等对利润的贡献大小。

（2）利润表可以反映企业一定会计期间的费用耗费情况，如发生的营业成本、税金及附加、销售费用、管理费用、财务费用、营业外支出等对利润的影响程度。

（3）利润表可以反映企业一定会计期间的净利润实现情况，分析判断企业受托责任的履行情况，进而还可以反映企业资本的保值增值情况，为企业管理者解脱受托责任提供依据。

（4）将利润表资料及信息与资产负债表资料及信息相结合进行综合计算分析，如将营业成本与存货或资产总额的平均余额进行比较，可以反映企业运用其资源的能力和效率，便于分析判断企业资金周转情况及盈利能力和水平，进而判断企业未来的盈利增长和发展趋势，作出相应经济决策。

四、利润表的编制

（一）利润表的编制要求

利润表中一般应单独列报的项目主要有营业利润、利润总额、净利润、其他综合收益的税后净额、综合收益总额和每股收益等。

（1）营业利润单独列报的项目包括营业收入、营业成本、税金及附加、销售费用、管理费用、研发费用、财务费用、信用减值损失、资产减值损失、其他收益、投资收益、公允价值变动收益、资产处置收益等。

（2）利润总额项目为营业利润加上营业外收入减去营业外支出。

（3）净利润项目为利润总额减去所得税费用，包括持续经营净利润和终止经营净利润等项目。

（4）其他综合收益的税后净额包括不能重分类进损益的其他综合收益和将重分类进损益的其他综合收益等项目。

（5）综合收益总额为净利润加上其他综合收益的税后净额。

(6)每股收益包括基本每股收益和稀释后每股收益两项项目。

利润表各项目需填列"本期金额"和"上期金额"两栏。其中"上期金额"栏内各项数字,应根据上年该期利润表的"本期金额"栏内所列数字填列。"本期金额"栏内各期数字,除了"基本每股收益"和"稀释每股收益"项目,应当按照相关科目的发生额分析填列。例如,"营业收入"项目,根据"主营业务收入""其他业务收入"科目的发生额分析计算填列;"营业成本"项目,根据"主营业务成本""其他业务成本"科目的发生额分析计算填列。

(二)利润表各主要项目的具体填列方法

利润表各主要项目的具体填列方法如表 8-16 所示。

表 8-16 利润表各主要项目的具体填列方法

序号	项目名称	具体内容	填列方法
(1)	营业收入	反映企业经营主要业务和其他业务所确认的收入总额	根据"主营业务收入"和"其他业务收入"科目的发生额分析填列
(2)	营业成本	反映企业经营主要业务和其他业务所发生的成本总额	根据"主营业务成本"和"其他业务成本"科目的发生额分析填列
(3)	税金及附加	反映企业经营业务应负担的消费税、城市维护建设税、教育费附加、资源税、土地增值税、房产税、车船税、城镇土地使用税、印花税、环境保护税等相关税费	根据"税金及附加"科目的发生额分析填列
(4)	销售费用	反映企业在销售商品过程中发生的包装费、广告费等费用,以及为销售本企业商品而专设的销售机构的职工薪酬、业务费等经营费用	根据"销售费用"科目的发生额分析填列
(5)	管理费用	反映企业为组织和管理生产经营发生的管理费用	根据"管理费用"科目的发生额分析填列。
(6)	研发费用	反映企业进行研究与开发过程中发生的费用化支出,以及计入管理费用的自行开发无形资产的摊销	根据"管理费用"科目下的"研发费用"明细科目的发生额以及"管理费用"科目下"无形资产摊销"明细科目的发生额分析填列
(7)	财务费用	反映企业为筹集生产经营所需资金等而发生的应予费用化利息支出	根据"财务费用"科目的相关明细科目发生额分析填列
(8)	其他收益	反映计入其他收益的政府补助,以及其他与日常活动相关且计入其他收益的项目	根据"其他收益"科目的发生额分析填列
(9)	投资收益	反映企业以各种方式对外投资所取得的收益	根据"投资收益"科目的发生额分析填列。如为投资损失,本项目以"—"号填列

续　表

序号	项目名称	具　体　内　容	填　列　方　法
(10)	公允价值变动收益	反映企业应当计入当期损益的资产或负债公允价值变动收益	根据"公允价值变动损益"科目的发生额分析填列。如为净损失,本项目以"－"号填列
(11)	信用减值损失	反映企业按照《企业会计准则第22号——金融工具确认和计量》(2018)的要求计提的各项金融工具信用减值准备所确认的信用损失	根据"信用减值损失"科目的发生额分析填列
(12)	资产减值损失	反映企业有关资产发生的减值损失	根据"资产减值损失"科目的发生额分析填列
(13)	资产处置收益	反映企业出售划分为持有待售的非流动资产时确认的处置利得或损失,以及处置未划分为持有待售的固定资产、在建工程及无形资产而产生的处置利得或损失	根据"资产处置损益"科目的发生额分析填列。如为处置损失,本项目以"－"号填列
(14)	营业利润	反映企业实现的营业利润	根据相关项目数据计算填列。如为亏损,本项目以"－"号填列
(15)	营业外收入	反映企业发生的营业利润以外的收益,主要包括非流动资产毁损报废收益、与企业日常活动无关的政府补助、盘盈利得、捐赠利得等	根据"营业外收入"科目的发生额分析填列
(16)	营业外支出	反映企业发生的营业利润以外的支出,主要包括非流动资产毁损报废损失、公益性捐赠支出、非常损失、盘亏损失等	根据"营业外支出"科目的发生额分析填列
(17)	利润总额	反映企业实现的利润	根据相关项目数据计算填列。如为亏损,本项目以"－"号填列
(18)	所得税费用	反映企业应从当期利润总额中扣除的所得税费用	根据"所得税费用"科目的发生额分析填列
(19)	净利润	反映企业实现的净利润	根据相关项目数据计算填列。如为亏损,本项目以"－"号填列
(20)	其他综合收益的税后净额	反映企业根据企业会计准则规定未在损益中确认的各项利得和损失扣除所得税影响后的净额	
(21)	综合收益总额	反映企业净利润与其他综合收益(税后净额)的合计金额	

续　表

序号	项目名称	具　体　内　容	填　列　方　法
(22)	每股收益	包括基本每股收益和稀释每股收益两项指标,反映普通股或潜在普通股已公开交易的企业,以及正处在公开发行普通股或潜在普通股过程中的企业的每股收益信息	

任务实施

【例 8-7】上海智信公司 2023 年 12 月结账前损益类科目发生额,如表 8-17 所示。

表 8-17　损益类科目发生额

2023 年 12 月　　　　　　　　　　　　　　　　　　　　　　　　　单位:元

科　目　名　称	借方发生额	贷方发生额
主营业务收入	200 000.00	19 968 250.00
其他业务收入		102 900.00
其他收益		
投资收益		
营业外收入		429 820.00
主营业务成本	14 830 000.00	150 000.00
其他业务成本	85 544.00	
税金及附加	492 497.47	
销售费用	531 895.00	
管理费用	1 260 660.00	
财务费用	15 907.36	15 733.98
营业外支出	1 108 880.00	
资产处置损益		380 000.00
信用减值损失	999 669.50	
所得税费用	2 843 962.66	
以前年度损益调整	42 000.00	42 000.00

注:"管理费用"科目的发生额中有 201 895.00 元为研发费用。"财务费用"科目的利息收入为 300.00 元。

根据上述损益类账户发生额资料,编制上海智信公司 2023 年 12 月的利润表,如表 8-18 所示(表中仅列示本期金额的填报结果,上期金额省略)。

表 8-18 利 润 表

编制单位:上海智信公司　　　　　2023 年 12 月　　　　　　　　　　会企 02 表
单位:元

项　　目	本期金额	上期金额(略)
一、营业收入	19 871 150.00	
减:营业成本	14 765 544.00	
税金及附加	492 497.47	
销售费用	531 895.00	
管理费用	1 058 765.00	
研发费用	201 895.00	
财务费用	173.38	
其中:利息费用		
利息收入	300.00	
资产减值损失		
信用减值损失	999 669.50	
加:其他收益		
投资收益(损失以"—"号填列)		
其中:对联营企业和合营企业的投资收益		
净敞口套期收益(损失以"—"号填列)		
公允价值变动收益(损失以"—"号填列)		
资产处置收益(损失以"—"号填列)	380 000.00	
二、营业利润(亏损以"—"号填列)	2 200 710.65	
加:营业外收入	429 820.00	
减:营业外支出	1 108 880.00	
三、利润总额(亏损总额以"—"号填列)	1 521 650.65	
减:所得税费用	2 843 962.66	

续　表

项　　　　目	本期金额	上期金额（略）
四、净利润（净亏损以"－"号填列）	－1 322 312.01	
（一）持续经营净利润（净亏损以"－"号填列）		
（二）终止经营净利润（净亏损以"－"号填列）		
五、其他综合收益的税后净额		
（一）不能重分类进损益的其他综合收益		
1. 重新计量设定受益计划变动额		
2. 权益法下不能转损益的其他综合收益		
3. 其他权益工具投资公允价值变动		
4. 企业自身信用风险公允价值变动		
（二）将重分类进损益的其他综合收益		
1. 权益法下可转损益的其他综合收益		
2. 其他债权投资公允价值变动		
3. 金融资产重分类计入其他综合收益的金额		
4. 其他债权投资信用减值准备		
5. 现金流量套期储备		
6. 外币财务报表折算差额		
六、综合收益总额		
七、每股收益：		
（一）基本每股收益		
（二）稀释每股收益		

业财融合与审核

企业编制利润表，通过财务核算与审核，达到业务与财务融合的目的。其具体内容如表 8-19 所示。

表 8－19　编制利润表的业财融合与审核

业　务	财　务	审　核
编制利润表	企业根据总账账户或明细账账户的本期发生额，按照企业会计准则编制利润表	（1）审核编制报表的基础是否正确 （2）审核编制报表的项目是否完整 （3）审核报表各项目的金额填写是否正确

【课堂练习8－2】

AG公司2023年有关损益类账户的发生额如表8－20所示，假设该公司无纳税调整事项，适用的企业所得税税率为25％。

表 8－20　2023年损益类账户发生额　　　　　　　　　　单位：万元

账户名称	借方	贷方
主营业务收入	90	6 210
其他业务收入		320
主营业务成本	3 280	
其他业务成本	180	
税金及附加	560	
销售费用	380	
管理费用	460	
财务费用	150	
投资收益		120
信用减值损失	90	25
公允价值变动损益	80	150
资产处置损益	85	60
营业外收入		110
营业外支出	150	

要求：根据上述资料，编制利润表，并置入表 8-21 中。

表 8-21 利 润 表①

编制单位：AG 公司　　　　　　　　　2023 年　　　　　　　　　单位：万元

项　　目	本期金额	上期金额（略）
一、营业收入		
减：营业成本		
税金及附加		
销售费用		
管理费用		
研发费用		
财务费用		
其中：利息费用		
利息收入		
资产减值损失		
信用减值损失		
加：其他收益		
投资收益（损失以"—"号填列）		
其中：对联营企业和合营企业的投资收益		
净敞口套期收益（损失以"—"号填列）		
公允价值变动收益（损失以"—"号填列）		
资产处置收益（损失以"—"号填列）		
二、营业利润（亏损以"—"号填列）		
加：营业外收入		
减：营业外支出		
三、利润总额（亏损总额以"—"号填列）		
减：所得税费用		
四、净利润（净亏损以"—"号填列）		

---

① "四、净利润"以下无内容部分略。

项目小结

本项目主要完成的任务是资产负债表和利润表的编制,它们的编制依据是分类账,资产负债表按照相关账户的期末余额填列,利润表按照相关账户的本期发生额填列。读者应在掌握相关项目填制要求和方法的基础上,结合案例进行编制。

项 目 测 试

一、单选题

1. 以"资产＝负债＋所有者权益"这一会计等式作为编制依据的财务报表是(　　)。
   A. 利润表　　　　B. 现金流量表　　　C. 资产负债表　　　D. 所有者权益变动表
2. 下列各项中,不属于资产负债表项目的是(　　)。
   A. 未分配利润　　B. 开发支出　　　　C. 固定资产　　　　D. 累计折旧
3. 某企业本月利润表中的营业收入为 450 000 元,营业成本为 216 000 元,税金及附加为 9 000 元,管理费用为 10 000 元,财务费用为 5 000 元,营业外收入为 8 000 元,则其营业利润为(　　)。
   A. 210 000 元　　B. 218 000 元　　　C. 225 000 元　　　D. 234 000 元
4. 下列各项中,反映企业在一定会计期间经营成果的财务报表是(　　)。
   A. 附注　　　　　B. 利润表　　　　　C. 现金流量表　　　D. 资产负债表
5. 资产负债表中的"应付账款"项目,应当(　　)。
   A. 直接根据"应付账款"科目的期末贷方余额填列
   B. 根据"应付账款"科目的期末贷方余额和"应收账款"科目的期末借方余额计算填列
   C. 根据"应付账款"科目的期末贷方余额和"应收账款"科目的期末贷方余额计算填列
   D. 根据"应付账款"科目和"预付账款"科目所属相关明细科目的期末贷方余额计算填列
6. 财务报表是根据(　　)资料编制的。
   A. 明细账和总分类账　　　　　　　B. 日记账和总分类账
   C. 日记账和明细分类账　　　　　　D. 日记账、总账和明细账
7. 下列各项中,不会影响利润总额增减变化的项目是(　　)。
   A. 销售费用　　　B. 管理费用　　　　C. 所得税费用　　　D. 营业外支出
8. 企业 6 月 30 日编制的利润表中"本期金额"一栏反映了(　　)。
   A. 6 月利润或亏损的形成情况　　　B. 第二季度利润或亏损的形成情况
   C. 6 月 30 日利润或亏损的形成情况　D. 1～6 月累计利润或亏损的形成情况
9. 我国的利润表依据(　　)格式编制。

A. 账户式　　　　B. 报告式　　　　C. 多步式　　　　D. 单步式

10. 资产项目是按照（　　）进行排列的。

A. 金额大小　　　B. 企业的要求　　C. 流动性强弱　　D. 清偿时间的先后

二、多选题

1. 下列各项中，不能直接根据总分类账户余额填列的项目有（　　）。

A. 存货　　　　　B. 货币资金　　　C. 应付票据　　　D. 其他应付款

2. 下列各项中，属于资产负债表中流动负债项目的有（　　）。

A. 应交税费　　　　　　　　　　　B. 应付债券

C. 应付职工薪酬　　　　　　　　　D. 一年内到期的非流动负债

3. 通过编制利润表可以（　　）。

A. 综合反映企业利润的实现过程

B. 综合反映企业利润的来源及构成情况

C. 反映企业某一日期的负债总额及其结构

D. 反映企业一定会计期间的经营业绩

4. 财务报表编制的具体要求包括（　　）。

A. 列报的重要性　　　　　　　　　B. 列报的一致性

C. 以持续经营为基础　　　　　　　D. 各项目之间的金额不能相互抵销

5. 利润表是（　　）。

A. 对外报表　　　B. 静态报表　　　C. 动态报表　　　D. 对内报表

6. 下列各项中，应根据总账科目和明细科目余额计算填列的有（　　）。

A. 长期借款　　　B. 应付账款　　　C. 应收账款　　　D. 长期待摊费用

7. 编制财务报表的目的是向（　　）等财务报表的使用者提供全面、系统的财务会计信息。

A. 投资者　　　　B. 债权人　　　　C. 社会公众　　　D. 政府及相关机构

8. 资产负债表中"存货"项目的期末数应根据（　　）等科目的期末借贷方余额相抵后的差额填列。

A. 原材料　　　　B. 工程物资　　　C. 生产成本　　　D. 材料成本差异

9. 下列各项中，根据有关科目余额减去其备抵科目余额后的净额填列的有（　　）。

A. 存货　　　　　B. 在建工程　　　C. 应收账款　　　D. 无形资产

10. 财务报表按照编制主体的不同，可以分为（　　）。

A. 个别会计报表　B. 合并会计报表　C. 年度会计报表　D. 中期会计报表

三、判断题

1. 通常情况下，资产负债表各项目的12月末余额就是当年的年末余额，因而，年度资产负债表往往和当年12月的资产负债表相同。　　　　　　　　　　　　　　　　（　　）

2. 利润表中"营业成本"项目，应根据"生产成本"科目、"主营业务成本"科目、"其他业务

成本"科目的本期发生额合计填列。（　　）
3. 由企业拥有或控制的资产全都需要在资产负债表中列示。（　　）
4. 一套完整的财务报表至少应当包括资产负债表、利润表、现金流量表、所有者权益变动表。（　　）
5. 实际工作中，为使财务报表及时报送，企业可以提前结账。（　　）
6. 账户式资产负债表是上下结构，上半部分列示资产各项目，下半部分列示负债和所有者权益各项目。（　　）
7. 在资产负债表中，"其他应收款"项目应根据"其他应收款"科目总账余额直接填列。（　　）
8. 财务会计报告是指单位根据经过审核的会计账簿记录和有关资料编制并对外提供的反映单位某一特定日期财务状况和某一会计期间经营成果、现金流量的文件。（　　）
9. 在编制资产负债表时，如果上年度资产负债表规定的各个项目的名称和内容与本年度不相一致，应按照本年度的规定对上年年末资产负债表各项目的名称和数字进行调整。（　　）
10. 财务报表项目的列报应当在各个会计期间保持一致，不得随意变更。（　　）

四、计算题

1. 2023年10月31日，天天公司总分类账户余额表如表8-22所示，明细分类账户余额表如表8-23所示。请结合背景资料编制资产负债表相关项目并分析。

表8-22　总分类账户余额表

2023年10月31日　　　　　　　　　　　　　　　　　　　　　单位：元

账户名称	借方余额	账户名称	贷方余额
库存现金	23 900	短期借款	100 000
银行存款	487 600	应付账款	15 100
其他货币资金	27 000	预收账款	7 100
应收账款	64 000	应交税费	8 000
预付账款	13 000	其他应付款	800
其他应收款	6 000	应付职工薪酬	3 300
原材料	80 000	长期借款	500 000
库存商品	187 800	实收资本	1 500 000
生产成本	120 000	资本公积	16 000

续　表

账　户　名　称	借 方 余 额	账　户　名　称	贷 方 余 额
固定资产	1 500 000	盈余公积	96 000
无形资产	440 000	本年利润	162 360
		利润分配	122 000
		坏账准备——应收账款	18 240
		累计折旧	318 400
		累计摊销	82 000
合计	2 949 300	合计	2 949 300

制表：天天　　　　　　　　　　　　　　　　　审核：星辰

表 8-23　明细分类账户余额表

2023 年 10 月 31 日　　　　　　　　　　　　　　　　　单位：元

总账账户	明　细　账　户	计量单位	数　量	单　价	借或贷	余　额
应收账款	A 公司				借	53 000
	B 公司				借	61 000
	C 公司				贷	50 000
预付账款	D 公司				借	13 000
其他应收款	张三				借	6 000
原材料	钢材	吨	35.5	2 000	借	71 000
	线材	米	600	15	借	9 000
库存商品	机床	台	300	626	借	187 800
应付账款	E 有限公司				贷	45 100
	F 有限公司				贷	20 000
	G 有限公司				借	50 000
预收账款	H 有限公司				贷	7 100
应交税费	待认证进项税额				借	8 000
	未交增值税				贷	16 000

续 表

总账账户	明细账户	计量单位	数 量	单 价	借或贷	余 额
利润分配	未分配利润				贷	122 000
坏账准备	应收账款				贷	18 240
长期借款	I银行				贷	500 000

制表：天天　　　　　　　　　　　　　　　审核：星辰

【要求】根据上述相关资料，计算天天公司资产负债表相关项目的金额，需要列出计算等式。

(1) 货币资金＝

(2) 应收账款＝

(3) 存货＝

(4) 固定资产＝

(5) 无形资产＝

(6) 应付账款＝

(7) 其他流动资产＝

(8) 未分配利润＝

2. 锦弘公司截至2023年12月28日损益类科目年累计发生额如表8-24所示。

表 8-24　损益类科目发生额

2023年12月28日　　　　　　　　　　　　　　　　　　　　　　　单位：元

序 号	总 账 科 目	明细科目	借方发生额	贷方发生额
1	主营业务收入		310 000	7 200 000
2	主营业务成本		4 110 000	134 000
3	其他业务收入			440 000
4	其他业务成本		320 000	
5	营业外收入			100 000
6	营业外支出		21 000	
7	税金及附加		143 000	
8	销售费用		470 000	
9	管理费用 其中：研发费用		1 330 000 320 000	

续 表

序 号	总账科目	明细科目	借方发生额	贷方发生额
10	财务费用	利息费用 利息收入	140 000	56 000
11	其他收益			110 000
12	投资收益		110 000	230 000
13	公允价值变动收益		270 000	180 000
14	信用减值损失		80 000	
15	资产减值损失		32 000	
16	资产处置收益			12 000

2023年12月29日至31日锦弘公司发生如下经济业务及账户变动：

(1) 本月应交城市维护建设税共计7 000元，教育费附加共计5 000元，地方教育附加2 000元，土地增值税20 000元，城镇土地使用税3 100元。

(2) "公允价值变动损益"科目借方发生额合计22 500元，贷方发生额合计1 280元，"投资收益"科目借方发生额合计10 280元。

(3) 计提坏账准备2 000元；结转出售固定资产净收益21 000元；结转报废固定资产净损失4 100元；在财产清查的过程中发生原材料盘盈收入7 900元，按规定处理。

(4) 公司适用的企业所得税税率为25%，假定不存在纳税调整事项。

(5) 公司年平均资产总额为10 000 000元，权益乘数为1.25。

(6) 锦弘公司所处行业的销售净利率、净资产收益率、资产净利率的平均值分别为4%、9%、6%。

【要求】根据上述资料，计算锦弘公司2023年度利润表中部分项目金额，并填入表8-25中的括号处（"四、净利润"以下内容略）。

表 8-25 利 润 表

会企02表

编制单位：锦弘公司　　　　　　　　2023年12月　　　　　　　　单位：元

项　　目	金　　额
一、营业收入	（　　　　）
减：营业成本	（　　　　）
税金及附加	（　　　　）

续 表

项　　目	金　　额
销售费用	—
管理费用	（　　　　）
研发费用	—
财务费用	（　　　　）
加：其他收益	—
投资收益	（　　　　）
公允价值变动收益	（　　　　）
减：信用减值损失	（　　　　）
资产减值损失	（　　　　）
加：资产处置收益	（　　　　）
二、营业利润	（　　　　）
加：营业外收入	（　　　　）
减：营业外支出	（　　　　）
三、利润总额	（　　　　）
减：所得税费用	（　　　　）
四、净利润	（　　　　）